U0725656

党的十九大以来
全面从严治党 新观察

中国纪检监察报社评论部　编

人民出版社

出版说明

党的十九大以来，以习近平同志为核心的党中央一以贯之、坚定不移推进全面从严治党。全党贯彻落实新时代党的建设总要求，坚持把党的政治建设摆在首位，深化运用监督执纪"四种形态"，夺取反腐败斗争压倒性胜利，着力惩治群众身边的腐败问题，完善党和国家监督体系，取得了新的重大成果，为实现党和国家事业新发展提供了坚强保障。一年多来，经过全党共同努力，党的集中统一领导更加坚强有力，党的建设新的伟大工程全方位加强，全面从严治党实效性不断提高，党内政治生态进一步改善，党在新时代新征程中焕发出更加强大的生机活力。

《中国纪检监察报》评论版围绕党的十九大以来全面从严治党的新思想、新要求、新目标、新举措、新成果，刊发了一系列有影响力、引导力、传播力、公信力的高水平评论。这些评论，有利于各级党政机关和广大党员干部学习领会好、贯彻落实好党的十九大精神，进一步深化对"全面从严治党永远在路上"的认识。鉴于此，我们邀请中国纪检监察报社评论部精选部分优秀评论作品，分类集纳成书，以飨读者。

人民出版社

2019 年 2 月

目　录

二、全面推进国家监察体制改革

三、反腐败斗争，从巩固压倒性态势到取得压倒性胜利

四、以钉钉子精神打好作风建设持久战

五、全面加强党的纪律建设

六、让群众感到自己的事情有人管、从严治党就在身边 «««

一、坚定不移落实党的十九大全面从严治党战略部署

　　党的十九大报告强调，全面从严治党永远在路上。一个政党，一个政权，其前途命运取决于人心向背。人民群众反对什么、痛恨什么，我们就要坚决防范和纠正什么。全党要清醒认识到，我们党面临的执政环境是复杂的，影响党的先进性、弱化党的纯洁性的因素也是复杂的，党内存在的思想不纯、组织不纯、作风不纯等突出问题尚未得到根本解决。要深刻认识党面临的执政考验、改革开放考验、市场经济考验、外部环境考验的长期性和复杂性，深刻认识党面临的精神懈怠危险、能力不足危险、脱离群众危险、消极腐败危险的尖锐性和严峻性，坚持问题导向，保持战略定力，推动全面从严治党向纵深发展。

征程万里 初心不改

◎张 磊

"新时代要有新气象，更要有新作为。"10月25日，在新一届中央政治局常委同中外记者见面会上，习近平总书记代表新一届中央领导机构成员庄严宣誓，"一定恪尽职守、勤勉工作、不辱使命、不负重托"。

抚今思昔。5年前，在十八届中央政治局常委同中外记者见面会上，习近平总书记用"定当不负重托，不辱使命"的郑重承诺，回应全党同志的重托、全国各族人民的期望。

伟大的事业薪火相传，伟大的政党生生不息。从习近平总书记5年前的郑重承诺，到5年后的庄严宣誓，背后是一个伟大政党对初心的矢志不渝，更是一代代共产党人对使命的不懈追求。

（一）

不忘初心，方得始终。

中国共产党的初心和使命，就是为中国人民谋幸福，为中华民族谋复兴。在这个初心和使命的激励下，一代代中国共产党人接力奋斗、不断前进。

"我们的责任，就是要团结带领全党全国各族人民，接过历史的接力棒，继续为实现中华民族伟大复兴而努力奋斗。"在 5 年前那次记者见面会上，习近平总书记向全世界传递出中国共产党的民族责任。

正是在这样的铿锵之声中，以习近平同志为核心的党中央以巨大的政治勇气和强烈的责任担当，提出一系列新理念新思想新战略，出台一系列重大方针政策，推出一系列重大举措，推进一系列重大工作，解决了许多长期想解决而没有解决的难题，办成了许多过去想办而没有办成的大事，推动党和国家事业发生历史性变革。

今天，我们比历史上任何时期都更接近、更有信心和能力实现中华民族伟大复兴的目标。但行百里者半九十，中华民族伟大复兴，绝不是轻轻松松、敲锣打鼓就能实现的，更需要为之付出不懈的努力。

改革开放 40 周年，中华人民共和国成立 70 周年，全面建成小康社会之年，中国共产党成立 100 周年，从 2018 年开始到 2021 年，在实现中华民族伟大复兴的历史征程中，每一年都具有独特的历史价值和标志性意义，每一年都需要乘胜而上创造新的辉煌。

正因此，在这次记者见面会上，习近平总书记不仅宣誓了"第一个百年目标要实现，第二个百年奋斗目标要开篇"的使命担当，还点出一个个重要时间节点，标注出一个个工作坐标。在清晰擘画未来 5 年发展图景的同时，一个更显壮志雄心的中国、一个更为成熟自信的大党，也展现在世人眼前。

（二）

时代在发展，任务在变化，但人民对美好生活的向往，始终是我们党的奋斗目标。

5 年前，习近平总书记在中外记者见面会上指出："我们的责任，就是要团结带领全党全国各族人民，继续解放思想，坚持改革开放，不断解放和发展社会生产力，努力解决群众的生产生活困难，坚定不移走共同富裕的道路。"

脱贫攻坚战取得决定性进展，六千多万贫困人口稳定脱贫；就业状况持续改善，城镇新增就业年均一千三百万人以上；城乡居民收入增速超过经济增速，中等收入群体持续扩大……5年来，我们党深入贯彻以人民为中心的发展思想，一大批惠民举措落地实施，人民获得感显著增强，有力兑现了对人民群众的庄严承诺。

但随着时代的发展、社会的进步，我国社会的主要矛盾在社会需求和社会生产这两个方面都发生了变化，已经转化为人民日益增长的美好生活需要和不平衡不充分的发展之间的矛盾。

从原来的"物质文化需要"到"美好生活需要"，从解决"落后的社会生产"问题到解决"不平衡不充分的发展"问题，这反映了我国社会发展的巨大进步，反映了发展的阶段性要求，也反映了党和国家事业发展的重点要求，决定了我们党以后工作的方向。

"我们要牢记人民对美好生活的向往就是我们的奋斗目标，坚持以人民为中心的发展思想，努力抓好保障和改善民生各项工作，不断增强人民的获得感、幸福感、安全感，不断推进全体人民共同富裕。"习近平总书记在这次记者见面会上强调，中国人民生活一定会一年更比一年好。

这是一个政党始终把人民利益摆在至高无上地位的生动体现，是一个政党始终以最广大人民根本利益为最高标准的生动诠释。未来，改革发展的成果必将更多更公平惠及全体人民，共同富裕的道路必定越走越宽广。

（三）

伟大的事业呼唤坚强的党，打铁必须自身硬。

　　"我们的责任，就是同全党同志一道，坚持党要管党、从严治党，切实解决自身存在的突出问题，切实改进工作作风，密切联系群众，使我们党始终成为中国特色社会主义事业的坚强领导核心。"5年前，习近平总书记在上次记者见面会讲话的背后，正是确保党始终成为中国特色社会主义事业坚强领导核心的担当与考量。

　　5年来，我们党勇于面对自身存在的突出问题，把全面从严治党提到前所未有的高度，以顽强意志品质正风肃纪、反腐惩恶，党内政治生活气象更新，党内政治生态明显好转，反腐败斗争压倒性态势已经形成并巩固发展，党的创造力、凝聚力、战斗力显著增强。而过去5年取得的全方位、开创性成就，实现的深层次、根本性变革，归其根本也正在于以习近平同志为核心的党中央坚强领导，"全面从严治党成效卓著""党在革命性锻造中更加坚强"。

　　时间，将辉煌的过去留给历史，将深刻的启示交给未来：我们党要始终成为时代先锋、民族脊梁，自身必须始终过硬，必须勇于直面问题，敢于刮骨疗毒，清除一切侵蚀党的健康肌体的病毒。

　　"我们要永葆蓬勃朝气，永远做人民公仆、时代先锋、民族脊梁。全面从严治党永远在路上，不能有任何喘口气、歇歇脚的念头。"在这次记者见面会上，习近平总书记再次向全世界展示了我们党勇于自我革命、从严管党治党的鲜明品格。

　　可以预见，随着全面从严治党不断向纵深发展，党在革命性锻造中必将更加坚强，焕发出更加强大的生机活力。而在一个更加坚强有力的党的领导下，承载中国人民伟大梦想的航船必将破浪前行，胜利驶向光辉的彼岸。

（2017 年 10 月 27 日）

全面从严治党一刻不停歇

◎闫　鸣

　　"打铁必须自身硬。党要团结带领人民进行伟大斗争、推进伟大事业、实现伟大梦想，必须毫不动摇坚持和完善党的领导，毫不动摇把党建设得更加坚强有力。"党的十九大作出了"坚定不移全面从严治党，不断提高党的执政能力和领导水平"的重要部署。一分部署，九分落实。全党务必认真学习贯彻党的十九大精神，以习近平新时代中国特色社会主义思想为指导，全面理解和准确把握新时代党的建设总要求，真正做到管党有方、治党有力、建党有效，确保党始终成为中国特色社会主义事业的坚强领导核心。

　　时代赋予使命，形势决定任务。十九大明确了我国发展新的历史方位，中国特色社会主义进入了新时代。今天，我们比历史上任何时期都更接近实现中华民族伟大复兴的目标。但行百里者半九十，中华民族伟大复兴，绝不是轻轻松松、敲锣打鼓就能实现的。党的领导是战胜一切困难和风险的"定海神针"，坚持和加强党的全面领导是夺取新时代中国特色社会主义伟大胜利、实现民族伟大复兴的根本保证。站在新起点，面对新形势，我们应当清醒认识到，党面临的执政考验、改革开放考验、市场经济考验、外部环境考验是长期的、复杂的、严峻的，精神懈怠危险、能力不足危险、脱离群众危险、消极腐败危险尖锐地摆在全党面前。我们党要始终成为时代先锋、民族脊梁，始终成为马克思主义执政党，自身必须始终过硬。

"在全面从严治党这个问题上，我们不能有差不多了，该松口气、歇歇脚的想法，不能有打好一仗就一劳永逸的想法，不能有初见成效就见好就收的想法。""我们将继续清除一切侵蚀党的健康肌体的病毒，大力营造风清气正的政治生态，以全党的强大正能量在全社会凝聚起推动中国发展进步的磅礴力量。"习近平总书记掷地有声的话语，是我们党再接再厉再出发的政治宣言，是向人民作出的庄严承诺。十九大修改的党章，在党的建设必须坚决实现的基本要求中增加"坚持从严管党治党"一项，并写入"全面从严治党永远在路上"这一重要论断，彰显了我们党勇于自我革命、从严管党治党的鲜明品格和坚定决心。

纲举而目张，执本则末从。十九大与时俱进提出新时代党的建设总要求：坚持和加强党的全面领导，坚持党要管党、全面从严治党，以加强党的长期执政能力建设、先进性和纯洁性建设为主线，以党的政治建设为统领，以坚定理想信念宗旨为根基，以调动全党积极性、主动性、创造性为着力点，全面推进党的政治建设、思想建设、组织建设、作风建设、纪律建设，把制度建设贯穿其中，深入推进反腐败斗争，不断提高党的建设质量，把党建设成为始终走在时代前列、人民衷心拥护、勇于自我革命、经得起各种风浪考验、朝气蓬勃的马克思主义执政党。总要求构成了新时代党的建设科学有机的整体，为我们深入推进新的伟大工程提供了立体"坐标系"和精准"定位仪"。

新时代开启新征程，新思想指引新作为。十九大擘画了党和国家事业发展的目标和任务，各级党组织和全体党员、各级领导干部要切实将十九大精神学懂、弄通、做实，增强"四个意识"，坚定"四个自信"，坚持和加强党的全面领导，一刻不停歇地推动全面从严治党向纵深发展，毫不动摇地把党建设得更加坚强有力，不忘初心、牢记使命、继续前进，引领中华民族走向伟大复兴。

（2017 年 11 月 13 日）

新时代党的建设，须臾不能偏离主线

◎ 陈治治

"领导十三亿多人的社会主义大国，我们党既要政治过硬，也要本领高强。"

如何同时练就"政治过硬"和"本领高强"？党的十九大报告在阐述新时代党的建设总要求时，强调"以加强党的长期执政能力建设、先进性和纯洁性建设为主线"，为新时代党的建设提供了精准"导航仪"。

我们党既是长期执政，又全面领导，只有提高执政能力和领导水平，才能凝聚力量实现伟大梦想。党的十九大报告在执政能力建设前增加"长期"二字，更加凸显党长期执政、全面领导要经受的重大考验，凸显保持先进性和纯洁性对巩固党的执政地位的极端重要性。中国特色社会主义进入新时代，我国社会主要矛盾已经转化为人民日益增长的美好生活需要和不平衡不充分的发展之间的矛盾。改革发展稳定各项工作都必须围绕这个重大历史性变化接续展开，而要解决好发展不平衡不充分的突出问题、处理好交织叠加的各种矛盾，必须把党的领导体现到治国理政的方方面面，贯穿到经济社会各个领域、改革发展每个环节，推动党和国家事业沿着正确方向前进。

"没有金刚钻，揽不了瓷器活。"从全面建成小康社会到基本实现现代化，再到全面建成社会主义现代化强国，党长期执政面临的考验将更加艰巨复杂，只有自身硬起来、强起来，有智慧、有本领，才能锻造坚强领导核心、从容应对风险挑战。加强党的长期执政能力建设，必须全面增强执政本领。何以"全面增强"？答案就在十九大报告中：增强学习本领；增强政治领导本领；增强改革创新本领；增强科学发展本领；增强依法执政本领；增强群众工作本领；增强狠抓落实本领；增强驾驭风险本领。

党的先进性和纯洁性，事关人心向背，事关兴亡盛衰。加强党的先进性和纯洁性建设，不可能一劳永逸，正所谓"过去先进不等于现在先进，现在先进不等于永远先进；过去拥有不等于现在拥有，现在拥有不等于永远拥有"。党的十八大以来的五年，以习近平同志为核心的党中央勇于面对党面临的重大风险考验和党内存在的突出问题，以前所未有的力度推进全面从严治党，整顿党的作风、严明党的纪律、纯洁党的组织、完善党的制度，不仅消除了党和国家的重大政治隐患，也使得党在革命性锻造中更加坚强，焕发出新的强大生机活力，为党和国家事业发生历史性变革提供了坚强政治保证。

但是，在看到"解决了许多长期想解决而没有解决的难题，办成了许多过去想办而没有办成的大事"的同时，也要清醒认识到，我们党面临的执政环境是复杂的，影响党的先进性、弱化党的纯洁性的因素也是复杂的，党内存在的思想不纯、组织不纯、作风不纯等突出问题尚未得到根本解决，党风廉政建设和反腐败斗争形势依然严峻复杂，党面临"四大考验""四种危险"的重大判断没有过时。全面领导、长期执政，打铁必须自身硬，全面从严治党永远在路上。

贯彻落实新时代党的建设总要求，须臾不能偏离主线。全党要着眼建设"始终走在时代前列、人民衷心拥护、勇于自我革命、经得起各种风浪考验、朝气蓬勃的马克思主义执政党"的目标，把雷厉风行和久久为功有机结合起来，以执政能力和领导水平的"更上一层楼"为加强党的长期执政能力建设添砖加瓦，更加自觉地消除一切损害党的先进性和纯洁性的因素、清除一切侵蚀党的健康肌体的病毒，不断增强党自我净化、自我完善、自我革新、自我提高的能力，不断增强党的政治领导力、思想引领力、群众组织力、社会号召力，确保我们党永葆旺盛生命力和强大战斗力。

（2017 年 11 月 16 日）

以党的政治建设为统领，提纲而众目张

◎徐怀顺

　　"把党的政治建设摆在首位""以党的政治建设为统领"，十九大报告多次论述党的政治建设的重要性，并第一次将其纳入党的建设总体布局。这是习近平新时代中国特色社会主义思想对马克思主义党建理论的重大创新，深刻揭示了我们党对自身建设规律的准确把握，鲜明反映了党和国家事业发展对执政党建设的时代要求，对坚定不移全面从严治党、把党建设得更加坚强有力，意义重大而深远。

　　"首位""统领"，极具分量的词语凸显党的政治建设的极端重要性。究其原因，就在于党的政治建设是党的根本性建设，决定党的建设方向和效果。什么时候全党讲政治、党内政治生活健康，我们党就风清气正、团结统一，充满生机活力，党的事业就蓬勃发展；反之，就弊病丛生、人心涣散、丧失斗志，使党的事业严重受挫。可以说，加强党的政治建设，是关乎党和国家前途命运、关乎人民根本利益的根本性问题。

　　以党的政治建设为统领，将其摆在首位，是实践经验的总结，更是踏上新征程、担当新使命的需要。在全面从严治党波澜壮阔进程中，习近平总书记反复强调必须突出党的政治建设。这样的强调并非无的放矢：党的十八大以来查处的292名中管干部，几乎都有违反政治纪律行为，绝大多数都有政治腐败和经济腐败相互交织的严重问题。事实证明，党内存在的很多问题，原因都是过去一个时期管党治党宽松软，特别是对党的政治建设没有抓紧、抓实、抓好；五年来，全面从严治党成效卓著，党在革命性锻造中更加坚强，一条成功经验就是注重抓党的政治建设。新时代要有新气象新作为，"讲政治是我们党补钙壮骨、强身健体的根本保证，是我们党培养自我革命勇气、增强自我净化能力、提高排毒杀菌政治免疫力的根本途径"。

事在四方，要在中央。加强党的政治建设，首要任务是"保证全党服从中央，坚持党中央权威和集中统一领导"。我们党有 8900 多万名党员、450 多万个基层党组织，在 13 亿多人口的大国长期执政，只有坚持党中央权威和集中统一领导，才能把全党牢固凝聚起来，进而把全国各族人民紧密团结起来，形成万众一心、无坚不摧的磅礴力量。全党同志必须切实增强政治意识、大局意识、核心意识、看齐意识，坚定执行党的政治路线，严守党的政治纪律和政治规矩，自觉在政治立场、政治方向、政治原则、政治道路上同以习近平同志为核心的党中央保持高度一致，坚决防止和纠正自行其是、各自为政，有令不行、有禁不止，上有政策、下有对策等行为。

加强党的政治建设，既要准确把握首要任务，又要对照党的十九大提出的一系列要求，抓好全面落实。要尊崇党章，严格执行新形势下党内政治生活若干准则，坚持和完善民主集中制，坚持不懈开展批评和自我批评，营造良好政治生态；要发展积极健康的党内政治文化，弘扬忠诚老实、公道正派、实事求是、清正廉洁等价值观，坚决抵制和反对各种腐朽、庸俗文化的侵蚀；要自觉加强党性锻炼，永葆对党忠诚的政治品格，坚守个人干净的为官底线，强化敢于负责的担当精神，不断提高政治觉悟和政治能力。提纲而众目张。党的政治建设是党的根本性建设，是统领、核心，党的其他建设最终必须落实到政治建设上。各级党组织和全党同志要深刻认识到，抓好政治建设，党的建设就铸了魂、扎了根，必须自觉把党的政治建设抓紧抓实抓出成效，确保党的事业始终沿着正确的政治方向胜利前进。

（2017 年 11 月 17 日）

加强思想建设，夯实理想信念宗旨根基

◎闫　鸣

　　"要把坚定理想信念作为党的思想建设的首要任务，教育引导全党牢记党的宗旨，挺起共产党人的精神脊梁，解决好世界观、人生观、价值观这个'总开关'问题，自觉做共产主义远大理想和中国特色社会主义共同理想的坚定信仰者和忠实实践者。"学习贯彻党的十九大这一重要部署，加强思想建设、坚定理想信念、牢记党的宗旨，必须用习近平新时代中国特色社会主义思想武装全党。

　　"本根不摇，则枝叶茂荣。"中国共产党是靠共同的革命理想凝聚起来的政治组织，革命理想高于天。思想建设是党的基础性建设，要以坚定理想信念宗旨为根基。共产主义远大理想和中国特色社会主义共同理想，是中国共产党人的精神支柱和政治灵魂，也是保持党的团结统一的思想基础。回顾建党近百年的光辉历程，对马克思主义信仰、共产主义远大理想的追求，对国家、民族和人民的责任，始终写在党的旗帜上，始终是中国共产党人坚守不渝的初心。把理想信念的红色基因一代代传承下去，教育引导党员干部补精神之钙、固思想之元、培为政之本，炼就"金刚不坏之身"，是加强党的建设的永恒课题。

　　时代发展，使命赓续。中国特色社会主义是改革开放以来党的全部理论和实践的主题。习近平新时代中国特色社会主义思想，从理论和实践结合上系统回答了新时代坚持和发展什么样的中国特色社会主义、怎么坚持和发展中国特色社会主义这个重大时代课题，把我们党对中国特色社会主义本质和规律的认识提高到一个前所未有的高度，为我们坚持和发展中国特色社会主义提供了基本遵循，也为实现中华民族伟大复兴提供了行动指南。

科学理论是坚持正确方向、战胜艰难险阻的强大思想武器。我们党的每一次理论创新，都会迎来党的事业的一次伟大飞跃。过去五年，党和国家事业之所以能够开新局、谱新篇，根本就在于以习近平同志为核心的党中央的坚强有力领导，在于习近平新时代中国特色社会主义思想的科学指引和战略指导。中国特色社会主义进入新时代，我们党所处的历史方位和实践基础发生了深刻变化，面临许多新任务、新挑战。进行伟大斗争、建设伟大工程、推进伟大事业、实现伟大梦想，必须教育引导全党同志深入学习贯彻习近平新时代中国特色社会主义思想，不忘初心、牢记使命，增强"四个意识"，坚定"四个自信"，以永不懈怠的精神状态和一往无前的奋斗姿态把中国特色社会主义不断推向前进。

理论的价值在于指导实践，学习的目的全在于运用。全党同志必须全面系统学、及时跟进学、融会贯通学，深入学习领会习近平新时代中国特色社会主义思想的科学体系、精神实质、实践要求，深刻理解把握其中"八个明确"的主要内涵、"十四条坚持"的基本方略。要大力弘扬马克思主义学风，坚持知行合一、学做结合，推动"两学一做"学习教育常态化制度化，以县处级以上领导干部为重点，在全党开展"不忘初心、牢记使命"主题教育，用党的创新理论武装头脑，推动全党更加自觉地为实现新时代党的历史使命不懈奋斗。

（2017 年 11 月 18 日）

抓住党的建设着力点，焕发全党蓬勃活力

◎宋　凯

党的十九大报告在新时代党的建设总要求中强调，"以调动全党积极性、主动性、创造性为着力点"。将调动全党积极性、主动性、创造性作为新时代党的建设的重点着手之处，是激励中国共产党人不忘初心、不断前进的需要，是建设"始终走在时代前列、人民衷心拥护、勇于自我革命、经得起各种风浪考验、朝气蓬勃的马克思主义执政党"的必然要求。8900多万党员的积极性、主动性、创造性充分调动起来，我们党就一定能把13亿多人民高度凝聚起来，形成无坚不摧的中国力量。

一人难挑千斤担，众人能移万座山。回首96年光辉岁月，在一程又一程的长征路上，在一棒又一棒的接力赛中，我们党之所以能团结带领人民攻克一个又一个看似不可攻克的难关，创造一个又一个彪炳史册的人间奇迹，使中华民族迎来从站起来、富起来到强起来的伟大飞跃，离不开一以贯之地重视调动全党的积极性、主动性、创造性，离不开一代又一代共产党人的初心不改、矢志不渝，前赴后继、接续努力。正是共产党人的不懈奋斗，构成了为人民谋幸福、为民族谋复兴的历史脉络。

党的十八大以来，全面从严治党成效卓著，党在革命性锻造中更加坚强，焕发出新的强大生机活力。正风肃纪、反腐惩恶的雷霆万钧，带来的是党内政治生活的气象更新、党内政治生态的明显好转，校正的

是曾被贪腐和歪风扭曲的社会价值观，激发的是全党的积极性、主动性、创造性。广大党员干部的使命意识、宗旨意识进一步强化，纪律规矩意识更强、干事创业劲头更足，敢于负责、勇于担当，汇聚起强大的力量，在党中央的坚强领导下，解决了许多长期想解决而没有解决的难题，办成了许多过去想办而没有办成的大事。

成就非凡之事业，需要非凡之精神。中国特色社会主义进入了新时代，踏上新征程、担当新使命，我们要清醒地认识到，前进道路从来不会是一片坦途，会有许多困难和问题等着去克服、去解决。应对重大挑战、抵御重大风险、克服重大阻力、解决重大矛盾，都要求我们党把自身建设得更加坚强有力，都需要调动起全党的积极性、主动性、创造性，以政治领导力、思想引领力、群众组织力、社会号召力的全面增强，确保我们党始终成为全国人民的主心骨，始终成为当之无愧的时代先锋、民族脊梁。

人间万事出艰辛。让梦想照进现实，最要紧的是奋斗。党的十九大报告指出，"历史只会眷顾坚定者、奋进者、搏击者，而不会等待犹豫者、懈怠者、畏难者"，就是在提醒全党，新时代的征程上只有实干家，绝不能当清谈客。在推进新时代党的建设新的伟大工程中，各级党组织要充分尊重党员的主体地位和首创精神，最大限度调动广大党员干部积极性、主动性、创造性，推动形成想作为、敢作为、善作为的良好风尚。

一代人有一代人的使命，一代人有一代人的担当。把"为中国人民谋幸福、为中华民族谋复兴"镌刻在了党的旗帜上，就注定要风雨兼程。每一名共产党员都要牢记入党誓词，把理想信念融入血脉，永远把人民对美好生活的向往作为奋斗目标，时刻保持永不懈怠的精神状态和一往无前的奋斗姿态，凝聚起同心共筑中国梦的磅礴力量。

（2017 年 11 月 19 日）

一锤接着一锤敲，使党的作风全面好起来

◎陈治治

　　党的十九大报告中，"打铁必须自身硬""坚决纠正各种不正之风""持之以恒正风肃纪""坚持以上率下，巩固拓展落实中央八项规定精神成果，继续整治'四风'问题，坚决反对特权思想和特权现象"等掷地有声的表述，将中国共产党人"作风建设永远在路上"的铿锵步伐展示在全世界面前。

　　"八项规定，改变中国""刹住了许多人认为不可能刹住的歪风""人民群众交口称赞""作风建设成为党的建设亮丽名片"……可以说，制定和执行关于改进工作作风、密切联系群众的八项规定，是兑现"打铁还需自身硬"政治承诺的徙木立信之举，是全面从严治党的"第一刀"，是从党的最高领导层做起、再塑党的形象的"第一行动"。回顾党的十八大以来的五年，无论是党和国家事业发生的"历史性变革"，还是全党淬火成钢的"革命性锻造"，以中央八项规定为标志的新时代作风建设都留下了浓墨重彩的一笔，对维护党中央权威、增强党的向心力，对保持党同人民群众的血肉联系都起到了重要作用。

　　凡是过去，皆为序章。距离实现中华民族伟大复兴越近，越要以党的优良作风凝聚起全国各族人民的磅礴力量，向最终的胜利冲刺；贯彻

落实中央八项规定精神、转作风改作风只能加强不能削弱，作风建设永远在路上。历史经验告诉我们，作风问题具有顽固性、反复性，最容易反弹。经过驰而不息落实中央八项规定精神，严厉整治形式主义、官僚主义、享乐主义和奢靡之风，开展党的群众路线教育实践活动和"三严三实"专题教育，推进"两学一做"学习教育常态化制度化，"四风"等作风顽症的蔓延势头、大行其道得到有效遏制、全面压制。但是，不良作风的"病原体"并没有根除，一些不正之风、特权现象因为"不敢"而"龟息"，"不能""不想"的问题尚未解决，有的领导机关、领导干部还存在"灯下黑""手电筒只照别人不照自己"等问题，作风建设依然任重道远。

征程万里风正劲，重任千钧再扬鞭。十九届中央政治局首次会议审议的《中共中央政治局贯彻落实中央八项规定的实施细则》，根据这几年中央八项规定实施过程中遇到的新情况新问题，着重对改进调查研究、精简会议活动、精简文件简报、规范出访活动、改进新闻报道、厉行勤俭节约等方面内容作了进一步规范、细化和完善，更加切合工作实际，增强了指导性和操作性。这是带领和号令全党持之以恒正风肃纪的一次"战术示范"，不仅彰显了坚如磐石的战略定力，诠释了"以行动作无声的命令，以身教作执行的榜样"，也是坚持以上率下、坚持问题导向的生动体现。

贯彻落实新时代作风建设的新部署新要求，着力解决损害群众切身利益、群众反映强烈的作风问题，打赢作风建设持久战，使党的作风全面好起来，各级领导机关和领导干部能否发挥好带头作用是关键。要发扬钉钉子精神，一锤接着一锤敲，持之以恒保持正风肃纪的强大震慑，决不能让享乐主义和奢靡之风卷土重来；要继续铲除不良作风滋生的土壤，加大纠正形式主义、官僚主义力度，督促党员干部把党的群众路线化作扎扎实实为人民谋幸福的具体行动；要坚持标本兼治，健全改进作风常态化制度，进一步压实管党治党责任，着力建设正气充盈的党内政治文化，让党员干部从思想深处筑牢抵制不良风气的"防火墙"。

（2017 年 11 月 20 日）

用好"四种形态"，让纪律全面严起来

◎闫　鸣

　　党要管党、从严治党，靠什么管，凭什么治？靠严明纪律。党的十九大报告将纪律建设纳入新时代党的建设总体布局，是一个重要的理论和实践创新。学习贯彻十九大精神，坚定不移全面从严治党，必须全面加强纪律建设，深入开展纪律教育，在用好监督执纪"四种形态"上下功夫。

　　加强纪律性，革命无不胜。我们党是靠革命理想和铁的纪律组织起来的马克思主义政党，纪律严明是党的光荣传统和独特优势。严守党的纪律，是维护党的集中统一领导、保持党的先进性和纯洁性、增强全党创造力凝聚力战斗力的必然要求，也是每一名党员都应当自觉履行的义务。十九大党章修正案写入"坚持依规治党、标本兼治，坚持把纪律挺在前面，加强组织性纪律性，在党的纪律面前人人平等"，强调"要把严的标准、严的措施贯穿于管党治党全过程和各方面"，进一步凸显了纪律建设作为全面从严治党治本之策的重要性。

　　一引其纲，万目皆张。十九大报告指出，"重点强化政治纪律和组织纪律，带动廉洁纪律、群众纪律、工作纪律、生活纪律严起来"，使加强纪律建设的要求更加明确、全面从严治党的尺子更加清晰，也为全党一体遵循提供了纲领和指南。政治纪律是牵头的管总的纪律，遵守政治纪律是遵守党的全部纪律的重要基础。党员干部不管违反哪方面的纪律，最终都会侵蚀党的执政基础，说到底都是破坏政治纪律。全面从严治党首先要从政治上看，严肃党内政治生活必须严明政治纪律和政治规矩。只有通过抓好政治纪律、组织纪律，带动其他几项纪律全面从严，才能为保持党的肌体健康、维护党的团结统一提供有力武器，为贯彻党的路线方针政策、完成党的各项任务提供重要保证。

全面从严治党，不只是惩治极少数严重违纪并已涉嫌违法的人，更要用严明的纪律管全党、治全党。党员干部"破法"必自"破纪"始，把纪律挺在前面，发现问题及时纠正，就能防止小错酿成大错。用好纪律这把尺子，必须"坚持开展批评和自我批评，坚持惩前毖后、治病救人，运用监督执纪'四种形态'，抓早抓小、防微杜渐"。"四种形态"是实现标本兼治的有效路径，为全面从严治党提供了政策和抓手。"四种形态"环环相扣、层层设防，形成有机整体，每一种形态都是管党治党的利器，彰显了"全面""从严"的坚决态度，体现了组织对党员干部的关心爱护。

纪律必须成为带电的高压线。十九大报告和党章修正案赋予有干部管理权限的党组相应纪律处分权限。权力就是责任，责任就要担当。各级党委、党组和领导干部既是党内监督的对象，也是管党治党的主力，不能当老好人，要扛起全面从严治党主体责任，拿起党的纪律武器，真管真严、敢管敢严、长管长严。各级纪委要立足本职抓纪律，发挥党内监督专责机关作用，强化监督执纪问责。要在新的形势下用好"四种形态"，以"霹雳手段"惩前毖后，怀"菩萨心肠"治病救人，维护好党内政治生态，尤其要在第一种形态上下更大功夫，开展经常性、针对性、主动性的纪律教育，使红脸出汗成为常态，让党员干部知敬畏、存戒惧、守底线，习惯在受监督和约束的环境中工作生活。

全面从严治党任重道远，打铁必须自身硬。严明纪律的要求是具体的而不是抽象的，需要各级党组织和全体党员都绷紧弦、铆足劲、动真格，进一步将纪律立起来严起来执行到位，以严的标准、实的作风，不断推动全面从严治党向纵深发展。

（2017 年 11 月 21 日）

"打虎"脚步不停歇，反腐决心如磐石

◎徐怀顺

"中共中央宣传部原副部长鲁炜涉嫌严重违纪接受组织审查。"11月 21 日晚，一则仅有 25 字的消息迅速引爆舆论场。

十九大闭幕不到一个月，"首虎"落马、"百名红通人员"贺俭回国投案，与各地各部门不断传来的"拍蝇"消息一起，构成落实党的十九大部署、深入推进反腐败斗争的轰响。一刻不松、半步不退的行动，充分彰显了党中央巩固压倒性态势、夺取压倒性胜利坚如磐石的决心，有力回应了人民群众对反腐败的期盼。

"以零容忍态度惩治腐败""深刻认识党面临的精神懈怠危险、能力不足危险、脱离群众危险、消极腐败危险的尖锐性和严峻性""深入推进反腐败斗争""夺取反腐败斗争压倒性胜利"……在党的十九大报告中，习近平总书记对反腐败多次强调、作出重要部署。全党必须牢牢把握这些新部署新要求，以永远在路上的坚韧和执着，坚持无禁区、全覆盖、零容忍，坚持重遏制、强高压、长震慑，深化标本兼治，强化不敢腐的震慑，扎牢不能腐的笼子，增强不想腐的自觉，用巩固压倒性态势、夺取压倒性胜利的坚实步伐，为决胜全面建成小康社会、全面建设社会主义现代化国家提供坚强保证。

人民群众最痛恨腐败现象，腐败是我们党面临的最大威胁。党的十八大以来，以习近平同志为核心的党中央旗帜鲜明、立场坚定，坚定不移"打虎""拍蝇""猎狐"，不敢腐的目标初步实现，不能腐的笼子越扎越牢，不想腐的堤坝正在构筑，反腐败斗争压倒性态势已经形成并巩固发展。力度史无前例，成效世界瞩目。

劲不可泄，势不可转。党的十九大提出夺取压倒性胜利的战略任务，不只是反对腐败的现实考量，更是保证干部清正、政府清廉、政治清明的客观需要。唯其如此，才能跳出历史周期率，确保党和国家长治久安。踏上新征程、担当新使命，不能有差不多了，该松口气、歇歇脚的想法，必须始终保持一份冷静清醒，深刻认识到消极腐败危险仍旧十分尖锐、形势依然严峻复杂，一刻不停歇地推进反腐败斗争。

冰冻三尺非一日之寒，解决起来也非一日之功。惩治这一手任何时候都不能松，松一松就会出现"回头浪"，必须勇于直面问题、敢于刮骨疗毒，向全社会释放反腐败力度不减、节奏不变的强烈信号。要重点查处不收敛、不收手，问题线索反映集中、群众反映强烈，现在重要岗位且可能还要提拔使用的领导干部，三种情况同时具备并且政治腐败和经济腐败相互交织的是重中之重；要严厉整治群众身边的腐败，紧紧围绕打赢脱贫攻坚战，对胆敢向扶贫民生款物伸手的决不手软，把打黑除恶和反腐"拍蝇"结合起来，严查黑恶势力背后的"保护伞"；要继续推进反腐败国际追逃追赃，堵死腐败分子外逃之路。

求木之长者必固其根本，欲流之远者必浚其泉源。以治标促进治本、以治本巩固治标，才能铲除腐败滋生蔓延的土壤和空间。要加强制度建设，扎牢不能腐的笼子。通过加强党内法规制度建设，推进反腐败国家立法，全面推开国家监察体制改革试点工作，发扬光大巡视巡察制度，建立覆盖纪检监察系统的检举举报平台等，靠深化改革，健全制度，完善激励和约束机制，促进不能腐。要强化教育引导，增强不想腐的自觉。通过加强党性党风党纪教育和警示教育，弘扬中华优秀传统文化，引导党员干部坚定理想信念宗旨，牢固树立"四个自信"，挺起共产党人的精神脊梁，筑牢思想道德防线，自觉保持清正廉洁。

只要出发，终可抵达。各级党组织和广大党员干部尤其是纪检监察机关和纪检监察干部，要以坚如磐石的决心、坚不可摧的力量，不松劲、不停步、再出发，通过不懈努力将反腐败斗争压倒性态势转化为压倒性胜利，向海晏河清、朗朗乾坤的目标不断迈进。

（2017 年 11 月 22 日）

健全党和国家监督体系，跳出历史周期率

◎高　波

　　11月24日，包头市青山区监察委员会挂牌成立。这是党中央决定在全国推开监察体制改革试点工作后内蒙古成立的首家监察委员会，是落实党的十九大健全党和国家监督体系的扎实行动、最新成果。

　　习近平总书记所作党的十九大报告，将健全党和国家监督体系作为新时代党的建设的一项重要任务，强调"构建党统一指挥、全面覆盖、权威高效的监督体系，把党内监督同国家机关监督、民主监督、司法监督、群众监督、舆论监督贯通起来，增强监督合力"。这是对新时代党和国家监督体系建设作出的顶层设计和战略规划。

　　办好中国的事情关键在党。能否实现党的自我净化、自我完善，关乎党和国家的前途命运。党的十八大以来，以习近平同志为核心的党中央深刻洞察党面临的风险挑战，把全面从严治党纳入党和国家战略布局，以坚定的信念信仰、顽强的斗争精神，管党治党兴党，破解长期执政条件下实现自我监督的历史性课题。

　　五年间，突出政治监督、维护党中央权威，创新组织制度、实现监督全覆盖，压实监督责任、强化组织监督，聚焦关键少数、变革监督理念……特别是党中央把巡视作为党内监督战略性制度安排，使自上而下的组织监督和自下而上的民主监督结合起来，党内监督和群众监督、舆

论监督等有效衔接，形成了"寻虎找蝇"的强大监督合力，巡视制度展现出强大生命力，探索出党在长期执政条件下自我净化的有效路径。

党内监督是根本，群众监督是基础。党和人民血肉相连，党内监督和人民监督自然浑然天成。在党的十九大上，习近平总书记发出了新时代管党治党的政治强音："增强党自我净化能力，根本靠强化党的自我监督和群众监督。"展现了当代中国共产党人续写"窑洞对"新篇、跳出历史周期率的坚定决心。

自信者，人信；自强者，恒强。在长期执政条件下抵腐强党，必须以习近平新时代中国特色社会主义思想为指引，推动"刀刃向内、自清门户"的全面从严治党向纵深挺进。要按照十九大报告提出的路线图和任务书，把"四种形态"作为强化监督的抓手，把巡视利剑擦得更亮，让派驻监督更好发挥"探头"作用，让党内监督和外部监督同向发力；推进国家监察体制改革这一重大政治体制改革，在全国推开试点工作，制定国家监察法，组建国家、省、市、县监察委员会，同党的纪律检查机关合署办公，加强党对反腐败工作的统一领导，实现对所有行使公权力的公职人员监察全覆盖。

"雄关漫道真如铁，而今迈步从头越。"可以预见，随着"构建党统一指挥、全面覆盖、权威高效的监督体系"的持续推进，我们党完全有决心、有能力、有韧劲解决自身问题，实现自我净化、自我完善、自我革新、自我提高，走出一条符合历史传统和现实国情的中国特色社会主义监督道路。

（2017 年 11 月 25 日）

直面新课题，做好必答题

◎陈治治

　　初心和使命是一个政党的"根"和"魂"。中国共产党为什么要出发，我们要到哪里去，我们要做什么，集中体现在"为中国人民谋幸福，为中华民族谋复兴"。

　　迈入新时代，开启新征程，作为"四个伟大"中起决定作用的伟大工程，党的建设也被置于新的情境和战略蓝图中来擘画。习近平总书记在十九大报告中强调的新时代党的建设总要求，其核心原则是"坚持和加强党的全面领导，坚持党要管党、全面从严治党"，与以往的论述相比，加了两个"全面"，体现了管党治党兴党理论和实践的深化，标志着我们党对执政党建设规律的认识进入新境界。只有全面贯彻落实十九大对新时代党的建设提出的新要求，把党建设成为始终走在时代前列、人民衷心拥护、勇于自我革命、经得起各种风浪考验、朝气蓬勃的马克思主义执政党，才能保证初心不改、使命必达。

　　中国特色社会主义进入新时代，怎样才能让全党做到"打铁必须自身硬"？"一定要有新气象新作为"，从哪里切入、发力？面对党员结构发生的历史性变化，如何做到"大就要有大的样子"？这些，是新课题，也是必答题。

　　新征程上，不可能都是平坦的大道，我们将会面对许多重大挑战、重大风险、重大阻力、重大矛盾。十九大报告用"成效卓著"四个字高度评价过去5年全面从严治党的历史性成就，也清醒地指出，"腐败是我们党面临的最大威胁"，"反腐败斗争形势依然严峻复杂"。

不忘初心，方得始终。一个政党，一个政权，其前途命运取决于人心向背。"人民群众反对什么、痛恨什么，我们就要坚决防范和纠正什么。"

不忘初心，继续前进。全面从严治党不仅是党长期执政的根本要求，也是实现中华民族伟大复兴的根本保证。"全面从严治党永远在路上，不能有任何喘口气、歇歇脚的念头。"

新时代提出新任务，新使命呼唤新作为。毫不动摇坚持和完善党的领导，毫不动摇把党建设得更加坚强有力，坚定不移全面从严治党，不断提高党的执政能力和领导水平，全党必须持之以恒进行革命性锻造，用党的创新理论武装头脑，把贯彻新时代党的建设总要求落实在岗位上、行动上，把管党治党的螺栓拧得更紧，把全面从严治党的思路举措搞得更加科学、更加严密、更加有效，推动全面从严治党向纵深发展。

各级纪委肩负着维护党的章程和党的纪律的重任，监督执纪问责是职责所在。必须不忘初心、牢记使命，全面落实十九大作出的部署，增强"四个意识"、坚定"四个自信"，紧紧围绕党的领导、党的建设、全面从严治党、党风廉政建设和反腐败斗争，紧紧围绕维护党中央权威和集中统一领导，更加自觉地坚定党性原则，勇于直面问题，敢于刮骨疗毒，消除一切损害党的先进性和纯洁性的因素，清除一切侵蚀党的健康肌体的病毒，推动党内政治生态实现根本好转，为决胜全面建成小康社会、夺取新时代中国特色社会主义伟大胜利提供坚强保证。

（2017年11月26日）

以韧劲和执着，夺取全面从严治党新胜利

◎李志勇

重整行装再出发，全面从严治党永远在路上。

刚刚闭幕的十九届中央纪委二次全会，是全面贯彻落实党的十九大精神、深入推进全面从严治党的一次重要会议。习近平总书记在会上发表了重要讲话，强调在中国特色社会主义新时代，完成伟大事业必须靠党的领导，党一定要有新气象新作为，要全面贯彻党的十九大精神，以永远在路上的执着把全面从严治党引向深入。赵乐际同志代表中央纪委常委会作了工作报告，对 2018 年纪检监察工作进行了全面部署。

认真学习领会全会精神、深入贯彻落实工作部署，摆在第一位的是学深悟透习近平总书记重要讲话精神，要同学习贯彻党的十九大精神结合起来，同实际工作和职能职责结合起来，学懂弄通做实，把握精神实质，统一思想认识，强化责任担当，把党中央的决策部署一项一项抓实抓好。

这次全会具有年度特点，又着眼于未来 5 年，是全面贯彻落实党的十九大精神的再深化、再部署、再推进。全面贯彻落实党的十九大精神，关键在于坚决维护习近平总书记在党中央和全党的核心地位，坚决维护党中央权威和集中统一领导；关键在于自觉用习近平新时代中国特色社会主义思想武装头脑、指导实践、推动工作；关键在于坚定不移推

动全面从严治党向纵深发展。各级纪检监察机关要聚焦主责主业，严于监督、严格执纪、严肃问责，既不断增强原则性、战斗性，又不断增强科学性、精准性，推动党的十九大精神实化细化、落地生根。

勇于自我革命，从严管党治党，是我们党最鲜明的品格。党的十八大以来，以习近平同志为核心的党中央，紧紧盯住全面从严治党不力这个症结，坚决改变管党治党宽松软状况，正风肃纪、反腐惩恶，党内政治生活气象更新，党内政治生态明显好转，党在革命性锻造中更加坚强，焕发出新的强大生机活力。

行百里者半九十。新时代，我们党一定要有新气象新作为，这个新气象新作为首先是全面从严治党要开创新局面。要清醒认识到，我们取得的成就只是全面从严治党的一个良好开端，党内存在的思想不纯、组织不纯、作风不纯等突出问题尚未得到根本解决，反腐败斗争形势依然严峻复杂，全面从严治党依然任重道远，容不得半点松懈和停顿。全面从严治党永远在路上，纪检监察机关责任重于泰山。必须排除错误思想干扰，不松劲、不停步、再出发，在坚持中深化、在深化中发展，以永远在路上的韧劲和执着，把"严"字长期坚持下去，一以贯之、坚定不移，不断把全面从严治党引向深入。

"来而不可失者，时也；蹈而不可失者，机也。"2018年是贯彻党的十九大精神的开局之年，是改革开放40周年，是决胜全面建成小康社会、实施"十三五"规划承上启下的关键一年，做好纪检监察工作责任重大。新时代呼唤新作为，新任务要求新担当。经过党的十八大以来的不懈努力，全面从严治党有了很好的基础，我们要紧密团结在以习近平同志为核心的党中央周围，无私无畏、奋发有为，以时不我待、只争朝夕的精神不断取得全面从严治党、党风廉政建设和反腐败斗争新成效！

（2018年1月16日）

坚决维护党中央权威和集中统一领导

◎闫　鸣

　　"把党的政治建设摆在首位""以党的政治建设为统领"，刚刚闭幕的十九届中央纪委二次全会多次强调党的政治建设的重要性。

　　旗帜鲜明讲政治，是我们党作为马克思主义政党的根本要求。"首位""统领"等词汇，凸显了党的政治建设的极端重要性，彰显了我们党加强党的政治建设的鲜明态度。原因就在于，党的政治建设是党的根本性建设，决定党的建设方向和效果。事实证明，党内存在的很多问题，原因都是过去一个时期管党治党宽松软，特别是对党的政治建设没有抓好；五年多来，全面从严治党成效卓著，党在革命性锻造中更加坚强，一条成功经验就是注重抓党的政治建设。

　　六合同风，九州共贯，我们党是中国特色社会主义事业的领导核心。坚持党的领导是当代中国最重大的政治原则，保证全党服从中央、坚持党中央权威和集中统一领导是党的政治建设的首要任务。在这次全会上，习近平总书记强调，"要坚持以党的政治建设为统领，坚决维护党中央权威和集中统一领导。党中央作出的决策部署，所有党组织都要不折不扣贯彻落实，始终在政治立场、政治方向、政治原则、政治道路上同党中央保持高度一致。任何时候任何情况下，党的领导干部在政治上都要站得稳、靠得住，对党忠诚老实、与党中央同心同德，听党指挥、为党尽责"。纪检监察机关是政治机关，在坚决维护习近平总书记在党中央和全党的核心地位、坚决维护党中央权威和集中统一领导上，担负着特殊使命和重大责任。要加强对党内政治生活状况、党的路线方针政策和民主集中制等制度执行情况的监督检查，推动各级党组织和全体党员遵守党章党规，坚决落实党的基本理论、基本路线、基本方略。要盯紧"关键少数"，督促各级领导干部自觉加强党性修养，不断提高政治觉悟和政治能力，对党忠诚、为党分忧、为党尽职、为民造福。

不以规矩，不成方圆。党的纪律是多方面的，政治纪律是最重要、最根本、最关键的纪律，遵守党的政治纪律是遵守党的全部纪律的重要基础，也是当前严肃党内政治生活最重要、最紧迫的要求。严明政治纪律和政治规矩，防范和解决党内政治生活中的突出问题，要求各级纪检监察机关对习近平总书记指出的"七个有之"问题高度警觉，坚决清除对党不忠诚不老实、阳奉阴违的两面人、两面派，坚决反对和纠正个人主义、分散主义、自由主义、本位主义、好人主义，坚决防止山头主义和宗派主义危害党的团结、破坏党的集中统一，以实际行动保证全党统一意志、统一行动、步调一致向前进。

习近平总书记多次强调，加强党的建设，必须营造一个良好从政环境，也就是要有一个好的政治生态。各级纪检监察机关要整体把握地区、部门、单位的政治生态状况，聚焦政治立场、政治原则、政治担当和政治纪律，强化监督执纪问责，协助党委（党组）有针对性地、与时俱进地加强政治生态建设。要发展积极健康的党内政治文化，弘扬忠诚老实、公道正派、实事求是、清正廉洁等价值观，严把选人用人政治关、廉洁关、形象关，全面净化党内政治生态。

一引其纲，万目皆张。党的十九大报告第一次提出"把党的政治建设摆在首位"，此次全会又将其列为 2018 年工作部署第一项。各级纪检监察机关务必深刻领会党的十九大精神，认真贯彻落实全会部署，牢固树立"四个意识",坚守政治信仰、站稳政治立场、把准政治方向,忠诚履职、勇于担当,以监督执纪问责的实际行动,推动党的政治建设不断取得新成效。

（2018 年 1 月 17 日）

蹄疾步稳，全面推进国家监察体制改革

◎陈治治

深化国家监察体制改革，着力构建党统一指挥、全面覆盖、权威高效的监督体系，加强对权力运行的制约和监督，实现对所有行使公权力的公职人员监察全覆盖，是党的十九大作出的重大战略部署。

十九届中央纪委二次全会坚决贯彻这一重大战略部署，把全面推进国家监察体制改革纳入2018年纪检监察工作重点，按照党中央确定的时间表和路线图，立足当前、着眼长远，从把握改革目标任务、推动改革持续深化、着力健全党和国家监督体系等方面找准主攻方向，细化各项任务，做好进度安排，确保改革目标任务如期落实。

国家监察体制改革是事关全局的重大政治体制改革，包括整合行政监察、预防腐败和检察机关查处贪污贿赂、失职渎职以及预防职务犯罪等工作力量，组建国家、省、市、县监察委员会，同党的纪律检查机关合署办公；制定国家监察法，依法赋予监察委员会职责权限和调查手段；把党内监督同国家机关监督、民主监督、司法监督、群众监督、舆论监督贯通起来，增强监督合力等目标任务。在改革试点工作取得阶段性成果的基础上，按照党中央统一部署，全面推进国家监察体制改革，是推动全面从严治党向纵深发展、夺取反腐败斗争压倒性胜利的必然要求，是健全党和国家监督体系的有力举措，对于实现全面深化改革、全面依法治国和全面从严治党有机统一，推进国家治理体系和治理能力现代化具有重大意义。

蓝图已经绘就，关键就在施工，党委负主责、纪委是专责。各级党委和纪委要提高政治站位和政治觉悟，坚决贯彻党的十九大战略部署，按照十九届中央纪委二次全会的工作部署，对表对标，有力有序，蹄疾步稳深化国家监察体制改革，把改革蓝图转化为生动实践。

监察委员会是全新的国家机关，改革过程中要吃透中央精神、领会改革意图，密切关注改革进展，结合实际、提前谋划，把重点难点找准，把解决问题的办法想透，把准备工作和基础工作做在前头。要把党的领导贯穿改革全过程，各级党委要担当主体责任，党委书记要当好"施工队长"，纪委和有关单位要抓好组织实施；要把思想政治工作贯穿改革全过程，保持干部队伍思想稳定，积极推动人员融合和工作磨合，全面提高履职能力；要把问题导向贯穿改革全过程，在履行监督调查处置职责、实践探索监察工作运行机制、全要素试用12项调查措施、实现执纪审查与依法调查有效统一等关键环节，积极查找问题，不等不靠解决问题，回应党内外关切和人民群众期盼；要把建章立制贯穿改革全过程，完善工作制度，严格审批程序，规范调查流程，推动执纪审查与依法调查顺畅对接，加强对审查调查全过程的监督管理，加强监察机关与审判机关、检察机关、执法部门的工作衔接，把制度优势转化为治理效能；要把监督制约贯穿改革全过程，强化自我监督，健全内控机制，把权力关进制度笼子，确保党和人民赋予的权力不被滥用、惩恶扬善的利剑永不蒙尘。

深化国家监察体制改革的根本目的，是加强党对反腐败工作的统一领导，推进国家治理体系和治理能力现代化。党内监督与国家监察是一体两面，相互促进、相得益彰。在我国，80%的公务员、95%以上的领导干部都是共产党员，党内监督和国家监察既具有高度内在一致性，又具有高度互补性。检验监察体制改革是否成功的重要标准，就要看党委是否担当起了主体责任，把党对反腐败工作的统一领导具体地体现在工作体制、决策机制和实施举措的权威、高效、严密上，使已经形成的反腐败斗争压倒性态势巩固发展，保证党和国家干部队伍的肌体健康。

（2018 年 1 月 18 日）

密切血肉联系，持续擦亮作风建设名片

◎聂新鑫

单月处理人数首次突破 1 万人！刚刚公布的 2017 年 12 月全国查处违反中央八项规定精神问题月报中的数据，引发广泛关注。这组数据，再次验证了党中央对"四风"问题具有顽固性反复性、全面从严治党不能歇脚松劲的准确判断，展现了我们党以钉钉子精神打好作风建设持久战的如磐意志。

细思最新数据背后传递的信息，更能理解十九届中央纪委二次全会对巩固拓展落实中央八项规定精神成果作出强调部署的重要性。坚持纠正"四风"毫不懈怠、毫不放松，不断巩固拓展成果、扩大战果，纪检监察机关责任重大。各级纪检监察机关和广大纪检监察干部，要认真学习领会习近平总书记重要讲话精神，把思想和行动统一到党中央决策部署、中央纪委全会工作安排上来，坚定不移、尽职履责。

巩固拓展落实中央八项规定精神成果，必须坚持长抓严管。五年多来，越擦越亮的作风建设名片赢得了党心民心，继续加强作风建设，才能持续巩固党心民心。加强作风建设，必须紧紧抓住保持党同人民群众血肉联系这个关键，群众满意的就要坚持做下去，群众反对的就要坚决予以防范和纠正。各级纪检监察机关要把监督检查中央八项规定及实施细则精神执行情况作为重点任务和经常性工作，把狠抓不放、坚守节点、重点突破等好经验好做法长期发扬，进一步结合实际，一以贯之地坚持下去，推动优良风气成为全党上下自觉坚持的良好习惯。

巩固拓展落实中央八项规定精神成果，就要坚持盯细盯实。作风问题绝不是小事，一些看似微小的"四风"问题，实际上是背离党性宗旨，损害党的形象和干群关系的大事。在小事、小问题、小节上须臾不可放松警惕。事实说明，尽管严查严管了五年，但仍有人依然故我、心存侥幸，甚至顶风违纪，对此要严格执纪、严肃查处。同时还要密切关注"四风"改头换面、潜入地下、隐形变异等新苗头新动向。各级纪检监察机关要深入基层、深入群众，扎扎实实开展调查研究，善于发现新动向新问题，善于提出新思路新对策，找到切实管用的办法，对症下药。

巩固拓展落实中央八项规定精神成果，就要在坚持中深化，在深化中发展。习近平总书记多次强调，要在反对形式主义、官僚主义上下更大功夫。相对于享乐主义、奢靡之风而言，形式主义、官僚主义的问题解决起来更为复杂艰巨。各级纪检监察机关要找准切入点，抓住"关键少数"，推动领导干部带头转变作风，以身作则，以上率下，发挥"头雁"作用。既要纠正回避矛盾、庸懒散慢的无所作为，也要纠正冷漠蛮横的不作为、乱作为，坚决反对特权思想和特权现象。对那些表态多调门高、行动少落实差、放空炮耍花枪、群众反映强烈的领导干部，严肃问责、形成震慑。要在一个个问题突破的同时，注重梳理分析，挖出共性，转化为制度成果，形成长效机制。

冰冻三尺非一日之寒，滴水穿石非一日之功。钉钉子，就要一锤接着一锤敲，把钉子钉紧钉牢。各级纪检监察机关和广大纪检监察干部要克服懈怠情绪、抵御错误思想，不能有缓一缓、松一松、放一放的想法，不给"四风"任何卷土重来的机会，要持续加大监督检查力度，拓宽和畅通举报渠道，发挥各方监督作用，把"四风"问题放到全社会的探照灯、放大镜下，持续形成压力，共同维护来之不易的清风正气。

风雨多经志弥坚，关山初度路犹长。2018 年是贯彻党的十九大精神的开局之年，钉钉子精神是新一年工作的最佳姿态。只要有恒心有韧劲有毅力，党的作风建设必将取得人民群众更加满意的新成果，党同人民群众的血肉联系必将更加密切。

（2018 年 1 月 19 日）

砥砺锋芒，让巡视利剑作用更加彰显

◎贾　亮

　　"制定中央巡视工作规划，贯彻巡视工作方针，以政治建设为统领深化政治巡视，统筹安排常规巡视，深化专项巡视，强化机动式巡视，综合运用巡视成果，狠抓整改落实，提升全覆盖质量。深入开展巡察工作，建立巡视巡察上下联动的监督网。"让巡视利剑作用更加彰显，是十九届中央纪委二次全会部署的 2018 年一项重点工作。

　　巡视，是全面从严治党的利剑，是党内监督的战略性制度安排。党的十八大以来，以习近平同志为核心的党中央高度重视巡视工作，把巡视纳入全面从严治党战略布局，习近平总书记多次就巡视工作发表重要讲话，提出一系列新理念新思想新战略，形成系统科学的习近平巡视工作思想，为巡视工作提供了强大思想武器和行动指南。一轮轮巡视马不停蹄寻"虎"觅"蝇"，令腐败分子心惊胆寒，人民群众为之欢欣鼓舞、拍手称快，巡视工作力度、广度、深度和效果大幅提升，发挥了标本兼治战略作用，为全面从严治党提供有力支撑。成效有目共睹，经验弥足珍贵。五年来的巡视工作凝结着全面从严治党实践创新、理论创新、制度创新成果，彰显中国特色民主监督的制度优势。党的十九大对巡视工作作出新部署，新修改的党章充实完善巡视工作内容，专列一条对巡视巡察制度作出规定，为推动巡视工作向纵深发展提供了根本遵循。

　　巡视是政治巡视，要一以贯之绷紧讲政治这根弦。党的十九大报告强调，"旗帜鲜明讲政治是我们党作为马克思主义政党的根本要求。党的政治建设是党的根本性建设，决定党的建设方向和效果"。以政治建设为统领深化政治巡视，要紧盯被巡视党组织的政治立场和政治生态，重点检查党章执行和党的十九大精神贯彻落实情况，检查践行"四个意识"、坚定"四个自信"，加强党的领导、推进党的建设、全面从严治党、严肃党内政治生活、执行党的路线方针政策情况，认真查找"四风"表现，着力发现形式主义、官僚主义问题，突出问题导向，盯住关键少数，查找政治偏差。

　　巡视是党内监督的重要方式，全覆盖是发现问题、形成震慑的重要举措。只有全覆盖，才能零容忍。十八届中央组织开展 12 轮巡视，完成对省区市和新疆生产建设兵团、中管国有重要骨干企业、中央金融单位、中央和国家机关及事业单位、中管高校的巡视，在党的历史上首次实现一届任期巡视全覆盖。十八届六中全会审议通过的《中国共产党党内监督条例》，首次在党内法规层面对一届任期内实现巡视全覆盖作出规定。党的十九大党章第十四条规定，"党的中央和省、自治区、直辖市委员会实行巡视制度，在一届任期内，对所管理的地方、部门、企事业单位党组织实现巡视全覆盖"，巡视全覆盖不仅是党中央提出的"硬要求"，也是党内法规确定的"硬指标"，是必须完成的"法定任务"。党委（党组）必须坚决贯彻落实党章和巡视工作条例要求，扎实完成全覆盖任务。把巡视利剑擦得更亮，就要提升全覆盖质量，做到政治巡视要深，发现问题要准，分析问题要透，整改问题要实，推动被巡视党组织落实管党治党政治责任，增强党的意识、严明党的纪律。发挥利剑作用，延伸放大震慑效果，就要创新全覆盖实现路径，在机动灵活上做文章，统筹安排常规巡视，深化专项巡视，让"回头看"成为常态，加大"机动式"巡视力度，既要有整装出发的动员会，又要有机动灵活的小分队，让巡视监督利剑高悬、震慑常在。

建立巡视巡察上下联动的监督网，是全面从严治党向纵深推进、向基层延伸的必然要求，是健全党和国家监督体系的重要一环，也是将群众呼声化为正风反腐具体获得感的关键一招。巡视要推动管党治党责任全面覆盖、层层传导，让党员干部习惯在受监督和约束的环境中工作生活。党的十九大党章规定，党的市（地、州、盟）和县（市、区、旗）委员会建立巡察制度。深入开展巡察工作，压力必须传导下去。省、自治区、直辖市党委要贯彻党章规定，落实《关于市县党委建立巡察制度的意见》，加强对巡察工作的领导和指导。市县党委要履行主体责任，突出政治巡察，推动基层党组织增强政治功能，着力发现和推动解决基层党组织弱化、虚化、边缘化问题，着力发现和推动解决群众身边的不正之风和腐败问题，使巡察真正成为基层党内监督的前哨、发现问题的尖兵、从严治党的利剑，推动全面从严治党在基层见到实效。

全面从严治党永远在路上，巡视工作永远在路上。踏上新征程，担当新使命，2018 年巡视，重整行装再出发！

（2018 年 1 月 23 日）

严字当头，全面加强党的纪律建设

◎冷葆青

纪律是党的生命。以习近平同志为核心的党中央始终高度重视党的纪律建设。党的十九大把纪律建设摆在更加突出位置，纳入党的建设总体布局。《习近平谈治国理政》一、二卷中，"纪律"是高频词汇。这都表明了党中央用严明的纪律管全党治全党的坚定决心。十九届中央纪委二次全会将"全面加强党的纪律建设"确定为2018年重点工作之一，全会公报中"纪律"一词多次出现。

纪律严明是我们党从胜利走向胜利的重要保障。从近几年查处的违纪违法典型案例看，无论是高级领导干部还是基层党员，漠视党的纪律、先"违纪"再"破法"的现象不胜枚举。当前，党的政治建设中必须聚焦解决的"七个有之"问题，都是典型的违反政治纪律和政治规矩的行为。这些违纪行为如得不到有效纠正，必将严重损害我们党执政的政治基础和群众基础。

加强党的纪律建设，要增强纪律教育针对性。知纪明纪，方能遵纪守纪。必须通过广泛深入的经常性纪律教育，把党章党规党纪作为党校、干部学院和党委（党组）理论学习中心组必修课，不断增强全体党员和各级领导干部的纪律意识，使铁的纪律转化为党员干部的日常习惯和自觉遵循。要宣传好先进典型，发挥其教育引领作用，让党员干部学有榜样、行有示范、赶有目标。要提高警示教育的政治性，用好身边人身边事和典型案例，使更多党员干部抛弃"看戏"心理，"见不贤而内自省"，真正从中汲取教训，防患于未然，不断提高自身免疫力。

加强党的纪律建设，要深化运用监督执纪"四种形态"。"禁微则易，救末者难。"党的十九大把运用监督执纪"四种形态"写入党章，是全面从严治党的重要实践、理论和制度创新成果，必须珍惜、维护、坚持这一有力武器，使之越用越灵，不断丰富完善。要坚持惩前毖后、治病救人的方针，抓早抓小、分类处置，充分运用第一种形态，更加注重谈话函询质量，精准把握运用各种形态。让那些犯错误甚至犯严重错误的党员干部，能主动向组织讲清楚问题；让那些游走在违纪边缘的党员干部受到警示，悬崖勒马、迷途知返；让更多的党员干部受到警醒，知敬畏、存戒惧、守底线；对执迷不悟、拒绝挽救、顽抗到底的，坚决依纪依法处理，通过惩治极少数、教育大多数，使党员干部不触碰法纪红线，不犯或少犯错误。

加强党的纪律建设，要强化日常监督执纪。权力就是责任，责任就要担当。党章赋予有干部管理权限的党组相应纪律处分权限，充分体现了权责一致的要求。各级党委、纪委必须扛起全面从严治党政治责任，拿起纪律武器，敢抓敢管、严格执纪，发现苗头就及时提醒纠正，触犯纪律就立即严肃处理，确保党的纪律始终成为带电的高压线。实践在进步，制度也必须不断改进。要认真总结实践经验，实现制度与时俱进，把制度的篱笆扎得更紧。

加强纪律性，革命无不胜。要深入贯彻落实党的十九大精神，按照中央纪委二次全会的工作部署，"咬定青山不放松"，把纪律建设作为全面从严治党的治本之策，重点强化政治纪律和组织纪律，带动廉洁纪律、群众纪律、工作纪律、生活纪律严起来，确保党的纪律建设不断取得新成效。

（2018 年 1 月 24 日）

保持高压，巩固发展反腐败斗争压倒性态势

◎陈治治

　　人民群众最痛恨腐败现象，腐败是我们党面临的最大威胁。从党的十八大到十九大，以习近平同志为核心的党中央，坚决惩治腐败的旗帜立场始终如一，遏制腐败蔓延势头的目标任务从未动摇。全党同志、全体人民见证了反腐败斗争从胶着状态到压倒性态势正在形成、压倒性态势已经形成的历史转变。

　　无禁区、全覆盖、零容忍，言出必践；"打虎""拍蝇""猎狐"，火力全开；不敢腐的目标初步实现，不能腐的笼子越扎越牢，不想腐的堤坝正在构筑……在势如破竹、成效卓著的同时，也要清醒看到，当前反腐败斗争形势依然严峻复杂，滋生腐败的土壤依然存在，消除存量、遏制增量任务依然艰巨繁重。十九届中央纪委二次全会就"巩固发展反腐败斗争压倒性态势"作出具体部署，一以贯之、坚定不移，不松劲、不停步、再出发，在坚持中深化、在深化中发展，彰显了永远在路上的冷静清醒和坚韧执着，必将有力推动反腐败斗争压倒性态势向压倒性胜利转化。

　　持续保持高压，一刻不停歇地推进反腐败斗争，才能巩固发展压倒性态势。要坚持问题导向，保持战略定力，排除错误思想干扰，"老虎"露头就要打，"苍蝇"乱飞也要拍；要敢于用治标的利器，坚持无

禁区、全覆盖、零容忍，坚持重遏制、强高压、长震慑，坚持受贿行贿一起查，持续强化不敢、知止氛围，更有效地遏制增量、更有力地削减存量；要坚定不移、精准有序，有的放矢、靶向治疗，聚焦党的十八大以来不收敛、不收手的领导干部，重点查处政治问题和经济问题相互交织形成利益集团的腐败案件，着力解决选人用人、审批监管、资源开发、金融信贷等重点领域和关键环节的腐败问题，坚决防止党内形成利益集团。

推进反腐败国际追逃追赃，堵死腐败分子外逃之路，是遏制腐败蔓延的重要一环。要坚持追逃防逃两手抓，加强反腐败国际合作，在不断提高国际追逃追赃能力和成效的同时，筑牢防止人员外逃和赃款外流的堤坝，让已经潜逃的无处藏身，让企图外逃的丢掉幻想；要持续推进"天网行动"，紧盯重点外逃区域、重点个案，因国施策、因案制宜，不管腐败分子逃到哪里，都要缉拿归案、绳之以法；要深化国际执法交流，加强资产追回合作，积极参与制定相关国际规则，推动双边引渡、司法协助条约谈判取得新成果；要强化外逃人员所在党组织追逃责任，落实责任追究制度；要打好政治战、外交战、法律战、舆论战和信息战，进一步占据道义制高点，为全球反腐败治理贡献中国方案。

深化构建不敢腐、不能腐、不想腐的体制机制，是实现标本兼治、夺取反腐败斗争压倒性胜利的必由之路。要在强化不敢腐的威慑上有新气象新作为，保持高压态势、加大惩治力度，形成持续震慑，巩固不敢腐；要在扎牢不能腐的笼子上有新气象新作为，总结审查调查、巡视巡察中发现的体制机制问题和制度漏洞，推动完善相关党内法规，推进反腐败国家立法，推动各地区各部门改革体制机制、健全规章制度，通过改革和制度创新切断利益输送链条，加强对权力运行的制约和监督，促进不能腐；要在增强不想腐的自觉上有新气象新作为，全党要加强思想道德和党性教育，坚定理想信念宗旨，弘扬优秀传统文化，增强"四个自信"，解决好世界观、人生观、价值观这个"总开关"问题，强化不想腐。

"所当乘者势也，不可失者时也。"实践证明，中国共产党能够带领人民进行伟大的社会革命，也能够进行伟大的自我革命。乘势而上，以习近平新时代中国特色社会主义思想为指导，以反腐败永远在路上的坚韧和执着深化标本兼治，以"越是艰险越向前"的英雄气概和"狭路相逢勇者胜"的斗争精神巩固发展压倒性态势，我们就一定能夺取反腐败斗争压倒性胜利，迎来海晏河清、朗朗乾坤！

（2018 年 1 月 26 日）

下大力气，坚决整治群众身边腐败问题

◎李志勇

　　"以每天 50 元的租金租牛到养殖场，以应付扶贫考察""1 人在民政局上班，4 名亲友领上救助金""用虚假票据入账，把扶贫款据为己有"……最近，一些群众身边的不正之风和腐败问题被查处曝光，引发广泛关注。这再次彰显了各级纪检监察机关"拍蝇"不手软的鲜明态度，同时也警示我们，"蝇贪蚁腐"仍有不少，不能有丝毫麻痹大意，容不得半点歇脚松劲。

　　"加大整治群众身边腐败问题力度"，是党的十九大作出的一项重要决策。十九届中央纪委二次全会坚决贯彻党的十九大精神，明确将"坚决整治群众身边腐败问题"作为 2018 年一项重点工作。各级纪检监察机关要聚焦全会部署，坚持以人民为中心，着力解决群众身边的腐败和作风问题，真正做到人民群众反对什么、痛恨什么，就坚决防范和纠正什么。

　　正风反腐，涓流莫轻。五年多来，我们党坚持"老虎""苍蝇"一起打，赢得群众交口称赞。数据显示，群众对党风廉政建设和反腐败工作满意度由 2012 年的 75% 增长至 2017 年的 93.9%，提高了 18.9 个百分点。逐年上升的满意度是激励，也是鞭策。应当清醒认识到，我们取得的成绩与党中央的要求、人民群众的期盼还有差距，一些群众反映强烈的问题尚未得到有效根除，侵害群众利益的问题时有发生，祸害百姓的现象屡见不鲜，整治群众身边的腐败问题依然任重道远，必须下大力气解决。

习近平总书记在十九届中央纪委二次全会上强调，"老虎"要露头就打，"苍蝇"乱飞也要拍。"蝇贪"成群，其害无穷。坚决整治发生在群众身边的腐败问题，惩治这一手决不能放松。2018年是决胜全面建成小康社会的关键一年，也是持续3年的扶贫领域腐败和作风问题专项治理的第一年。各级纪检监察机关要围绕打赢脱贫攻坚战，找准定位、服务大局，重点查处和纠正贯彻党中央决策部署态度不坚决不到位、弄虚作假问题，主体责任、监督责任和职能部门监管职责不落实问题，严肃查处贪污挪用、截留私分、虚报冒领、强占掠夺等行为。同时，要坚决查处发生在民生资金、"三资"管理、征地拆迁、教育医疗等领域的严重违纪违法行为，基层干部吃拿卡要、盘剥克扣、优亲厚友等问题。特别是要把惩治"蝇贪"同扫黑除恶结合起来，坚决查处涉黑腐败，坚决惩治放纵、包庇黑恶势力甚至充当"保护伞"的党员干部，以维护群众利益的扎实成效取信于民。

紧盯群众反映的突出问题，加大集中整治和督查督办力度，是整治群众身边腐败问题的有效举措。各级党委和纪委既要解决普遍存在的共性问题，又要发现本地区突出的个性问题，因地制宜、精准施治，强化监督检查、督查督办，对典型案例一律通报曝光，对失职失责的党委和纪委"双问责"，层层传导压力，层层压实责任，把全面从严治党覆盖到"最后一公里"。

一分部署，九分落实。整治群众身边腐败问题永远在路上，广大纪检监察干部要扑下身子深入群众，埋头苦干真抓实干，真正做到凡是群众反映强烈的问题都要严肃认真对待，凡是损害群众利益的行为都要坚决纠正，不断增强人民群众的获得感、幸福感、安全感。

（2018 年 1 月 30 日）

敢抓敢管，落实管党治党政治责任

◎闫　鸣

　　十九届中央纪委二次全会全面贯彻落实党的十九大精神，明确提出了当前和今后一个时期全面从严治党的总体要求和主要任务，强调要以永远在路上的执着把全面从严治党引向深入，开创全面从严治党新局面。部署已定，重在落实。各级党委、纪委务必认真贯彻落实二次全会工作部署，履职尽责、敢抓敢管，层层传导压力，推动全面从严治党责任落到实处。

　　权力就是责任，责任就要担当。全面从严治党责任能不能担当起来，关键在主体责任这个"牛鼻子"抓没抓住。习近平总书记在二次全会上强调，"各级党委（党组）就要敢抓敢管、严格执纪，把全面从严治党政治责任担负起来"。各级党委（党组）肩负管党治党主体责任，党委（党组）书记是第一责任人，决不能当"甩手掌柜"，要切实把管党治党当作分内之事、应尽之责，真正把担子担起来，种好自己的"责任田"。党的十九大党章将"坚持从严管党治党"纳入党的建设基本要求，强调"要把严的标准、严的措施贯穿于管党治党全过程和各方面"。全面从严治党必须靠全党管全党治全党，要推动中央和国家机关、国有企事业单位党委和金融机构、高校党委（党组）切实担负起管党治党政治责任。

层层传导压力，责任方能落地。全面从严治党是系统工程，必须发挥党的组织优势，形成全党齐动手、一级抓一级的良好局面，推动管党治党责任全面覆盖、层层传导。要加强对所辖地区和部门党组织履行全面从严治党责任情况的监督检查，杜绝"上面九级风浪，下面纹丝不动"、压力传导层层递减的情况，解决一些党组织管党治党宽松软和一些基层党组织软弱涣散、战斗堡垒作用不强等问题，把工作延伸到基层，让责任落实到基层。

动员千遍，不如问责一次。要用好问责这个利器，以强有力问责唤醒责任意识。对党的领导弱化、党的建设缺失、全面从严治党责任落实不到位，对维护党的政治纪律和政治规矩失责、贯彻落实中央八项规定精神不力、选人用人问题突出、腐败问题严重、不作为乱作为的，要摒弃老好人思想和"鸵鸟心态"，敢于"唱黑脸"、动真格，严肃问责、曝光典型问题；对该问责而不问责的，也要严肃追究，充分释放失责必问、问责必严的政治信号。

纪委是党内监督专责机关，必须按照党章规定忠实履行职责。要加强中央纪委对省级纪委、派驻（出）机构的领导，加强上级纪委对下级纪委班子建设的领导，督促各级纪委持续深化"三转"，切实担负起协助党委推进全面从严治党的政治责任。各级纪委要在同级党委和上级纪委领导之下，挺直腰杆、瞪大眼睛，铁面监督执纪问责，同时也要加强对下级纪委开展日常监督、处置问题线索等工作的领导。要不断深化派驻机构改革，明确派驻机构监察职能、权限和工作程序，完善地方纪委向同级党和国家机关派驻纪检机构全覆盖，发挥好监督"探头"作用。

责任重千钧，担子扛上肩。各级党委、纪委必须认清形势任务，明确职责所在，"坚持行使权力和担当责任相统一，真正把落实管党治党政治责任作为最根本的政治担当，紧紧咬住'责任'二字，抓住'问责'这个要害"，以担当尽责的实际行动，不断把从严治党引向深入。

（2018 年 1 月 31 日）

自身过硬，让惩恶扬善利剑永不蒙尘

◎聂新鑫

"执纪者必先守纪，律人者必先律己。各级纪检监察机关要以更高的标准、更严的纪律要求自己，提高自身免疫力。广大纪检监察干部要做到忠诚坚定、担当尽责、遵纪守法、清正廉洁，确保党和人民赋予的权力不被滥用、惩恶扬善的利剑永不蒙尘。"

在十九届中央纪委二次全会上，习近平总书记对纪检监察机关和纪检监察干部提出更高要求，全会专门对加强纪检监察机关自身建设作出部署。打铁必须自身硬。各级纪检监察机关和广大纪检监察干部要不折不扣落实二次全会要求和部署，不忘初心、牢记使命，无私无畏、奋发有为，以全面从严治党、党风廉政建设和反腐败斗争不断取得的新成效交上合格答卷。

自身过硬，就要政治过硬、忠诚坚定。纪检监察机关是政治机关，纪检监察干部是党的干部，对党忠诚是第一位的。要认真学习领会、贯彻落实习近平新时代中国特色社会主义思想和党的十九大精神，从中汲取真理力量、精神力量、文化力量，自觉将其转化为内在动力和行动指南，用以不断改造自己、提高境界，指导实践、推动工作。要坚决维护习近平总书记在党中央和全党的核心地位，坚决维护党中央权威和集中统一领导，牢固树立"四个意识"、增强"四个自信"，在监督执纪、巡视巡察、责任追究等方方面面，都坚守忠诚坚定的本色。

自身过硬，就要提高能力、增强本领。全面从严治党向纵深发展，国家监察体制改革全面推进，各级纪检监察机关和广大纪检监察干部工作任务更重了，监督覆盖面更广了。没有金刚钻揽不了瓷器活，这就要求政治素质和业务能力必须都过硬。既要熟知党章党纪党规，又要学懂宪法法律；既要融会贯通、衔接纪法，又要坚持依纪依法开展工作，用法治思维和法治方式办事；既要掌握监督领域的专业知识，又要了解大数据、人工智能等新技术；既要坚持好经验好做法，又要深入调研，针对新问题，创新工作方式方法。唯其如此，才能让监督执纪问责更到位、更有效，才能推动各项工作任务落到实处、收到实效。

自身过硬，就要带好队伍、履职到位。十九大党章在规定各级纪检机关主要任务时，增加了"协助党的委员会推进全面从严治党"，与之前相比，内涵更丰富，外延更宽广。各级纪检监察机关要在全面从严治党中找准职责定位，紧紧围绕监督执纪问责，不缺位不越位，扎实、积极、创造性地做好工作。要把解决履职不力问题作为队伍建设的重点，抓好党建，带好队伍，既严格要求又真心爱护，通过教育、管理、培训、交流等多种手段，打造讲政治、懂规矩、守纪律、拒腐蚀的工作机关，营造风清气正、严肃认真、团结和谐、心情舒畅的良好环境。

自身过硬，要作风优良、自身干净。作风就是形象，作风就是力量。要大兴调查研究之风，深入一线、掌握实情，找到破解难题的办法和路径；要发扬认真精神，戒骄戒躁、勤奋敬业，把全部心思和精力用到做好本职工作上；要坚守原则，敢唱"黑脸"、不做"老好人"，坚决同违纪违法行为作斗争；要把落实中央八项规定精神作为自觉行动，坚决抵御享乐主义、奢靡之风的侵染，坚决克服形式主义、官僚主义。有权必受监督，用权不可任性。要严格执行监督执纪工作规则，严格遵守相关法律法规，既强化自我监督，又自觉接受党内监督和社会监督，让工作的每一个环节都受约束、保证干净；要坚决防止跑风漏气、以案谋私、渎职违纪等问题的发生，坚决清理门户，坚决防止"灯下黑"，用铁的纪律锻造精锐之师。

"雄关漫道真如铁，而今迈步从头越。"新时代要有新气象新作为，必须培育新素质，塑造新形象。各级纪检监察机关和广大纪检监察干部，要保持定力、耐力、活力，增强忧患意识，展现敢于碰硬、许党许国的担当精神，一件一件事情扎实干，一步一个脚印向前行，认真履行好党和人民赋予的光荣使命，让手中的利剑愈显锋芒。

（2018 年 2 月 1 日）

十三届全国人大一次会议审议通过宪法修正案和监察法，并选举产生国家监察委员会主任，这标志着党的十九大关于深化国家监察体制改革重大决策部署迈出重大步伐，党统一指挥、全面覆盖、权威高效的监督体系正在加快形成。党和国家自我监督翻开崭新一页，纪检监察机关肩负党章和宪法赋予的神圣职责，踏上新起点、开启新征程。

二、全面推进国家监察体制改革

改革再出发，强化自我监督不停歇

◎李志勇

"要建立健全党对重大工作的领导体制机制，强化党的组织在同级组织中的领导地位，更好发挥党的职能部门作用，统筹设置党政机构，推进党的纪律检查体制和国家监察体制改革。"

刚刚结束的十九届三中全会审议通过了《中共中央关于深化党和国家机构改革的决定》和《深化党和国家机构改革方案》，对推进纪律检查体制和国家监察体制改革作出新的部署。这是坚持和加强党的全面领导、强化党和国家自我监督的重大决策部署，也是推进国家治理体系和治理能力现代化的重大举措，释放出全面从严治党一刻不停歇的强烈信号，展现了我们党自我革命的非凡勇气。

改革再出发，强化自我监督不停歇。党的十八大以来，以习近平同志为核心的党中央深刻洞察党面临的风险挑战，全面从严治党力度空前、成效卓著，党和国家监督的全面性、系统性、协调性显著增强。但也必须清醒认识到，这只是一个良好的开端，保障党的全面领导、推进全面从严治党的体制机制还有待完善，一些领域权力运行制约和监督机制不够健全，滥用职权、以权谋私等问题仍然存在，迫切要求我们继续推进纪律检查体制和国家监察体制改革，完善党和国家自我监督，探索出一条党长期执政条件下实现自我净化、自我完善、自我革新、自我提高的有效路径。

时光的年轮，铭刻着纪律检查体制和国家监察体制改革的铿锵步伐。从 2013 年 11 月，十八届三中全会决定第 36 条对加强反腐败体制机制创新和制度保障、改革党的纪律检查体制作出重要部署，到 2016年 11 月，中央办公厅印发《关于在北京市、山西省、浙江省开展国家监察体制改革试点方案》拉开国家监察体制改革试点大幕，再到十九届三中全会再次敲响改革的鼓点，在以习近平同志为核心的党中央坚强领导下，我们党不断完善党和国家的自我监督，矢志破解自我监督这个国家治理的"哥德巴赫猜想"，实现依法治国与依规治党、党内监督与国家监督、党的纪律检查与国家监察有机统一。

党政军民学，东西南北中，党是领导一切的。任何改革，包括纪律检查体制和国家监察体制改革，检验其成效最根本的一条就是是否有利于坚持和加强党的全面领导。十九届三中全会公报明确要求"建立健全党对重大工作的领导体制机制"，推进纪律检查体制和国家监察体制改革最重要的一条就是加强党对反腐败工作的集中统一领导。改革过程中，必须坚定不移地坚持党的领导，既要将党的领导体现在改革的全过程和各方面，又要通过深化改革加强党的全面领导，确保党牢牢掌握反腐败工作的领导权。

纪律检查体制和国家监察体制改革，是推进国家治理体系和治理能力现代化的重要方面。党和国家的治理体系包括两个方面：一是依规治党，依据党章党规党纪管党治党建设党；二是依法治国，依据宪法法律法规治国理政。在我国，80%的公务员、95%以上的领导干部都是共产党员，党内监督和国家监察既具有高度内在一致性，又具有高度互补性。一方面强化党内监督，坚持纪严于法、纪在法前，用纪律管住党员干部，保持党的先进性纯洁性；另一方面构建国家监察体系，党内监督达不到的地方，或者对不适用执行党的纪律的公职人员，依法实施监察，真正把公权力关进制度的笼子。通过改革实现党内监督和国家监察全覆盖，提升党和国家自我监督效能和治理效能，提高党的执政能力和治国理政科学化水平，使依规治党和依法治国相互促进、相得益彰，推进国家治理体系和治理能力现代化。

全面从严治党永远在路上，深化改革永无止境。改革号角又催征，我们要乘势而上，推进纪律检查体制和国家监察体制改革，实现依规治党和依法治国的协调并进，不断取得全面从严治党、党风廉政建设和反腐败斗争新成效，为决胜全面建成小康社会、夺取新时代中国特色社会主义伟大胜利作出新的更大贡献。

（2018 年 3 月 3 日）

履行双重职责，把制度优势转化为治理效能

◎王　青

　　"纪检监察机关要以宪法修正案赋予监察委员会宪法地位为契机，深化国家监察体制改革，认真履行监督执纪问责和监督调查处置职责，推动制度优势转化为治理效能，为经济社会持续健康发展提供有力保障。"3月12日，中共中央政治局常委、中央纪委书记赵乐际在甘肃代表团参加审议时强调。

　　正在召开的十三届全国人大一次会议已经表决通过了宪法修正案，开始审议监察法草案，还将选举产生国家监察委员会主任。面对新形势新任务新要求，忠实履行党章与宪法赋予的职责，既做好监督执纪问责工作，又抓好监督调查处置工作，真正把制度优势转化为治理效能，是各级纪检监察机关和广大纪检监察干部面临的重大考验。

　　履行好双重职责，必须坚持和加强党的集中统一领导。国家监察体制改革的目的是加强党对反腐败的集中统一领导。相应地，纪检监察机关一切工作的出发点和落脚点，都必须有利于坚持和加强党的领导，必须有利于维护习近平总书记党中央的核心、全党的核心地位，必须有利于维护党中央的权威和集中统一领导，促进全党团结如一，确保中央政令如臂使指。这是纪检监察机关担负的特殊历史使命和首要政治责任。

　　履行好双重职责，就要提高政治站位，聚焦主责主业。国家监察体

制改革，不是部门的简单平移，更不是职能的简单叠加，而是更高站位、更广范围、更深层次的转职能、转方式、转作风。"三转"的前提是思想理念的转变，首先要提高政治站位，从实现党的历史使命这个根本目的出发，深刻把握职责定位。腐败是我们党长期执政面临的最大威胁，作为党内监督和国家监察的专责机关，就要聚焦监督执纪问责和监督调查处置主责主业，把主要力量集中到全面从严治党、对所有行使公权力的公职人员的监督监察上，把党和人民赋予的权力牢牢看住，使之只能用来为人民服务。

履行好双重职责，就要坚持"双轮驱动"。一方面，要严格依照党章党规党纪和宪法法律法规执纪执法，既搞好纪法贯通，又实现法法衔接，以更加健全完善的体制机制保证审查调查权高效规范运行，保持惩治腐败高压态势。另一方面，纪检监察机关的工作，既要有力度，还要有温度，贯彻惩前毖后、治病救人方针。对违纪党员和违法、犯罪的公职人员，要做耐心细致的思想政治工作，触及灵魂，启发觉悟，达到教育、挽救、转化的目的。当然，做好思想政治工作，除了"愿不愿"的认识问题，还有"会不会"的能力问题，以及法法衔接中"行不行"的技术层面的考验，这些都需要在改革实践中不断加以解决。

履行好双重职责，就要用好"两把尺子"，做实监督。纪检监察机关的首要职责是监督，必须把握好"树木"和"森林"的关系，深化运用"四种形态"，用好党章党纪党规和宪法法律法规"两把尺子"，发挥双重职责的互补优势，抓早抓小，动辄则咎，在"好同志"和"阶下囚"之间的广阔地带设立层层防线。监督必须做实做具体，实在具体才能深入管用，要防止监督职能发散，回到大而不当、四面出击、包打天下的老路上去。监督必须全覆盖，特别是要向国有企业、科教文卫、基层群众自治组织延伸，打通对公权力监督的"最后一公里"，让人民群众切实享受到全面从严治党和全面依法治国的成果。

当前，国家监察体制改革逐步进入深水区，必须学会在改革的江河湖海中游泳。各级纪检监察机关和广大纪检监察干部，要切实提高政治站位、认真履行职责使命，通过实实在在的工作成效，努力把制度优势转化为治理效能，奋力开创纪检监察工作新局面。

（2018 年 3 月 14 日）

忠实履职，护航党和国家机构改革

◎高　波

正在召开的十三届全国人大一次会议审议了国务院机构改革方案，这意味着贯彻落实党的十九大和十九届三中全会对党和国家机构改革的重要部署，迈出了坚实步伐。

十九届三中全会《中共中央关于深化党和国家机构改革的决定》指出：深化党和国家机构改革是推进国家治理体系和治理能力现代化的一场深刻变革。这篇举世瞩目的变革大文章，紧扣加强党的全面领导来谋篇布局。如果说，新时代的全面从严治党"破多年之难局"，为加强党的全面领导除藩篱，为全面加强党的领导清路障，那么，深化机构改革将乘势而上"立创制之新功"。

这一轮划时代的机构改革具有范围的全面性、深度的革命性、成果的法定性等鲜明特征，着眼于从组织机构上发挥党的领导这个最大制度优势，把党的领导贯穿到党和国家机构全面正确履职各领域各环节，其"靶向治理"重点包括一些领域党的机构设置和职能配置不够健全有力，保障党的全面领导、推进全面从严治党的体制机制有待完善，等等。必须坚持问题导向，将深化机构改革与深入排查党的领导弱化、党的建设缺失、管党治党不力等风险点有机结合，推动解决一些领域党政机构重叠、职责交叉、权责脱节等突出问题，才能确保党和国家机构设置更加科学、职能更加优化、权责更加协同、监督监管更加有力、运行更加高效。

当下，正如习近平总书记曾指出的："改革到了一个新的重要关头，推进改革的复杂程度、敏感程度、艰巨程度，一点都不亚于三十多年前。有的牵涉复杂的部门利益，有的在思想认识上难以统一，有的要触动一些人的'奶酪'，有的需要多方面配合、多措施并举。"尽管处在攻坚期和深水区，但成效卓著的全面从严治党启示我们：越是艰险越向前，狭路相逢勇者胜。各级各部门要像担当"两个责任"那样，将改革任务精准落实到"最后一公里"。党委和政府要敢于负责，敢于碰硬，扛起主体责任；纪检监察机关要加强调查研究，及时发现改革中出现的新情况新问题，抓早抓小、对症施策，更好履行监督责任。

改革潮涌风帆起，重整行装再进发。改革开放四十年来，纪检监察机关坚持围绕中心、服务大局，每逢重大改革必及时跟进。实践一再证明，机构改革不是"请客吃饭"，必须全程正风肃纪，全面保驾护航。对改革的认识到位与否，是检验政治觉悟的试金石；搞改革的行动坚决与否，是评判政治能力的度量衡。改革越是向纵深挺进，越是要令行禁止、纪律严明。针对机构编制规范化、法定化相对滞后，机构编制管理方式待改进等问题，新一轮改革要求严格执行机构限额、领导职数、编制种类和总量等规定，严控编外聘用人员，加大机构编制违纪违法行为查处力度，严肃追责问责。这些都是纪检监察机关必须紧盯死守的政策底线和纪律红线。

在机构改革中，纪检监察机关既是重要的承担者，又要发挥监督保障作用。一方面，要把自己摆进去、把职责摆进去，深入推进党的纪律检查体制和国家监察体制改革。另一方面，要按照党中央要求，用好"两把尺子"、履行双重职责，在日常监督、审查调查、巡视巡察、派驻监督等工作中，把中央关于机构改革决策部署落实情况作为重点内容，以党内监督、国家监察、巡视监督、派驻监督等全覆盖的合力，护航党和国家机构改革，促使广大党员干部把思想和行动统一到党中央关于深化党和国家机构改革的决策部署上来，增强"四个意识"，坚定"四个自信"，坚决维护以习近平同志为核心的党中央权威和集中统一领导。对不作为、慢作为、乱作为的，阳奉阴违搞形式主义、官僚主义的，靠前严查快办，把问题解决在萌芽状态。

（2018 年 3 月 16 日）

完善党和国家自我监督，跳出历史周期率

◎王　青

国家监察委员会的组建和运行，开启了从试点探索向依法履职、持续深化国家监察体制改革的新阶段。站上新的起点之时，更需要从政治和全局的高度，深刻认识深化国家监察体制改革的重大意义，切实增强政治责任感和历史使命感，进一步深化改革，不断推动制度优势转化为治理效能。

我们党全面领导、长期执政，面临的最大挑战是权力得不到有效监督、领导干部容易受到腐蚀。深化国家监察体制改革，是以习近平同志为核心的党中央作出的事关全局的重大政治体制改革，是强化党和国家自我监督的重大决策部署，最终目的是要解决我们党长期执政条件下的自我监督问题，跳出"其兴也勃焉，其亡也忽焉"的历史周期率。

深化国家监察体制改革，承载着深沉的历史使命感和忧患意识，是中国共产党人接续奋斗、探索自我净化路径、跳出历史周期率的又一创制之举。新中国建立前夕，毛泽东同志就发出进京"赶考""决不当李自成"的警示。进入新时代，习近平总书记反复强调，党面临的"四大考验"是长期的、复杂的、严峻的，"四种危险"更加尖锐地摆在全党面前。适应形势任务发展构建国家监察体系，对党内监督覆盖不到或者不适用于执行党的纪律的公职人员，依法实施监察，真正把所有公权力

关进制度笼子、蹄疾步稳、压茬推进国家监察体制改革，充分体现了中国共产党人以史为鉴，练就"绝世武功"跳出历史周期率的坚定决心。

深化国家监察体制改革，体现了我们党"勇于自我革命，从严管党治党"这个最鲜明的品格。兴衰治乱往复循环，根本原因是执政者解决不了"祸起萧墙"的自身问题。回首党的历史，中国共产党之所以能不断从胜利走向新的胜利，恰因具有勇于自我革命的鲜明品质。在党内监督已经实现全覆盖的基础上，通过深化国家监察体制改革，整合行政监察、预防腐败和检察机关查处贪污贿赂、失职渎职及预防职务犯罪等工作力量，设立国家、省、市、县监察委员会，努力走出一条中国特色监察道路，必将不断增强党的自我净化、自我完善、自我革新、自我提高能力。

深化国家监察体制改革，是维护党中央权威和集中统一领导的重要制度保障。综观历史，王朝崩溃、大国衰败，无一不是从中央权威丧失、政令不行开始的。维护中央权威是具体的而不是抽象的，关键就是要加强对权力的监督。如果权力滥用、公器私用，就会导致党的路线方针政策在执行中走偏、走样。如果任由"七个有之"泛滥，何谈党中央的权威和集中统一领导？推进党的纪律检查体制和国家监察体制改革，健全党统一领导的反腐败工作体制，整合资源力量汇聚起反腐败的强大合力，有利于加强党的建设、全面从严治党、推进党风廉政建设和反腐败斗争，坚决维护习近平总书记党中央的核心、全党的核心地位，坚决维护党中央权威和集中统一领导，确保中央决策部署不折不扣得到落实，确保党和国家长治久安。

世界上没有以一应万的治国良方，符合国情的才有效管用。深化国家监察体制改革，是探索破解历史难题的中国方案和路径，根植于中华民族优秀传统文化，萃取了中国 2000 多年监察制度的智慧；根植于中国共产党的领导这个最本质的特征和最大制度优势，旗帜鲜明坚持和加强党对反腐败工作的集中统一领导；根植于一切权力属于人民的原则，监察机关由人大产生、对人大负责、受人大监督……中国特色监察道路体现了党性、人民性和历史传统的高度统一，彰显了中国特色社会主义道路自信、理论自信、制度自信、文化自信。

（2018 年 3 月 30 日）

勇毅笃行，持续推进国家监察体制改革

◎刘廷飞

　　当前，国家和地方各级监察委员会已经组建运行，广大纪检监察干部既是进一步深化国家监察体制改革的参与者、组织者、推动者，也是忠实履行党章和宪法赋予的重要职责的实践者、担当者、责任者，必须充分认识到持续深化改革不是嘴上说说、方案里写写就能到位的，而是要真刀真枪、实实在在落到具体工作中去。一具体就深入，一深入就具体。改革进入深水区，开启依纪依法履职、持续深化的新阶段，会碰到很多新情况、新问题，需要我们以更大的勇气、更强的决心、更高的能力担当起党和人民赋予的光荣使命。

　　深化国家监察体制改革是考校党性坚强不坚强、"四个意识"牢固不牢固的重要实践。纪检监察干部要当好"治官之官"，自身必须成为"百官之率"。首要的是坚决维护习近平总书记党中央的核心、全党的核心地位，坚决维护党中央权威和集中统一领导，在政治立场、政治方向、政治原则、政治道路上同党中央保持高度一致，把对党的忠诚体现在真心拥护、真心支持、真心推动改革的实际行动中。要在深化国家监察体制改革的生动实践中学习体悟习近平新时代中国特色社会主义思想，自觉用以武装头脑、指导实践、推动工作。始终坚信只要紧密团结在以习近平同志为核心的党中央周围，毫不动摇坚持党的全面领导，充分发挥党总揽全局、协调各方的领导核心作用，就一定能推动国家监察体制改革步步深入、行稳致远。

深化国家监察体制改革为推进新时代纪检监察事业创造了历史性机遇，也对纪检监察干部提出了时代新要求。面对新时代新任务新挑战，必须着力克服能力不足、本领恐慌等问题，避免陷入少知而迷、不知而盲、无知而乱的困境。要在新时代全面从严治党的伟大征程中找准自身坐标，将党中央的战略决策转化为实际工作的战术，在学懂弄通中促进做实，在做实中深化学懂弄通，不断提高理论思维、战略谋划和精准落实的水平。面对需要深化的改革事项、亟待破解的瓶颈问题，必须敢破敢立、敢闯敢试，从高原攀高峰，围绕丰富完善坚持党对反腐败工作的集中统一领导的实现形式、有效整合监督资源、积极探索监察职能向基层延伸的有效途径等重点难点问题，主动适应、不断创新。要依纪依法履行双重职责，统筹用好纪法"两把尺子"，既搞好纪法贯通又实现法法衔接，推动纪检监察工作整体性提升。要强化纪律意识和法治意识，精准掌握政策和策略这个党的生命，深化运用监督执纪"四种形态"，善于运用法治思维和法治方式开展工作，进一步提高工作质量，确保每一起案件都经得起实践、人民、历史的检验。

改革总会不断面对新的问题挑战，制度需要在实践探索中日臻完善。如果说此前试点是在浅滩试水，进一步深化改革就相当于到江河湖海中游泳，在大风大浪里前进。在开放水域里中流击水，既要有"万水千山只等闲"的气概，更要有"而今迈步从头越"的决心。如果谁还想缓一缓、等一等，停留在"舒适区域"，固守思维定势和工作惯性，那只能说明还没有适应新形势新任务，不具备新素质新形象。跋涉深水区将是一个长期而又复杂的过程，必须凝神聚气、勇毅笃行，一步一个脚印向前迈进，直达胜利的彼岸。

大浪淘沙始见真金璀璨，沧海横流方显英雄本色。喝惯了"温吞水"，就容易在风浪考验面前打软腿，在各种诱惑面前动心思；打惯了"小算盘"，就容易在大局和小我之间拎不清，在固守和开拓之间算错账。骨头越硬越敢啃，板凳再冷不怕坐，新时代需要这样的意志，新征程需要这样的品格，这就是忠诚，这就是担当。

（2018 年 4 月 11 日）

学习监察法，不只是纪检监察机关的事

◎冷葆青

今天，距离 3 月 20 日十三届全国人大一次会议通过监察法、国家主席习近平签署主席令予以公布施行，已经整整一个月。监察法是反腐败国家立法，是一部对国家监察工作起统领性和基础性作用的法律。监察法通过后，全国各级纪检监察机关和广大纪检监察干部迅速掀起了学习热潮，努力解决新形势下进一步增强本领、提高素质的问题。必须指出，作为一部由全国人大全体会议通过的基本法律，学习、掌握监察法的精神实质、核心要义、法律条文，决不只是纪检监察机关的事。

所有行使公权力的公职人员都应当认真学习监察法。马克思指出，立法者应该把自己看做一个自然科学家，他不是在制造法律，不是在发明法律，而仅仅是在表述法律。党的十八大以来，党的纪律检查体制改革稳步推进，党内监督实现全覆盖，作为与党内监督一体两面、相互促进的国家监察亟待跟进完善。正因此，按照有权必有责、用权受监督的理念，监察法第十五条规定了六类监察对象，使监察对象由"狭义政府"转变为"广义政府"，补上了过去行政监察范围过窄的"短板"，真正把所有公权力都关进制度笼子。其中，许多过去不属于纪检监察机关也不属于检察机关"监督对象"的人被纳入了监察范围。对所有行使公权力的公职人员而言，"牛栏关猫"甚至无人监督的"惬意"将一去不复返。

要避免无知者无畏的"人生陷阱"，就必须认真学习监察法，牢固树立法律红线不能触碰、法律底线不能逾越的观念，依法履职、秉公用权、廉洁从政从业，才能避免误入歧途、深陷泥淖，在新时代做一名走在前列的奋进者。

每一位公民都应掌握监察法这个有力法律武器。古语云，"道不远人"，真正有效管用的法律都是和人们的生产生活息息相关的。任何一个公民，在学习生活工作中都免不了要和国家公职人员打交道。这些代表国家行使公权力的人行为是否失范，是否正确行使手中的权力，对每一位公民的切身利益具有非常重要的影响。"徒法不足以自行"，停留在纸面上的法律无法保障任何人的权益。只有自己学法、懂法、用法，在必要时候拿起监察法这个法律武器，将群众监督与党内监督、国家监察有效结合起来，才能确保自身合法利益在同公权力打交道过程中不受侵犯。另一方面，深化国家监察体制改革是建立中国特色监察体系的创制之举，没有现成的模式可循、经验可借鉴。监察法通过后，深化国家监察体制改革才真正进入深水区，将触及更多深层次矛盾和问题。"以天下之目视，则无不见也；以天下之耳听，则无不闻也；以天下之心虑，则无不知也。"实践不断发展，制度建设永无止境，只有广泛汇聚全体干部群众的智慧，才能确保制度建设与时俱进，在实践中不断细化、发展和完善。

各级纪检监察机关和广大纪检监察干部必须带头学好、用好、落实好监察法。作为反腐败斗争的主力军，纪检监察机关和纪检监察干部责任重大、使命光荣，只有认真研读习近平总书记关于深化国家监察体制改革的重要论述，系统学习党章党规党纪和宪法监察法等法律法规，学懂弄通监察法的每一条规定，真正做到内化于心、外化于行，贯彻"法定职责必须为，法无授权不可为"的法治理念，坚持问题导向，边学边干边思考，边研究边实践边解决，才能成为善于运用法治思维和法治方式开展工作的行家里手，始终正确行使监察权、绝不滥用监察权，推动国家监察体制改革步步深入。

"一花独放不是春，百花齐放春满园。"推进国家治理体系和治理能力现代化，夺取反腐败斗争压倒性胜利，营造风清气正的政治生态，将全面依法治国推向新境界，既需要纪法皆通的纪检监察"专才"，也离不开尊法、学法、守法、用法的广大党员干部群众。各级纪检监察机关在抓好自身学习的同时，要加强与相关部门的协调配合，多措并举，既发挥好传统渠道优势，又重视发挥新媒体作用，以更广、更活、更为喜闻乐见的方式向广大党员干部和人民群众普及监察法。

（2018 年 4 月 20 日）

大胆探索，把监督工作做实做具体

◎王　青

4月18日，中央纪委国家监委通报了2018年第一季度全国纪检监察机关审查调查情况，各项数据同比全方位增长，监察全覆盖制度优势已经显现，治理效能明显提升。深化监察体制改革以来，各地区大胆探索，积累了宝贵的经验，但改革推进当中的一些问题也不容忽视。

当前，如何做实监督，矛盾和问题比较突出。有些地方，特别是基层，"坐等靠"思想比较严重，凡事指望上级机关给个"细则""明确规定"，不敢不愿不会付诸尝试探索；有的则明显表现出路径依赖，对如何结合本地区本部门本单位实际，创新监督方式，把监督做实抓细考虑不够、办法不多，习惯于过去的"老框框""老套套""老道道"，热衷于做表面文章，看似热热闹闹，实则很难有实际效用；有的虽然在机构设置上，采取了监督、审查调查、审理分立，但职责划分不清，比如简单地把监督执纪"四种形态"前两种划归监督，后两种划归审查调查；有的名义上搞监督，实则热衷于审查调查，和审查调查部门一样处置线索，进行初核，等等，实际上变相成了审查调查部门。

出现这些问题，首先反映出对纪委监委首要职责是监督认识不到位，轻监督重审查调查，有的甚至对监督抱有偏见，认为搞监督就是"放水"，因而对监督缺乏热情。监督不能做实抓细，就等于纪委监委的职责范围变窄，违纪与违法之间就成了"不设防"区域。

监督搞不好，也反映了担当不足的问题。监督是要得罪人的，不仅可能会得罪领导干部，在"熟人社会"特点更突出的基层，监督往往还意味着要得罪亲朋好友。因此，一些地方往往会借口监督对象太多、监督力量有限，宁愿做些有"轰动效应"的面上功夫，不愿做见人见事、艰苦细致的工作。

监督与审查调查职责划分不清晰，一定程度上还反映出权力观不正，认为监督没有"权力"，不好体现纪委监委的权威，出力不讨好，因此想方设法往审查调查上靠。每个部门的人员和精力都是有限的，监督部门热衷于审查调查，既造成职能重叠交叉，又导致日常监督工作虚化、边缘化而流于形式。

监督工作是实在具体的而不是抽象的，具体才能深入管用。面对人员少、监督对象数量多的情况，如何摆布工作力量，内部挖潜，创新机制，把监督压力传导下去，是改革中面临的一个考验。有的地方做了有益的探索，比如注重发挥监督室"战斗单元"作用，充分利用巡察成果，借助派驻机构力量，了解掌握联系单位及监察对象情况，分解监督任务，形成监督合力；有的地方建立起监督对象台账、廉政档案，与执法和司法机关加强合作，建立信息通报平台，探索运用大数据及时收集监督对象情况，在此基础上强化综合分析研判，对监督对象情况做到心中有数。这些，都不失为对监督工作有益的探索。

改革进入深水区意味着要啃难啃的硬骨头，出现一些问题是正常的。面对改革路上的诸多困难，要有"狭路相逢勇者胜"的勇气，按照党中央决策部署，严格依据党章党规党纪和宪法法律法规，大胆实践，大胆探索，把监督工作做实做具体，做出实实在在的成效。

（2018 年 4 月 21 日）

监察全覆盖，让公权力监督不留空白

◎兰琳宗

8月29日，中央纪委国家监委网站发布"吉林工商学院副院长张国志接受监察调查"的通报。张国志简历显示，其并非中共党员，而是中国民主建国会会员；其"落马"时也并非行政机关公务员，而是吉林工商学院（省属公办本科院校）副院长。

涉嫌严重职务违法的民主党派人士"落马"，是国家监察体制改革从制度优势转化为治理效能的一个印证。在监察体制改革、监察法颁布施行之前，由于党纪只能处分中共党员、行政监察法规定的行政监察对象主要是行政机关及其工作人员，想要查处与张国志类似身份的人员存在一定障碍。今年3月通过的监察法，及时填补了党规党纪和原先行政监察法之间的空白。监察法第十五条明确规定了6类监察对象，"公办的教育、科研、文化、医疗卫生、体育等单位中从事管理的人员""民主党派机关的公务员"等均涵盖在内，在法律层面实现了对所有行使公权力的公职人员监察全覆盖。

深化国家监察体制改革以来，各级纪委监委强化职责使命，把执纪和执法贯通起来，履行好监督执纪问责和监督调查处置双重职责，在用纪律管全党治全党的同时，又用法律管住所有行使公权力的公职人员。非党员身份的村干部、国有企业管理人员、协警、城管编外人员等接受监察调查的消息屡见不鲜，监督不留死角、没有空白的震慑作用越来越大。这些都充分说明，反腐败坚持"无禁区、全覆盖、零容忍""重遏制、强高压、长震慑"决不是说说而已。纪检监察机关的权力由党章党规党纪和宪法法律法规赋予，严格依规依纪依法履行职责，用好执纪执法两把尺子，将使监督之网越织越密、惩腐利剑越来越利！

（2018 年 8 月 30 日）

用好监察建议，推动深入整改

◎段相宇

"建议你单位就2013年以来的项目工作经费发放问题进行整改，并建章立制规范管理……"近日，湖北省咸丰县纪委监委在办理一起违纪案件时，发现该县曲江镇存在村级项目经费财务报销不规范，"白条入账"等问题，在对相关人员进行调查处理的同时，县纪委监委向该镇发出了监察建议书。这是近期各地监察机关用好监察建议、推动深入整改生动实践中的一例。

随着深化国家监察体制改革持续推进，各地监察机关严格依法履职，反腐败工作规范化法治化水平不断提高，制度优势正逐步转化为治理效能。近段时间以来，北京、上海、山东、湖北等地以监察建议为抓手，就发挥监察建议功能、推进党风廉政建设展开积极探索，取得了良好成效。

监察建议是监察机关在依法履行监察职能时，根据监督、调查的结果，针对监察对象所在单位廉政建设和履行职责存在的问题等，向相关单位就其职责范围内的事项提出的具有一定法律效力的建议。与一般的工作建议不同，监察建议由监察法"背书"、以国家强制力为后盾，具有确定的法律效力。这也就意味着，被提出建议的有关单位无正当理由必须履行监察建议要求其履行的义务，否则就要承担相应的法律责任。

作为实现监察职能的一种有效方式，监察建议已经成为监察机关促进法律实施、推进党风廉政建设的重要手段。

监察机关提出监察建议，是在催办具体工作、解决具体问题的基础上，以点带面、举一反三，深入分析问题根源和共性规律，找出有关单位存在的廉政风险点和制度漏洞，促使其扛起主体责任、加强监督管理、完善长效机制，着力预防职务违法和职务犯罪行为的发生。翻看近期媒体对上海浦东新区监委向新区卫计委、北京市监委向市水务局发出监察建议等案例的报道，都能找到"规范管理""健全制度"等关键词。这说明，一纸监察建议书虽是"小切口"，却有助于做好标本兼治这篇"大文章"。

"没有调查，没有发言权。"要提出针对性、可行性强的监察建议，扎实的调查研究工作不可或缺。作为监察建议的主体内容，问题点得准不准、建议提得实不实，很大程度上决定了监察建议能否取得实效。而不同单位具体情况千差万别，不少还带有专业"门槛"，这对监察机关提出了很高的要求。首先，要在调查研究上狠下功夫，把基础工作做扎实。不仅要立足监督调查结果，对具体案件进行细致剖析，分析发案成因、特点和规律，还要系统了解被建议单位的实际情况，通过全方位多维度"扫描"，找到问题症结，进而提出务实管用的建议。靶向选准了，问题说透了，建议指明了，才会更有说服力、影响力。

监察建议的落实，最终要靠监督来保障。监察建议不能简单地"点到为止""一收了之"，而要确保取得实实在在的成效。这就要求监察机关切实担负起监督责任，严格督促有关单位在规定时限内将监察建议采纳和落实情况进行通报反馈，并对通报内容认真把关；同时强化再监督再检查，定期跟踪和实时掌握被建议单位落实管党治党政治责任、自查自纠整改情况，对责任"挂空挡"、整改"走过场"、落实"打折扣"的坚决问责，坚决维护监察建议的严肃性和权威性。

实践表明，监察建议是将监察成果转化为标本兼治长效机制的有力抓手。各级监察机关要在依法履职基础上不断探索完善监察建议制度，充分发挥其纠错、处置和治本等作用，真正让监察建议成为"祛病拔根"的"好药方"。

（2018 年 9 月 11 日）

三、反腐败斗争，从巩固压倒性态势到取得压倒性胜利

党的十九大报告指出，当前，反腐败斗争形势依然严峻复杂，巩固压倒性态势、夺取压倒性胜利的决心必须坚如磐石。人民群众最痛恨腐败现象，腐败是我们党面临的最大威胁。只有以反腐败永远在路上的坚韧和执着，深化标本兼治，保证干部清正、政府清廉、政治清明，才能跳出历史周期率，确保党和国家长治久安。党的十九大以来，在党中央坚强领导下，我们党坚持"老虎"、"苍蝇"一起打，坚持无禁区、全覆盖、零容忍，坚持重遏制、强高压、长震慑，强化不敢腐的震慑，扎牢不能腐的笼子，增强不想腐的自觉，通过不懈努力，夺取了反腐败斗争压倒性胜利。

"首虎"落马小雪前夜，贪腐只会面对寒冬

◎闫　鸣

　　"又清除一害群之马，干得漂亮！""有腐必反，有虎必打，有蝇必拍！""十九大后'首虎'现形，中央反腐决心不动摇，百姓支持更不会动摇！"……11月21日晚，正值小雪前夜，"中共中央宣传部原副部长鲁炜涉嫌严重违纪，目前正接受组织审查"的"打虎"快讯一经发布，迅速刷爆手机"朋友圈"，收获一片叫好点赞之声。

　　热议点赞为哪般？为的正是十九大之后党中央坚定不移全面从严治党的政治定力，为的正是反腐败一刻不松、半步不退的力度，为的正是对党心所向、民心所盼的有力回应。

　　党的十八大以来，以习近平同志为核心的党中央将全面从严治党纳入战略布局，把党风廉政建设和反腐败斗争摆到前所未有的新高度，取得了卓著成效，持续强化了高压震慑，不断刷新着社会认知。从十八大后"首虎"李春城到十九大后"首虎"鲁炜，五年间，全党全社会共同见证了一大批"老虎"被识破、拿下的反腐"成绩单"，"老虎"落马的消息一再成为舆论关注的热点，未曾停歇的"打虎"行动不断坚定人们的信心。过去一度流行的"刑不上大夫""盛会不反腐"等所谓"规律"，早已被一件件铁的事实无情打破。全面从严治党永远在路上、反腐败只有进行时，已经成为全党全社会的共识所在、信念所在。

十九大对全面从严治党进行了再部署、再动员，巩固反腐败斗争压倒性态势、夺取反腐败斗争压倒性胜利，不能有差不多了，该松口气、歇歇脚的想法，不能有打好一仗就一劳永逸的想法，不能有初见成效就见好就收的想法。对于十八大以后不收敛、不收手，问题线索反映集中、群众反映强烈，现在重要岗位且可能还要提拔使用的领导干部，必须严肃查处，把三种情况同时具备并且政治腐败和经济腐败相互交织的作为重中之重，党中央早已亮明了态度。十九大闭幕不到一个月就拿下"首虎"鲁炜，就是"清除一切侵蚀党的健康肌体的病毒"的决心和定力的最好明证。

问题在以前，落马在当前。回头来看，鲁炜正是被重点查处的"三类人"的典型代表。鲁炜曾经担任过中央网信办主任，他的落马让人联想到今年上半年中央巡视组对中央网信办开展的"机动式"巡视。而"机动式"巡视正是直奔重点人、重点事、重点问题而去的。鲁炜接受组织审查，不仅彰显了巡视利剑的强大威力，更对腐败分子形成了强大震慑，不要以为昨天犯的事今天就无人再问，不要以为自己能够捂着盖着相安无事，该领受的惩罚迟早会来。

反腐败没有休止符。对于十八大后不收敛不收手的腐败分子来说，时过境迁、既往不咎永远只能是痴人说梦，寒冬之后还是寒冬。正如一位网友所说："那些认为在下一个五年反腐败斗争可以换一种节奏的人，可以打消幻想与侥幸了！"

（2017 年 11 月 23 日）

正风反腐不停步，回应群众新期待

◎聂新鑫

3月20日，中共中央总书记、国家主席、中央军委主席习近平在十三届全国人大一次会议闭幕会上发表重要讲话时强调，"中国共产党要担负起领导人民进行伟大社会革命的历史责任，必须勇于进行自我革命，坚持立党为公、执政为民，深入推进全面从严治党，坚决扫除一切消极腐败现象，始终与人民心心相印、与人民同甘共苦、与人民团结奋斗，永远保持马克思主义执政党本色，永远走在时代前列，永远做中国人民和中华民族的主心骨！"

中共中央政治局常委、中央纪委书记赵乐际在参加山西代表团审议时强调，要坚定不移正风反腐，不松劲不停步，"老虎"露头就要打，"苍蝇"乱飞也要拍，加大群众身边腐败问题整治力度，凡是群众反映强烈的问题都要严肃认真对待，凡是损害群众利益的行为都要坚决纠正，持续开展扶贫领域腐败和作风问题专项整治，坚决查处民生领域严重违纪违法行为，让人民群众在全面从严治党中增强获得感。

综观今年全国两会，习近平等党和国家领导人在参加团组审议讨论时，多次讲到深入推进全面从严治党和正风肃纪反腐。许多代表、委员同样十分关注全面从严治党、党风廉政建设和反腐败工作、国家监察体制改革等话题。五年来的历史性变革、历史性成就与大刀阔斧、久久为功的全面从严治党密不可分，政治生态、经济生态、社会生态持续向好，深化改革保障反腐败工作在法治轨道上行稳致远，成为代表委员们的共同感受。与此同时，许多网友也反映，在自己身边，选人用人腐败、借婚丧嫁娶敛财、虚报冒领惠民资金、吃拿卡要等诸多问题得到有效整治，党风政风、民风社风明显好转。

这些声音都是社情民意的真实反映。党的十八大以来，在以习近平同志为核心的党中央坚强领导下，各级纪检监察机关和广大纪检监察干部恪守职责定位、交上优秀答卷，人民群众对全面从严治党、正风肃纪反腐的满意度不断提升。

民心是最大的政治。在看到成绩的同时，也要清醒认识到，两会会场内外如此关注正风反腐，说明还有不少亟待解决的问题，人民群众对我们的工作有更高的要求和新的期待。在今年全国两会上，习近平总书记强调，"共产党就是为人民谋幸福的，人民群众什么方面感觉不幸福、不快乐、不满意，我们就在哪方面下功夫，千方百计为群众排忧解难""一切国家机关工作人员，无论身居多高的职位，都必须牢记我们的共和国是中华人民共和国，始终要把人民放在心中最高的位置，始终全心全意为人民服务，始终为人民利益和幸福而努力工作"。各级纪检监察机关和广大纪检监察干部必须始终坚持以人民为中心，真正做到人民群众反对什么、痛恨什么，就坚决防范和纠正什么，把群众高兴不高兴、满意不满意、答应不答应作为检验工作的标准，以更精准有力的行动、更上一层楼的工作成效回应群众新期待。

风雨无阻、勇往直前是对民意最好的回答。不少代表、委员反映，许多群众非常关注基层"微腐败"，关注扶贫领域腐败问题，建议深入开展专项治理，精准监督，加大问责惩处力度。当前，各级纪检监察机关正在开展专项整治，对胆敢向扶贫项目、资金"动奶酪"的腐败问题以及弄虚作假等严重作风问题严查快办、严惩不贷，把扫黑除恶与反腐败斗争和基层"拍蝇"结合起来、深挖黑恶势力"保护伞"，等等。各级纪检监察机关和广大纪检监察干部要紧盯群众反映强烈的突出问题，加大集中整治和督查督办力度，切实把全面从严治党覆盖到"最后一公里"。

民意更是改革创新的强大动力。人民群众最痛恨腐败现象，腐败是我们党面临的最大威胁。推进党的纪律检查体制和国家监察体制改革，着力解决人民群众反映最强烈、对党的执政基础威胁最大的突出问题，昭示的是党中央顺应人民意愿，勇于自我革命。十三届全国人大一次会议先后审议通过宪法修正案和监察法，并选举产生国家监察委员会主任，这是党心民心汇聚的必然结果。广大干部群众对国家监委未来的工作、对监察法的实施满怀期待。有代表说，监察法将所有行使公权力的公职人员纳入监察对象，这将对保证所有公权力在正确轨道上运行起到很好促进作用。还有代表提出，要研究将监察力量向基层拓展延伸，更好地解决群众身边的腐败和作风问题。这说明，机构的设立只是起点，攥紧拳头发挥"一加一大于二"的作用，还需要不断探索前行。我们坚信，只要有利于维护人民利益，能解决群众的实际问题，就必定能获得人民群众的有力支持。广大人民群众的信任和期待，是我们在改革路上不断前行、攻坚克难的力量源泉。

一夜东风起，万山春色归。党心民心凝聚在一起，全面从严治党、正风反腐肃纪必将迎来新的气象，走向新的胜利！

（2018 年 3 月 21 日）

所有被"围猎"的甘甜，终究不过是苦酒一杯

◎桑林峰

"孙政才作为党的高级领导干部，党的六项纪律、中央八项规定条条违反，'四个意识'个个违背，不仅严重违反政治纪律和政治规矩，更贪赃枉法，大肆收受贿赂，成为甘于被'围猎'的对象。"日前，第十八届中央政治局原委员、重庆市委原书记孙政才受贿案一审结束后，人民日报评论员文章《一以贯之全面从严治党》如是说。

无论是什么级别的领导干部，如果不能正确认识和使用手中的权力，就很容易被形形色色的利益集团"围猎"，成为他们的"俘虏"。十九届中央纪委二次全会工作报告指出，当前反腐败斗争形势依然严峻复杂，特别是政治问题和经济问题交织、区域性腐败和领域性腐败交织、用人腐败和用权腐败交织、"围猎"和甘于被"围猎"交织等问题依然突出，全面从严治党依然任重道远。从实际情况来看，甘于被"围猎"的现象并不鲜见，值得高度警惕。

如果说被"围猎"是被动的，那么甘于被"围猎"则具主动性；如果说被"围猎"是客观存在，那么甘于被"围猎"则完全是主观故意。就领导干部而言，都受过一定教育、经过一定历练，也不是轻易都能被"围猎"的。但从查处的贪腐官员来看，很多人之所以"中招"，不是"围猎者"如何高明，而是"被猎者"自甘堕落。可以说，领导干部一旦甘

于被"围猎",那就必然和"围猎者"同流合污、沆瀣一气,再想保持清白、独立人格,就比较困难了。多少领导干部像孙政才一样,不是不知道"围猎者"的目的,却迷恋于各种利益,以致泥足深陷,无力自拔。

对比因被"围猎"而误入歧途的领导干部,那些甘于被"围猎"者对党和国家的危害更大。事实上,甘于被"围猎"的领导干部,不是不知道党纪国法威严,也不是不知道"围猎者"的用心,只是他们已经完全被泛滥的贪欲和输送的利益"绑架",利令智昏,甘愿为虎作伥。比如,安徽省原副省长倪发科,一心痴迷于各种名贵玉石,然而玉石映照出的不是他的君子之德,而是在纵好图利驱使下的腐化堕落轨迹。玉之过?欲之祸!用自己掌握的权力为不法商人、利益集团办事牟利,自愿受其驱使,甚至成了"围猎者"的代言人,这样的领导干部不可不谓"心腹之患"。

凡"甘于"者,多难以"回头"。分析那些甘于被"围猎"的对象,其自甘堕落的原因是多方面的。

"眼里识得破,肚里忍不过。"明明知道"围猎者"别有用心,但一看到那诱人的"香饵",就无所顾虑,自动上钩。殊不知,天下没有免费的午餐,即使天上掉下馅饼,也很可能就是陷阱。忍不过,那是要出大问题的。

侥幸心理让人忘记底线。有些领导干部曾认为,自己大权在握、只手遮天,不会出事。况且,"围猎"自己的人多是同学、战友、朋友、哥们,他们不会出卖自己。事实上,侥幸恰恰是不幸的开始。从通报的很多案件来看,一旦领导干部被查,曾经的"好朋友"皆会成为检举揭发的证人。因此,不要认为自己做得天衣无缝,其实是漏洞百出;不要认为无人知晓,其实人人皆知。

胡乱攀比让人迷失自我。在少数领导干部心中,自己能力不差,工作没少干,却在生活待遇上与商人老板相差甚远。于是,心有不甘,想着好好享受，迷恋香车美女。而这些恰恰是"围猎者"早已准备好的。一旦领导干部迷恋上"那盆正在加热的温水"，就难以逃脱"那些青蛙"的命运。当官就不要发财，发财就不要当官。把当官作为一个满足无穷贪欲、获得无限私利的捷径，就很容易成为甘于被"围猎"的对象。

被"围猎"者可叹，甘于被"围猎"者可怕。他的可怕在于他明知已入歧途，却不悔改；明知破纪破法，却不止步；明知加速堕落，却不收敛。如此行为，是公然背叛理想信念，公然对抗党纪国法，公然不讲政德、不讲党性。这种"甘于"，注定没有回头路，也终将受到党纪国法的严肃惩处。

所有被"围猎"的甘甜，终究不过是苦酒一杯。面对形形色色的利益集团，领导干部必须保持高度警惕，绝不能被他们"绑架"，成为他们的"俘虏"。不忘初心，方得始终。防止被"围猎"，祛除"心魔"很关键。"心如明镜台"，是"时时勤拂拭"的结果。时时处处事事谨小慎微、防微杜渐，不断改造主观世界，增强政治定力、纪律定力、道德定力、抵腐定力，才能炼就"金刚不坏之身"。

（2018 年 4 月 18 日）

纪法利剑高悬，"春风"再难得意

◎聂新鑫

5月18日下午，四川省纪委监委发布了广安市委副书记严春风涉嫌严重违纪违法，正在接受纪律审查和监察调查的消息。

此前的一周，先是有网友在社交平台爆料了"严书记女儿"的妈妈在一幼儿园家长群里飞扬跋扈的言辞。随后，网上出现了署名为"广安市委副书记严春风"写给省委组织部的情况说明，称其已与涉事幼童的母亲离婚，对相关情况并不知晓。然而，网友继续深挖细究，爆出了更多信息。"四川严春风"迅速成为网络热词，引起了四川省纪委监委的重视，及时回应、迅速行动，众多网友为之点赞。

自此事引发网友热议和媒体跟进以来，许多人呼吁官方尽快给出调查结果，回应群众关切。从关注舆情、发现线索，到初步核实作出是否立案的决定，纪委监委的工作要严格依纪依法、按照规定程序处理，既要及时果断，又要严谨细致，始终坚持实事求是、求真务实、忠于职守、认真履职。应该看到，从14日下午四川省纪委监委回应关注并介入调查，到18日发布严春风接受纪律审查和监察调查的消息，当地纪检监察机关处理是较为快速的。

党的十八大以来，党中央坚决惩治腐败的旗帜立场始终如一，遏制腐败蔓延势头的目标任务从未动摇，有腐必反、有贪必肃，反腐败斗争压倒性态势已经形成并巩固发展，赢得了人民的信任和支持，全社会形成了上下一心、共同营造风清气正的环境、共同努力夺取反腐败斗争压倒性胜利的良好氛围。正是在这样的基础之上，群众对网络中暴露出的线索"眼睛雪亮"，媒体不断发出"严书记出来走几步"的追问，纪检监察机关主动回应舆情，不缺位、不回避，以实际行动赢得了群众的点赞。这是群众监督、舆论监督和纪委监委监督共同发力的典型实例，充分体现了我们制度的优势和全社会对于坚决反对腐败所凝聚的共识。

也要看到，尽管几年来全党上下深入推进全面从严治党，狠抓正风反腐肃纪，加强对党员领导干部的理想信念宗旨教育、强化警示教育，但仍有一些领导干部或其亲属"沉醉春风"而不自知。如果网民有关严春风的爆料属实，那么说明他根本就是一个没有被反腐雷霆之声震醒的"装睡者"，一直没有意识到问题的严重性，也一直没有真正认清当前的形势。党的十九大后，全面从严治党持续向纵深推进，在这样的大势下，不收敛、不收手、不知止，群众反映强烈，怎能不成为纪委监委深入调查的重点？企图欺瞒组织、浑水摸鱼、遮遮掩掩，是过不了纪委监委和人民群众这道关的。

民心向背是最大的政治。从舆论关注的重点来看，人民群众对领导干部及其亲属、身边人的特权思想和特权现象、不正之风深恶痛绝，这正是全面从严治党要着力解决的问题之一。"严春风舆情"事件是一面镜子，各级领导干部都应该对照检查、自省自警，不但要严格约束自己，还要严格家教家风，严格教育管理亲属和身边工作人员，决不让特权行为滋长蔓延。各级纪检监察机关面对群众反映强烈的问题，必须旗帜鲜明、态度坚决，把群众拥护不拥护、赞成不赞成、高兴不高兴、答应不答应作为检验工作的标准，坚守党章和宪法赋予的职责，敢担当善作为，坚决同违纪违法行为作斗争，决不消极懈怠、回避矛盾，用切实有效的工作实绩让群众有更多的获得感。

纪法利剑高悬，"春风"再难得意。一次"舆情风暴"为那些不收敛、不收手、不知止，不能严于律己、严管家人的领导干部再次敲响了警钟：对党不忠诚、不老实，视纪律法律如无物，"走几步"就必定要"走到头"了。

（2018 年 5 月 19 日）

"积重"绝非"难返",但须咬定青山

◎张　琰

　　让哈尔滨市民头疼多年的"疯狂大货车"问题,不久前以 122 名公职人员"保护伞"被查处作为大快人心的"结局"。不承想,最近此事又出现了"续集"——据媒体报道,仍有神秘"保车人"护送超载车畅行无阻,"疯狂"故我。

　　重庆市彭水县大同镇鑫悦阁酒楼老板这段时间也很头疼。镇政府 2016 年以来已经欠了他 14 万余元餐费,打下的白条放在电子秤上,足足有两斤重。"老饕们"吃了什么好吃的,2 年欠下这么多餐费?从酒楼老板提供的消费底单来看,不乏一些烟酒、野味。但用于报销的报账单里,烟酒变成了菜品,"野山羊"变成了"普通羊肉",一顿饭 9 人也变成了 20 人……还真是油腻不少、猫腻很多。

　　要说哈尔滨市整治"疯狂大货车"的扫黑除恶专项行动,震慑不可谓不足;党的十八大以来狠刹公款吃喝风的力度,更是雷霆万钧、效果显著。不过,122 个公职人员的"前车之鉴",一次性吓不住某些心存侥幸的漏网之鱼;这些年栽在"四风"问题上的几十万名党员干部,也还是镇不住少数人的食指大动。"疯狂大货车"背后,是整个货运行业的沉疴痼疾,是公权力长期滥用、腐化的恶果;两斤重的白条里,更写着"四风"问题最顽固的病根。

冰冻三尺非一日之寒，痼疾并非一朝一夕可以治愈。"四风"问题如此，群众身边的腐败问题如此，在夺取反腐败斗争压倒性胜利过程中的每一步，都是如此。今年已经公开通报违纪违法问题的9名落马中管干部中，"党的十八大以来不收敛、不收手""顶风违纪"的就有6个。今年上半年，全国纪检监察机关立案30.2万件，处分省部级及以上干部28人，厅局级干部1500余人，与去年同期相比，各项数据绝大多数均实现增长……这些都充分说明，反腐败斗争形势依然严峻复杂，一些问题依然突出，一些问题存在反反复复、卷土重来的隐患，不能想着见好就收、一劳永逸，高压态势还必须保持下去，做好打持久战的准备。

值得称道的是，官方的反应很迅速。7月23日、24日，哈尔滨市委、市纪委监委主要负责人分别发声：相关部门要加大监管力度，建立长效机制，巩固专项整治行动成果，对于交通领域涉恶"保护伞"问题发现一起严肃查处一起，坚决杜绝问题反弹。7月28日，重庆市纪委监委通过官方渠道回应舆论关注：高度重视媒体反映彭水县大同镇政府"公款吃喝欠酒楼白条"事件，已组织开展调查，将尽快查清事实，依纪依法处理。

这是"中国反腐故事"一个个"不松劲""不停步"的继续。民心是最大的政治，正义是最强的力量。对于基层"微腐败""四风"这类人民群众最恼、最怨的问题，群众监督、舆论监督等各方监督力量参与进来，有助于形成一个监督、整治、再监督、再巩固的"防反弹"机制。

"积重"，但绝非"难返"，关键还是要有恒心、找方法，正所谓"念念不忘，必有回响"。有句"老话"不过时：永远在路上。

（2018 年 7 月 31 日）

投案自首，是迷途知返自我救赎

◎兰琳宗　李　鹃

　　7月31日，河北省政协原副主席艾文礼"落马"的消息引发广泛关注，其中"已投案自首"的表述更是激起媒体网友热烈讨论。这也是监察法施行以后，中央纪委国家监委网站在对外发布中管干部审查调查消息中首次使用这一表述。

　　我们党始终坚持惩前毖后、治病救人的方针，既依规依纪依法严肃查处腐败分子，又充分运用政策策略教育挽救干部；对待犯了错误的干部，也历来反对搞残酷斗争、无情打击，而是既看事实、又看态度。《中国共产党纪律处分条例》第十六条明确规定，主动交代本人应当受到党纪处分的问题的，可以从轻或者减轻处分。《中华人民共和国监察法》第三十一条规定，涉嫌职务犯罪的被调查人主动认罪认罚，自动投案，真诚悔罪悔过的，监察机关经领导人员集体研究，并报上一级监察机关批准，可以在移送人民检察院时提出从宽处罚的建议。

　　艾文礼的投案自首，折射出反腐败高压态势及取得的卓著成效，对违纪违法者形成的强大震慑。党的十九大以来，党中央坚持以永远在路上的冷静清醒和坚韧执着，持之以恒正风肃纪，坚定不移反腐惩恶。2018年上半年，全国纪检监察机关共接受信访举报168.3万件次，处置问题线索74万件，谈话函询15.4万件次，立案30.2万件，处分24万人（其中党纪处分 20.1 万人）。处分省部级及以上干部 28 人，厅局级干部 1500 余人，县处级干部 1 万人，乡科级干部 3.7 万人，一般干部 4.5 万人，农村、企业等其他人员 14.6 万人。与去年同期相比，今年上半年各项数据中，绝大多数均呈现增长。伴随着监察体制改革的步步深入，全面从严治党的"严"和反腐败斗争的高压态势一以贯之，必将对腐败分子形成更为强烈、更为持久的震慑。

值得注意的是，艾文礼投案自首前，中央第十五巡视组刚向河北省委反馈巡视情况，严肃指出河北省委"一些干部不担当、不作为问题比较突出""巩固发展反腐败斗争压倒性态势的措施不够全面深入，一些违纪违法问题易发多发"等问题。同时，巡视组还将收到的反映一些领导干部的问题线索，按有关规定转中央纪委、中央组织部等有关方面处理。话音刚落，就有人投案自首，充分彰显了巡视的利剑锋芒和巡视监督的严肃性公信力。

艾文礼的投案自首也反映出，纪检监察机关依规依纪依法履行职责，持续取得良好的政治效果、纪法效果和社会效果，促使违纪违法党员干部消除侥幸心理，唤醒其对组织的信任、对党纪国法的敬畏。对共产党员来说，组织是最坚实的靠山，必须对党忠诚，对党纪国法始终怀有敬畏之心，犯错误了就要及早回头、主动向组织说明情况、讲清问题，把自己交付组织去评判，交由党纪国法去处理。唯有如此，方能重新回到正确的轨道上来。而这，实际上也是对人性和灵魂的救赎。

（2018 年 8 月 1 日）

受贿行贿一起查，让"围猎"者寸步难行

◎李　鹃

　　近日，中国裁判文书网公布了一份判决文书。文书内容显示，四川南骏汽车集团有限公司作为被告单位，因犯单位行贿罪被判处罚金60万元；该公司法定代表人孙振田则被判处有期徒刑二年，缓刑三年。这一案例再次释放了坚持受贿行贿一起查的强烈信号，不仅受贿人要接受法律制裁，行贿人同样要付出代价。

　　党的十九大报告明确指出，要坚持无禁区、全覆盖、零容忍，坚持重遏制、强高压、长震慑，坚持受贿行贿一起查，坚决防止党内形成利益集团。在十九届中央纪委二次全会上，习近平总书记再次强调要"坚持受贿行贿一起查"。监察法规定，对涉嫌行贿犯罪或者共同职务犯罪的涉案人员，监察机关可以采取留置措施。

　　受贿与行贿一体两面，是一根藤上的两个"毒瓜"。保持反腐败斗争高压态势，受贿行贿必须一同打击。曾经一个时期，在一些腐败多发领域和关键环节，一定程度上存在"处理受贿者较多、处理行贿者较少"的情况。背后的原因尽管复杂多样，但带来的后果却显而易见——受贿者锒铛入狱，行贿者逍遥法外。长此以往，就会让行贿者的侥幸心理潜滋暗长，一而再再而三地"围猎"领导干部，为自身谋取利益。

　　从实际案例看，不少行贿人都是搞多头行贿，查处一个行贿人往往

具有"拔出萝卜带出泥"的效果。南骏汽车案中，受贿人便涉及四川资阳市委原书记李佳、原市长邓全忠和市人大常委会原主任罗勤宏等人。管中窥豹，可见一斑。破解"围猎"和甘于被"围猎"交织的问题，必须坚持受贿行贿一起查，让"围猎者"寸步难行。

随着全面从严治党向纵深发展，在查处受贿的同时，对行贿行为同样坚决予以打击，已经成为一种常态。今年全国两会最高人民检察院工作报告显示：过去五年，严肃查办行贿犯罪 37277 人，这一数据较前五年增长了 87%。数据的显著攀升，证明了对行贿的打击力度不断加大。

推动受贿行贿一起查，各级纪委监委要补齐打击行贿的短板，加大对"围猎者"的查处力度，持续强化不敢、知止氛围。在依法严惩行贿者的同时，对于其通过行贿获取的经济收入、职务晋升等不法利益坚决依规依纪依法予以没收、追缴和取消，让行贿人付出应有的代价。比如，湖南健全行贿"黑名单"制度，通报了多起"受贿行贿一起查"的典型案例；江苏逐步构建"查受贿带行贿、查行贿带受贿"的双向查处机制，对行贿受贿形成双向打击，形成强大震慑。

坚持受贿行贿一起查，就是要告诉全社会，"行贿同样可耻""围猎者必然付出代价"，从而让行贿者、受贿者都成为人人喊打的"过街老鼠"，推动形成不敢、不能、不想的有效机制，巩固发展反腐败斗争压倒性态势。

（2018 年 8 月 4 日）

"光环"失色，在于忘却初心

◎段相宇

近期，几则模范跌落的新闻引发舆论关注。当事人都曾在各自岗位作出不平凡的业绩，也因此获得过群众肯定和组织表彰，后来却自我膨胀了，忘乎所以、任性妄为，有的甚至沦为腐败分子。

虽然跌落者在众多先进典型中只是极少数，但这种反差极大的变化，还是让人痛心疾首、唏嘘不已。人们不禁要问：他们为什么会走到这一步？

综合分析有关案例，不难看出，模范的跌落，理想信念的动摇、滑坡是根本原因。这些干部的上升轨迹中，无不刻印着为党尽忠、为国尽职、为民尽心，一路摸爬滚打、勤勉敬业、奉公如法，组织看在眼里，悉心培养，给予诸多荣誉，使之走上重要岗位，目的是期望其发挥更大作用、作出更大贡献。然而，随着人生际遇的变迁，有人在"红毯铺道""鲜花掌声"等光环加身的眩晕中，逐渐迷失了自我，淡忘了激情燃烧的岁月，放松了对自己的要求。

许多案例早已证明，无论是谁，只要动摇了内心坚守已久的信念，精神上出现了垮塌，就会背叛当初许下的誓言，就离蜕变不远了。一些模范之所以变质，也是从"心""神"不定、价值观由"正"入"畸"开始的。

这样自我放弃防线的人，自然禁不住"糖衣炮弹"等利益诱惑，甚至会开门揖盗、给"围猎者"提供可乘之机——而这，恰恰跟"过去的自己"大相径庭。过去之所以获得组织信赖和社会各界交口称赞，是有着"贫贱不能移""威武不能屈"等上乘表现，在风浪中经受住了种种考验。而从"钢铁堡垒"变得"弱不禁风"，变为自己"曾经最讨厌的那类人"，无论是找什么理由、借口，其实都是虚弱不堪的，说到底，就是忘了初心、背道而驰。

当然，外在的因素也不可忽视。在一些案例中，个别模范明明出现了苗头性、倾向性问题，其所在党组织却因为顾忌产生"不良影响"而一味纵容，坐视他们的问题"小变大"、错误"一变多"。最终，"脱缰野马"向悬崖狂奔，酿成悲剧。"党内监督没有禁区、没有例外。"这就告诉我们，党内监督面向各级党组织和全体党员，党内不允许有不受制约的权力，也不允许有不受监督的特殊党员。模范因其光环，往往会被别有用心的人盯上，如果视其"可免检"、监督"宽松软"，就很容易出问题。

作为先进、模范，也不妨多想一想：荣誉里面是什么？是炫耀的资本、任性的"通行证"，还是更加沉甸甸的责任担当、更加奋发有为的动力推力？唯有不忘初心、牢记使命，戒骄戒躁、砥砺前行，方能行稳致远。

（2018 年 8 月 13 日）

莫找"说法"，常思"不可"

◎ 施胜民

从忐忑不安到心安理得，不少落马官员在最初"伸手"时都经历过一番天人交战。因为收人钱财毕竟是件不光彩的事，当然要为自己找个冠冕堂皇理由，这就是贪官所谓的找"说法"。

近日，《中国纪检监察报》披露了浙江省绍兴市委原常委、宣传部原部长何加顺的堕落轨迹，他给自己找的"说法"有些与众不同。在何加顺看来，收现金是"不安全"的，收贵重物品就不一样了，物品往往价值"比较内敛"，具有隐蔽性，即使是被组织查到，也可以推说不知道确切价格，以此作为"挡箭牌"。所以，在决定蜕变那一刻，何加顺给自己找了个"说法"：拒收现金，物品可以放心收。身边别有用心的人也摸透了他的"小心思"，于是投其所好，在送给他的各种礼物中，仅一件"长瓜扁豆"青田石雕艺术品的价值就高达279万元。

梳理近期各地通报的案例，不难发现，贪官们总能拿出各种"说法"来。来看云南省楚雄彝族自治州委原书记侯新华的"说法"是否很荒唐："我帮他们打招呼，事后很多老板也会对我表示感谢，我觉得心安理得，毕竟知恩图报是中华民族的传统美德""这是双赢之举，既有利于当地经济发展，也帮助了别人，成全了自己'地方父母官'的美名"。黑龙江省伊春市招投标管理分中心原主任司春生的"说法"则透着浓浓的自欺欺人味道：不收白不收，只要送的人不出事，自己就不会出事。吉林省长春市中级人民法院原院长张德友的"说法"则纯属自以为是：避开焦点就不会引人关注、老朋友"安全系数"高、以借为名行受贿之实、通过"期货"交易能够降低风险。

走上贪腐这条道，贪官们自然十分清楚将来的后果。然而，想伸手，又恐惧不安、担惊受怕，而不义之财又很诱人，当利令智昏时，便想方设法找种种"说法"来说服自己，给自己下"精神迷药"。有了"说法"，他们的胆子便大了，没了心理障碍，什么事都敢干，什么钱都敢收。事实上，"说法"成了自己信奉的歪理邪说后，从此就很难收手、收敛。

其实，仔细看看贪官们的"说法"，完全都是自欺欺人，在外人看来甚至荒唐至极。不过，任凭"说法"如何天花乱坠，终究是掩耳盗铃而已，到头来只会"聪明反被聪明误"。

领导干部手握权力，常常面临着诱惑，在陷入选择的煎熬和纠结时，如果像何加顺们那样给自己找"说法"，就十分危险了。在关键时刻，不妨多使用"否定"思维，多从"为什么不可"的角度去找"解题方法"，多想想这样做了会付出什么代价。若能惊出一身冷汗，哪里还会为自己找"说法"呢？

（2018 年 8 月 14 日）

正是年轻有为时，莫为金钱遮望眼

◎桑林峰

近日，贵州"90后"女干部张艺因涉嫌贪污被提起公诉，引发热议。据检察机关指控，案发时工作尚不满一年、年仅25岁的张艺，涉嫌贪污40余万元民生领域资金。

不仅是一个张艺，2016年，湖南省新宁县一名"90后"干部谢明润，因挪用医保基金资金合计40余万元一审被判处有期徒刑四年；2018年3月，江苏省苏州市人民检察院公布了一起社保资金贪污案，犯罪嫌疑人王新民也是一名"90后"。

这几个"90后"年轻干部，学历高、能力强，处于人生的起步阶段，有着光明的前途和美好的未来，因此他们的贪腐更让人震惊和惋惜。一走上工作岗位就开始贪腐，暴露出价值观的扭曲，错把金钱当做人生的本钱。

近些年，很多落马贪官在忏悔书中总会谈及，自己是"农民的儿子"，经历过苦日子。这些人自诉贪腐的一个动机，就是穷怕了，希望金钱能保障下半辈子过高枕无忧的生活。且不说这些话有拿贫穷经历博同情的嫌疑，但看年纪轻轻就走上贪腐之路的"90后"干部，一直生活在衣食无忧的环境中，他们"伸手"并非因为生活艰辛，而是受社会不良风气和错误价值观的影响，把金钱看得高于一切，疯狂追求物质享受。"90后"干部廖静，骗取国家近180万元，花费35万元整容、35万元买豪车。贪了270万元的王新民，非法所得大部分用在吃喝玩乐上。殊不知，金钱不是生命的全部，它只是生活的工具。如果一个人把金钱作为衡量一切价值的标准，那么很容易就患上了严重的"缺钙症"。

实现伟大复兴的中国梦，关键在党，关键在人，归根结底在于培养造就一代又一代可靠接班人，这是党和国家事业发展的百年大计。面对时代重任和党的期望，年轻干部决不能把金钱作为人生的追求。年轻干部要成为合格接班人，就要经过基层历练、艰苦地方磨砺、吃紧岗位锻炼，真正做到遇到诱惑抵得住、遇到挫折撑得住、关键时刻顶得住，扛得了重活、打得了硬仗，勤勤恳恳、任劳任怨，不图名、不图利，专心致志做好工作。如果战胜不了贪欲，看到金钱两眼就放光，何谈全心全意为人民服务？

有正确的价值观，才能正确对待事业、对待金钱、对待人生。青年的价值取向决定了未来整个社会的价值取向，而青年又处在价值观形成和确立的时期，抓好这一时期的价值观养成十分重要。正如习近平总书记在北京大学考察时对青年学生所说："这就像穿衣服扣扣子一样，如果第一粒扣子扣错了，剩余的扣子都会扣错。人生的扣子从一开始就要扣好。"

"我对金钱没有好感，对于我来说，金钱作为一种劳动所得，只能发挥购取衣食和书报的作用，至于它还能带来更多的物质享受，我丝毫也不稀罕和羡慕。"这是优秀共产党人汤庆福的金钱观，背后折射的则是一个真正的共产党员应有的价值观。年轻干部刚参加工作，最要紧的是加强学习、积累经验、增长才干、锤炼作风，以"先锋"的形象示人，迈好"天天向上"的每一步。如果一见到利益就想要，一见到好处就伸手，那只能是还未起步就止步，还未绽放青春光彩就断送锦绣前程。这不仅是对自己的不负责任，也是组织的损失。

　　年轻干部是与新时代共同前进的一代。前不久，中共中央办公厅印发了《关于适应新时代要求大力发现培养选拔优秀年轻干部的意见》，从多方面为年轻干部提供了建功新时代、担当新使命、实现新作为的大好机遇和宽阔舞台。年轻干部只有强化自我修炼，立鸿鹄志、做奋斗者，求真学问、练真本领，正心明道、防微杜渐，"心不动于微利之诱，目不眩于五色之惑"，才能不负时代使命、不负人民期望。

（2018 年 8 月 16 日）

改过自新方有正确出路

◎段相宇

　　"受到严重警告一年多后，天津厅官落马""被处分后不警醒，四平原副市长一审判 10 年"……近段时间，多名领导干部接受调查或审判的消息引发媒体关注，其共同点是在"落马"前曾经受过党纪、政务处分。这些人在同一个地方"跌倒"多次，确实令人深思。

　　近年来，在正风反腐高压态势下，一批犯错误的党员干部被给予轻重不一的处理、处分。其中，大多数人都能直面问题，知耻后勇，改过自新。如，曾因在扶贫工作中弄虚作假被处分的云南省大关县某干部，在被公开通报后深刻反省错误，工作面貌焕然一新，"一有时间就往贫困户家里跑"。但也有一小部分人，觉得处分让自己丢了"面子"，自觉"前程"已毁，轻则放任自流、得过且过，重则一蹶不振、破罐破摔。如，天津临港经济区管委会某干部因公款大吃大喝受到党内严重警告处分，并被中央纪委点名通报，但仅隔一个月他便再次触碰饭局红线，最后被"双开"。都说"吃一堑长一智"，如果被处分后还不吸取教训，就是错上加错，结果会陷得更深、跌得更狠。

　　作为党员干部，如何正确看待"受处分"？首先，在违犯党纪后，必须面对和承担相应的行为后果。其次，要深刻认识到，处分是惩戒也是提醒，目的在惩前毖后、治病救人。组织大多数情况下作出的处分决定，并非要"一棍子打死"，而是警示教育犯了错的党员干部强化纪律和规矩意识，及时收敛收手，避免在歧路上越走越远。从这个意义上讲，挨了处分之后，关键是要摆正位置，认清自身的问题，用积极的态度找到正确出路，而不要让负面情绪将自己裹挟包围，乃至影响到今后的人生走向。

受处分后该何去何从？及时改过、努力作为才是正确出路。犯了错不可怕，可怕的是知错不改、一意孤行。只要深刻认识、坚决改正自己的错误，重新把精力投入到干事创业中，踏踏实实去打拼，未来依然可期。近期媒体报道了湖北、四川等多地出台对受处分干部的管理办法，一些符合条件的干部因后续表现突出得到了提拔重用，说明组织对愿意改正错误并且付诸实际行动的同志不会"拒之门外"。

亡羊补牢未为迟也，过而能改善莫大焉。受处分干部与其背负沉重的思想包袱而裹足不前，不如化压力为动力，变"有错"为"有为"，洗净灰尘再出发，干出一番事业，让人刮目相看。

（2018 年 9 月 7 日）

一以贯之将反腐败斗争进行到底

◎李　鹃

"国家发展和改革委员会党组成员、副主任，国家能源局党组书记、局长努尔·白克力涉嫌严重违纪违法，目前正接受中央纪委国家监委纪律审查和监察调查。"中秋假期前一天，一则中管干部接受纪律审查和监察调查的信息不期而至。

"反腐利剑面前切莫心存侥幸""全力支持党中央的反腐决心"！"打虎"消息一经发布，赢得了广大干部群众的点赞叫好。事实上，今年九月以来，中央纪委国家监委网站已经发布吉林省纪委副书记、省监委副主任邱大明，北京市政协原副主席李士祥，河南省政协原副主席靳绥东和努尔·白克力4名中管干部接受纪律审查和监察调查的信息，并接连公布给予贵州省委原常委、省政府原副省长王晓光和财政部原党组副书记、副部长张少春党纪政务处分情况和宣布处分的现场视频。密集的发布、强劲的节奏、全新的方式，都向外界有力证明了，反腐败斗争不会变风转向，党中央全面从严治党的坚定决心和鲜明立场始终如一。与此同时，对那些仍然心存侥幸、企图搞腐败的人而言，也必将形成强大震慑。

党的十八大以来，全面从严治党成效卓著。以习近平同志为核心的党中央将全面从严治党纳入战略布局，把党风廉政建设和反腐败斗争摆到前所未有的新高度，坚定不移"打虎""拍蝇""猎狐"，反腐败斗争压倒性态势已经形成并巩固发展。从十八大后"首虎"李春城到十九大后"首虎"鲁炜，从 2014 年"两会"前夕发布金道铭接受纪律审查信息到 2018 年中秋节前发布努尔·白克力接受审查调查信息，从退休领导干部"落马"到现职领导干部被查……近六年来，全面从严治党以雷霆万钧之势破除了"刑不上大夫""盛会不打虎""退休意味平安着陆"等所谓"规律"。如果说全面从严治党的铿锵步伐中有什么规律可循，那就是——不论是谁，不论处于什么岗位，不论违纪违法问题发生于何时，只要触碰了纪法底线，就注定躲不过全面从严治党的利剑锋芒。

"要坚持无禁区、全覆盖、零容忍，坚持重遏制、强高压、长震慑，坚持受贿行贿一起查，坚决防止党内形成利益集团。"党的十九大对全面从严治党进行了再部署、再动员。十九届中央纪委二次全会强调，要聚焦党的十八大以来不收敛、不收手，问题线索反映集中、群众反映强烈，现在重要岗位且可能还要提拔使用的领导干部，重点查处政治问题和经济问题相互交织形成利益集团的腐败案件。新修订的《中国共产党纪律处分条例》也增写了相关条款。努尔·白克力的"落马"，正是管党治党全面从严，制度笼子越扎越紧，反腐败无禁区、全覆盖、零容忍的直接体现。

全面从严治党永远在路上。当前，反腐败斗争形势依然严峻复杂，巩固压倒性态势、夺取压倒性胜利的决心必须坚如磐石，要以"越是艰险越向前"的英雄气概和"狭路相逢勇者胜"的斗争精神，将反腐败斗争进行到底！

（2018 年 9 月 22 日）

切忌"玩物丧志"

◎蔡相龙

　　近日，贵州省委原常委、省政府原副省长王晓光被"双开"。中央纪委的通报中指出王晓光"违反生活纪律，贪图享乐、生活奢靡，痴迷兰花、玩物丧志"，引发舆论关注。

　　梅兰竹菊被合称为"四君子"，历来是品行高洁的象征和印记，为众多文人墨客所看重和欣赏。例如，屈原就非常喜爱兰花，曾咏叹道："余既滋兰之九畹兮，又树蕙之百亩。"其借兰花表达自己坚守高洁的操守。同样的兰花，在王晓光那里却成了违反纪律的诱因之一，让"任是无人也自香"的兰花蒙了羞。

　　爱美之心，人皆有之。无论是醉心书法、绘画、诗词，还是钟情摄影、花草、虫鱼，表达的都是对美好事物的追求，反映出一种文雅精致的生活情趣。对于党员干部而言，工作之余培养一些自己的兴趣爱好，比如用书画提升修养、用文学深化感悟、用摄影记录美好、用花草陶冶情操等，只要是纯粹的、不掺杂任何杂质的，就不成问题。

　　然而，个别领导干部的"雅好"却并非那么纯粹，也可能是附庸风雅，甚至隐藏着不可告人的目的。比如，有的人平时爱以"书画爱好者"自居，经常装出一副文艺范儿。其实，在这类人的眼中，"雅好"只不过是一件塑造儒雅形象的外衣，实则是借着书画、古玩等载体，为权钱交易作幌子。有的人虽然是真心爱好，却过度痴迷其中，以致给人提供了"围猎"的机会，他们不论走到哪里，皆大谈特谈自己的爱好，并以此展示自己的"艺术修为"。当投其所好的"礼品"送上时，纵使眼里看得破，肚里也是忍不过，最终沦为"猎物"。还有一类人整日里不务正业，玩物丧志。这类人将"雅好"视作正事、视为主业，哪里还顾得上党和人民的工作，对待岗位职责敷衍了事，抛在脑后，最终活脱脱成为一个人生"大玩家"等。

作为党员干部，必须妥善处理个人爱好与事业之间的关系。爱好，不妨留在自家"陋室"之中，亦不足为外人道也。尤其对领导干部来说，只有自觉增强宗旨意识，始终把连民心解民忧纾民困当做人生最大爱好，才能不断提升人生格局。

在个人爱好面前，领导干部要时刻保持清醒，千万不要成为屈原笔下所痛斥的"兰芷变而不芳兮，荃蕙化而为茅"！

（2018 年 9 月 26 日）

触动灵魂更要校准行动

◎李　鹃

　　通报多起一把手违纪违法案件，深刻剖析党员干部走向违纪违法深渊的原因，大屏幕展现忏悔录中的"悔不当初"……黑龙江省万名党员干部参加的警示教育大会，令不少参会者感到强烈的心灵震撼；安徽省专题警示教育用"活教材"醒脑治病；福建省召开全省警示教育大会，剖析苏树林、徐钢违纪违法典型案件。近期，一些地区和部门积极开展警示教育活动，使各级党员干部受警醒、明底线、知敬畏。

　　过去，不少党员干部都有一个错误认识，觉得腐败离自己很远，违纪违法问题不会发生在自己身上。针对这种"麻痹思想"，各地区各部门在警示教育中有针对性地选取典型案例，用身边事教育身边人，推动党员干部从中汲取教训、引以为戒。例如，黑龙江省反腐败警示教育大会以该省纪委监委查处的 10 起典型腐败案件和哈尔滨市纪委监委查处的 6 起群众身边腐败问题典型案例为镜鉴，安徽省、福建省警示教育大会则以鲁炜、苏树林、徐钢等人的违纪违法典型案件作为"活教材"。这样的"案例教学"恰恰能够令党员干部醍醐灌顶，让他们意识到廉政风险点无处不在，一旦思想防线失守、纪律之弦松弛，就很可能被别有用心之人"围猎"，一朝沦为"案中人"。

　　警示教育中一个重要环节就是精准剖析违纪违法问题发生的深层原

因，把"总开关"如何失灵、"第一次"如何破戒的过程讲深讲透。对党员干部来说，这一环节无疑提供了一面自我省察的镜子。从近期各地区各部门在警示教育中选取的案例看，有政治上做"两面人"的，有利用职务影响谋取巨额利益的，有党的十八大以来依然不收敛不收手的……党员干部要对照这些违纪违法典型案件，看看他人身上的毛病自己是否也存在，扪心自问遇到类似的诱惑和"围猎"能否守住底线，想想怎样才能防范"温水煮青蛙"。触动灵魂更要校准行动，真正把落马者"血的教训"转化为自身遵纪守法的行动自觉，这是警示教育的题中应有之义。这提醒我们，警示教育决不能走过场、搞形式，党员干部要坚决摒弃"看戏"心态，决不能把那些违纪违法情节当作一篇篇故事看了就了、转头就忘，而是应当深入反思、查摆问题，让警示教育真正入脑入心。

十九届中央纪委二次全会强调，要提高警示教育的政治性，凡查结的党员领导干部违纪违法案件，都要在本地区本部门本单位开展警示教育，用好反面教材，召开专题民主生活会，举一反三、以案明纪，让党员干部引为镜鉴。各地区各部门要认真贯彻落实中央决策部署，推动警示教育常态化，在提高政治性、提升针对性和实际效果上发力，引导广大党员干部筑牢思想防线、绷紧纪律之弦、远离腐败危险。

（2018 年 10 月 8 日）

持续保持高压态势，坚决惩治不收敛不收手

◎张　琰

　　被宣布接受审查调查六个月后，中国华融资产管理股份有限公司原党委书记、董事长赖小民严重违纪违法问题尘埃落定，向社会公布。违反政治纪律、组织纪律、廉洁纪律、工作纪律，违反中央八项规定精神，涉嫌受贿犯罪、贪污犯罪……赖小民被开除党籍和公职，再次清楚地表明，全面从严治党没有松，反腐败高压态势没有变，任何不收敛、不收手者都将受到严肃处理，付出沉重代价！

　　从中央纪委国家监委通报看，赖小民的问题十分严重，一些细节更是触目惊心——搞政治投机，捞取政治资本；讲排场、摆阔气，挥霍浪费国家财产；任人唯权、任人唯利、任人唯圈，严重污染企业政治生态；理想信念完全丧失，党性原则荡然无存，擅权妄为、腐化堕落、道德败坏、生活奢靡，甘于被"围猎"……通报称其"群众反映特别强烈、腐败问题特别严重、性质特别恶劣"。根据新修订的《中国共产党纪律处分条例》，要重点查处"党的十八大以来不收敛、不收手，问题线索反映集中、群众反映强烈，政治问题和经济问题交织的腐败案件，违反中央八项规定精神的问题"，而这里面所有的点，赖小民都"踩"了个遍。

　　踩红线，必受惩。党的十八大以来，全面从严治党成效卓著，在"没有规律可循"、力度从未减弱的打虎重拳之下，多少腐败分子栽在

了"侥幸"上，在全党全社会形成了强大震慑。但时至今日，仍然有诸如赖小民等人，不收敛、不收手，毫无顾忌、不知敬畏、变本加厉。纵观近期被处分的高级干部，除赖小民外，财政部原党组副书记、副部长张少春，贵州省委原常委、省政府原副省长王晓光，国家能源局原党组成员、副局长王晓林等人，其违纪违法问题"各有爆点"，但都存在几个鲜明的共同特点：甘于被"围猎"，在党的十八大后不收敛、不收手，政治问题与经济问题相互交织，严重违反中央八项规定精神……这些都表明，当前反腐败斗争形势依然严峻复杂，特别是政治问题和经济问题相互交织、区域性腐败和领域性腐败相互交织、用人腐败和用权腐败相互交织、"围猎"和甘于被"围猎"相互交织等问题依然突出……反腐败斗争还远远不到鸣金收兵的时候，全面从严治党绝对不能松，只能越来越紧。

"要坚持无禁区、全覆盖、零容忍，坚持重遏制、强高压、长震慑，坚持受贿行贿一起查，坚决防止党内形成利益集团。"党的十九大开幕会上，习近平总书记向全党全社会作出庄严承诺。一年来，这个承诺始终在兑现——截至目前，中央纪委国家监委网站通报的落马中管干部当中，有省区市党委政府领导班子成员，有中央国家机关负责人，也有国有企业领导人员。但无论处于何种岗位、何时犯下问题、犯下何种问题，在党中央全面从严治党的坚定决心和鲜明立场之下，任何人都要为自己的违纪违法行为"埋单"。

全面从严治党永远在路上。面对依然严峻复杂的反腐败斗争形势，必须持续保持反腐败高压态势，坚决惩治不收敛、不收手，把遏制增量抓到极致，让企图腐败者彻底打消侥幸心理，真正实现"不敢腐"。

（2018 年 10 月 16 日）

收手之日就是"止损"之时

◎许朝杰

　　不少领导干部被查处后常讲，面对诱惑没有把握住自己，"一失足成千古恨"。乍一听，有些道理；往深里一想，却不是"一失足"那么简单。有的违纪违法行为，持续几年甚至十几年，违纪行为几次几十次才至被查处，如果只是一次"失足"何至如此。搞腐败这样的"失足"，不像是一脚踏空坠入悬崖，无法自救，更像是一步步滑向湖心，渐行渐远，污水从沾染鞋底开始，淹到脚面，再从小腿一步步到胸口。其实，在这个从量变到质变的漫长过程中，如果决意回头，并不是没有机会"自救"，收手之日就是"止损"之时。

　　但，为什么那么多人不愿意"回头"？大致有几种情况——

　　第一种是认识不到危险。只看到鱼饵，没看到深藏其中的钩子；只看到天上掉下的馅饼，没看到或忘了低头看地上的陷阱。

　　第二种是沉迷其中，不愿自拔。很多落马干部都提到，第一次收钱又惊又喜又怕，但有了第一次，就有第二次、第三次，心里从忐忑不安到习以为常。这正如陈毅同志《手莫伸》中讲的，"岂不爱权位，权位高高耸山岳；岂不爱粉黛，爱河饮尽犹饥渴"。作为党员干部，本应满足于合法所得，却去追求不属于自己的所谓"贵族享受"，有的还想着自己退休后子女也能享受"福荫"……世界上没有免费的午餐，得了不该得的就要付出代价。

第三种是存在侥幸心理，认为自己做得隐蔽别人发现不了。有个领导干部落马后交代，他曾下功夫总结纪检监察机关查办的案例，研究如何应对调查。他每次收钱都是"一对一"，不安全的钱物坚决不收，东窗事发后才反思：收一个人的是"一对一"，收的人多了就成了"一对几十"，即使是万分之一的被查处概率，到了自己头上就是百分之百。正如先哲曾说过的，一个人可以在一段时间欺骗所有人，也能在任何时间欺骗某一个人，却不可能在所有时间欺骗所有人。时间久了，再巧妙的伪装和掩盖都会暴露。要想人不知，除非己莫为。况且，从大势看，党的十八大以来五年里，中央就立案审查省军级以上党员干部及其他中管干部 440 人；党的十九大以来，反腐力度不减，又有一大批腐败分子落马。中央有腐必除、有贪必肃，决心和力度前所未有，"问题"干部如果执迷不悟，肯定是"躲得过初一，躲不过十五"。

第四种是被金钱或情感绑架，回不了头。"上船容易下船难"，不收钱时领导干部可以洁身自好，收了钱就被老板掌控在股掌之中，不得不拿自己手中的权力为人家办事。而有些看似真挚的"亲情""友情""爱情"，也往往会成为秉公用权的"绊马索"、惑人心智的"迷魂汤"，其危害也不容小觑。

"多行不义必自毙""不是不报，时候未到"……这些老话，充满了哲理。但，在全面从严治党的今天，不应等问题坐大再处理。等"多行不义"、问题成堆再查，党的形象、群众利益受到的损害更大。纪检监察机关发现党员干部有"不义"之举，就要及时提醒、查处，不能等他"多行"，更不能放任问题恶化让他自己得"报应"。维护党的纪律严肃性和信任爱护干部是统一的，监督的出发点是爱护，是对干部负责，防止干部从小错到大错、从量变到质变，在错误的道路上越滑越远。这不仅对个人，对社会也是有利的。提出运用监督执纪"四种形态"，实际上是给犯错误的同志迷途知返、悬崖勒马的机会。层层设防，犯错误特别是犯大错的党员干部就少了，社会各界和广大群众也会少受伤害。

总之，党员干部特别是领导干部要切实把好世界观、人生观、价值观的总开关，清清白白、干干净净做人，始终以"一失足成千古恨"来警示警醒自己，始终慎始慎初慎微，像珍惜眼睛一样珍惜自己的名节、操守。一旦有了问题，也要勇敢面对，坚决收手，主动向组织坦承错误，争取宽大处理。意识到被"围猎"，就立即冲出"包围圈"；惊觉自己是温水里被煮的"青蛙"，就赶紧跳出来。回头永远不晚，改正得越迅速、越彻底，就越有利于"止损"，避免最终酿成"千古恨"。

（2018 年 10 月 25 日）

蛇打七寸，拔"伞"除根

◎滕嘉娣

全国扫黑除恶专项斗争正如火如荼进行，各级纪检监察机关对涉黑涉恶腐败和"保护伞"问题重拳出击。

10月24日，黑龙江省纪委监委网站发布消息，涉嫌严重违纪违法、充当黑恶势力"保护伞"的克东县公安局治安大队大队长李长宝，接受纪律审查和监察调查；10月25日，又发布了北安监狱3名为黑恶势力充当"保护伞"的警察被判刑的消息……蛇打七寸，拔"伞"除根，大快人心！

有伞的地方就有阴影。见不得光的"黑"与"恶"之所以能称霸一方、坐大成势，除了黑恶分子和团伙本身的穷凶极恶外，一个重要原因就是，他们唱的绝不是"独角戏"，更不是"一个人的狂欢"。在不少涉黑涉恶违法犯罪案件的背后，都存在或明或暗、一顶或多顶"保护伞"。

黑恶势力本该人人喊打，却往往让人噤若寒蝉，是谁给的底气，是谁为其张目？反正普通群众可没那份"能耐"。到底谁是"保护伞"，群众的眼睛是雪亮的。

据报道，在今年哈尔滨市开展的整治"疯狂大货车"、深挖背后"保护伞"专项行动中，已打掉涉恶"保车团伙"6个，查处涉嫌犯罪社会人员70人、"保护伞"122人。

"保护伞"比涉案的社会人员都多，如此"贴身保护"，小伙伴们都惊呆了！老百姓咬牙切齿，怎能不骂，怎能心安？

无利不起早，黑恶势力不是"善男信女"，"保护伞"自然也不是吃"素"的。大大小小的"保护伞"潜伏在各个环节，有的甚至就在党政机关的要害部门。

这些"保护伞"，有的因利诱"委身"，有的被威逼"攻陷"，更有甚者本身就是"大哥"。猖狂者，甘当"马前卒"，与黑恶势力沆瀣一气；狡猾者，背后"数黑钱"，内外勾连、通风报信；还有一些"糊涂者"，缺乏警觉，对披着光鲜外衣的"洗白者"睁一只眼闭一只眼，有时候还迷迷瞪瞪地"站台""背书"……"保护伞"以官护黑、以权纵恶，让扫黑除恶更具艰巨性、复杂性。

拔"保护伞"，扒的是权力的"画皮"，揭的是腐败的"盖子"，没有"保护伞"庇护的黑恶势力，再嚣张也不过是"纸老虎"。纪检监察机关深挖"保护伞"，让违法乱纪者无处遁形，不仅是打掉黑恶势力的凶焰，更是釜底抽薪、除恶务尽之举，让明目张胆者"哑火"，让勾肩搭背者"断臂"，让同流合污者"歇菜"。

扫黑除恶的攻坚战已经打响，越来越多的"保护伞"被拿下、被拔掉。已是"泥菩萨过河"的"保护伞"们，沾多大的利益必将付出多大的代价！再妄想翻手为云、覆手为雨，当谁的"后台""靠山"，只能是加快丢"乌纱"、入"牢笼"的速度！

正确出路只有一条：投案自首。

（2018 年 10 月 26 日）

"雅贿"，成不了贪腐"遮羞布"

◎王李彬

　　近日，有媒体从中国裁判文书网"挖"出了一则关于"雅贿"的新闻。据《马伯乐单位行贿一审刑事判决书》显示，中国电信集团公司原党组成员、副总经理真才基，在担任电信科学技术院院长、大唐电信科技产业集团董事长期间，帮助金马伯乐国际公关咨询（北京）有限公司非法获利约9020.992万元。为感谢真才基的帮助，该公司董事长马伯乐于2010年为其送去一部徕卡S2相机及镜头，经鉴定价值人民币32万元；2014年为其送去一部徕卡M相机及镜头，经鉴定价值人民币28万元。

　　行贿人不再送官员真金白银、香车豪宅或有价证券，而改送高档相机、名家字画、珍奇古玩等，这种贿赂被一些媒体称为"雅贿"。需要指出的是，"雅贿"并非法律术语，亦不属于纪言纪语，其"雅"只是相对赤裸裸的送钱等"俗贿"而言——权钱交易不那么直来直去、简单粗暴，交易载体摇身一变，不但显得"有品位""档次高"，而且让交易双方觉得"隐蔽""安全"。

　　梳理近年来查处的一些贪腐案件，不难发现，这种"雅贿"已经成为一些别有用心者"围猎"党员干部的惯用手法，也成为一些甘于被"围猎"的党员干部企图掩人耳目的"遮羞布"。"雅贿"的常见载体，除了价值不菲的玉石、瓷器、字画、摄影器材，还有奢侈品、名贵花卉、量身定制的旅游产品等。

所谓"雅贿",能骗过纪律和法律吗？不可能的事。新版《中国共产党纪律处分条例》第八十八条规定："收受可能影响公正执行公务的礼品、礼金、消费卡和有价证券、股权、其他金融产品等财物，情节较轻的，给予警告或者严重警告处分；情节较重的，给予撤销党内职务或者留党察看处分；情节严重的，给予开除党籍处分。收受其他明显超出正常礼尚往来的财物的，依照前款规定处理。"根据中央纪委国家监委法规室有关负责人的解释，这里的"财物"，包括货币、物品和财产性利益。而根据 2016 年 4 月 18 日最高人民法院、最高人民检察院《关于办理贪污贿赂刑事案件适用法律若干问题的解释》第十二条规定，贿赂犯罪中的"财物"，包括货币、物品和财产性利益。财产性利益包括可以折算为货币的物质利益如房屋装修、债务免除等，以及需要支付货币的其他利益如会员服务、旅游等。后者的犯罪数额，以实际支付或者应当支付的数额计算。

由此不难看出，只要涉及权钱交易，是"雅贿"还是"俗贿"，并不影响对违纪或犯罪行为的定性。想借"雅"为名掩盖贪腐行径，也就只能"自欺"了，"欺人"完全属于痴人说梦。

正所谓，"高飞之鸟，死于美食；深泉之鱼，死于芳饵"。人称"玉痴"的安徽省原副省长倪发科，同为摄影"发烧友"的河南省人大常委会原党组书记、副主任秦玉海和中国电信集团公司原党组成员、副总经理真才基……这些收受所谓"雅贿"的典型，心为物役、利令智昏，纵然百般掩饰，皆难逃党纪国法的制裁。

"雅贿"成不了贪腐"遮羞布"，事实就在眼前。

（2018 年 10 月 30 日）

如此"卖"法，不过是掩耳盗铃

◎孟庆毅

　　"3800元买，600万元卖"，十多年时间，翻了将近1580倍，真可谓"一本万利"。如此划算的买卖，对于一般人来说恐怕是想都不敢想的，即便是想了，也是近乎不可能做到的事情，偏偏还真就有人做到了。

　　近日，有媒体披露了湖北省襄阳市襄州区原区长王士金严重违纪违法案件的细节。其中提到，2012年4月，王士金为掩盖其向襄阳某房地产企业董事长林某某索贿400万元的事实，以买卖古董的方式转给林某某一个青铜盏；2013年底，王士金又让司机将一把青铜剑送给林某某，用以"抵消"当年年初向林某某索要的200万元。

　　两件在1996年左右一共花了3800元购买、由四名"是否具备法定资质不详"的鉴定人鉴定的所谓"古董"，愣是让王士金"卖"出了600万元的天价，其中藏着什么玄机？与其说王士金"卖"的是"古董"，不如说他"卖"的是权力——正是因为王士金手中握有在"城中村改造项目征地拆迁、优惠政策落实"等方面"说得上话"的权力，他就有了向房地产公司开出天价的底气。也正是因为知道王士金"说了算"，林某某才会"心甘情愿"当这个"冤大头"。

　　"名义上是在卖古董，实际上是为受贿掩人耳目。"王士金一语道破天机。现实生活中，如王士金这般以卖东西为名、行受贿之实的，不乏其人。如，浙江省绍兴市上虞区住房和城乡建设局城市管理科原科长朱建龙，将家里囤积的无用之物拿出来高价兜售给企业。其中，几瓶熏香剂以 8 万元的价格卖给卧龙天香华庭置业有限公司；两块加在一起市价仅 870 元的玉石以 3 万元的价格卖给上虞区康发公司老板陈某……这些人自以为可以瞒天过海，实际上不过是重复掩耳盗铃的戏码。如此"卖"法，最终只会"亏掉老本"。

（2018 年 11 月 8 日）

"春风"不度"监督关"

◎聂新鑫

11月13日，中央纪委国家监委网站公布了四川省广安市委原副书记严春风被开除党籍和公职的通报。至此，这起曾在舆论场引发高度关注的热点事件水落石出——严春风严重违纪违法问题被调查清楚，依纪依法被给予党纪、政务处分，其涉嫌犯罪的问题也被移送检察机关依法审查起诉。

今年5月中旬，网络曝出"严书记夫人"不当言语的截图和相关信息，引发网民热议。四川省纪委监委迅速回应已关注到舆情并介入调查，四天后公布了对严春风立案审查调查的消息。半年的时间，这起舆情事件依靠群众监督、舆论监督、党内监督的同向发力，纪检监察机关和人民群众的良性互动，得以稳妥处理。纪检监察机关面对舆情热点的不回避、不遮掩，主动回应关切，快节奏介入，以及审慎、负责任的调查、处理，最终公布结果，不让舆情"烂尾"，不让群众失望。这样环环相扣、认真严谨的做法，体现了公开透明、主动接受监督的理念，也体现了各级纪委监委依纪依法履行职责的自觉。

习近平总书记在党的十九大报告中强调，"凡是群众反映强烈的问题都要严肃认真对待，凡是损害群众利益的行为都要坚决纠正"。人民群众痛恨不正之风、痛恨特权思想和特权行为、痛恨腐败现象，人民群众相信纪检监察机关能够秉公执纪、严肃惩处，给老百姓一个公道。民心是最大的政治。当网络上出现"严书记出来走几步"的呼声时，这其实也是在呼唤党纪国法，期待纪检监察机关发挥作用，让"春风得意"的腐败官员现出原形。这是在党中央坚强领导下，各级纪检监察机关通过一系列卓有成效的工作实绩赢得的信任使然，也是党心民心紧紧贴近、公民道德法治意识提升、社会不断激发出的正能量使然。

一个典型案例出现了，必须深度解剖分析、举一反三。通报中称严春风"表面对党忠诚，积极上进，背后违规逾矩，权欲熏心；表面洁身自好，作风正派，实则道貌岸然，腐化堕落；表面清正廉洁，两袖清风，内里贪欲膨胀，唯利是图"，是典型的"两面人"。如何及早、精准发现"两面人"，消除"两面人"潜藏在干部队伍中的巨大危害，是强化日常监督执纪、从严管党治党要解决的重要课题。要在案例剖析中梳理、查找管理盲区、监督弱项、制度漏洞，有针对性的进行改进，在思想教育、干部管理、制度建设、监督检查等方面，做到实之又实、严之又严，以精准有效的监督，撕下"两面人"的伪装。

前车覆，后车戒。党员干部、公职人员应以严春风案为鉴，自查、自省、自警，把自己摆进去，看看自己和配偶子女是否正在享受或大或小的特权、有没有滋生特权意识，是否做到了里里外外、人前人后一个样，是否忠诚组织、对得起组织的信任、经得起组织的监督，是否有足够"担当""干净"的底气面对群众和舆论的"凝视"?!

（2018 年 11 月 14 日）

端正选人用人风气需要联合作战

◎辛士红

选人用人情况一直是巡视监督的重要内容，也是各方关注的一个焦点。7月22日，十九届中央第一轮巡视公布了首批反馈的14个省区（含10个副省级城市）巡视反馈情况。从这些"体检报告"看，各地选人用人上的不正之风依然比较突出。

如，辽宁省"跑官要官、买官卖官仍有市场"；山东省"选人用人上存在跑官要官、裙带关系问题"；湖南省"组织建设不够扎实，有的'带病提拔'、档案造假，有的基层党组织软弱涣散"；哈尔滨市"'带病提拔'问题多发"；大连市"选人用人和干部作风问题较为突出"；沈阳市"干部选拔任用把关不够严"；广州市"选人用人方面存在违规问题"。

治国之要，首在用人。我们党历来高度重视选贤任能，始终把选人用人作为关系党和人民事业的关键性、根本性问题来抓。党的十八大以来，习近平总书记就干部选任等话题发表过一系列重要论述。在不久前召开的全国组织工作会议上，习近平总书记强调，贯彻新时代党的组织路线，建设忠诚干净担当的高素质干部队伍是关键，重点是要做好干部培育、选拔、管理、使用工作。

用人导向是最根本的导向，吏治腐败是最大的腐败。用人导向正确则群贤毕至，用人导向不正则源浊流浊。用一个八面玲珑的"和事佬"，不讲原则的"老好人"必然越来越多；用一个善于攀附的"圈内人"，抱团取暖的"小山头"必然越来越多。一个单位，如果盛行"不跑不送，原地不动；只跑不送，暂缓使用；又跑又送，提拔重用"的潜规则，就会让"千里马"歇步、"老黄牛"撂挑。当年，苏荣在江西大肆卖官鬻爵，于是许多干部整天琢磨苏荣及其家人喜欢什么，政治生态乌烟瘴气。

党的十八大之后，党中央作出全面从严治党的战略部署，以坚定决心、顽强意志加以推进，坚持和加强党的全面领导，坚持新时代党的建设总要求，坚持党要管党、全面从严治党，坚持把党的政治建设摆在首位，坚持思想建党和制度治党同向发力，坚持贯彻新时期好干部标准，坚持强基固本，坚持正风肃纪、严惩腐败，党内政治生态明显好转，党在革命性锻造中更加坚强。各级党委落实党管干部原则，强化党组织领导和把关作用，严把选人用人政治关、品行关、作风关、廉洁关，改进干部推荐考察方式，坚持"凡提四必"，坚决纠正"四唯"等取人偏向，防止干部"带病提拔"，选人用人气象一新。但也要看到，一些地区和部门在选人用人上仍然存在一些问题：有的看似为官择人，实际上为人择官，搞"萝卜选拔"那一套，非自己"中意"的人不用；有的嘴上说任人唯贤，实际上却看来头、看背景，有关系的先用，有利益往来的先用；有的公开表态时讲五湖四海，实际却以人划线、以地域划线，非"小圈子成员"不用，非"身边人"不用。如果不阻遏这样的风气蔓延，必然导致一地、一域出现"劣币驱逐良币"等恶果。

要建立源头培养、跟踪培养、全程培养的素质培养体系；要建立日常考核、分类考核、近距离考核的知事识人体系；要建立以德为先、任人唯贤、人事相宜的选拔任用体系；要建立管思想、管工作、管作风、管纪律的从严管理体系；要建立崇尚实干、带动担当、加油鼓劲的正向激励体系——习近平总书记在全国组织工作会议上围绕做好干部培育、选拔、管理、使用工作提出要建立"五个体系"，这是总结实践经验、顺应新时代党的建设总要求和新时代党的组织路线作出的科学指南，各地各部门要在推进党的建设新的伟大工程、落实全面从严治党的实践中切实贯彻落实。

端正选人用人风气，需要打持久战，需要联合作战，各级党委以及纪检监察机关、组织部门等都要负起自己的责任。特别是党委一把手作为管干部用干部的干部，应有"瞻山识璞、临川知珠"的识人之眼，"劝君参透短长理，自有人才涌似云"的用人之道，"众里寻他千百度"的爱才之心，努力做到选贤任能、用当其时，知人善任、人尽其才，推动形成百舸争流、千帆竞发的生动局面。

（2018 年 7 月 26 日）

决不能陷入"好人主义"怪圈

◎李　鹃

　　福建，全面从严治党严的氛围不够浓厚，存在"好人主义"，追责问责不到位；四川，落实管党治党"两个责任"层层传导压力不够，一定程度上存在"好人主义"；文化和旅游部，发挥政治引领作用不够，管党治党存在"好人主义"现象……从十九届中央第一轮巡视反馈的内容看，好几个地区和部门不同程度存在"好人主义"。

　　"好人主义"，顾名思义，就是奉行事不关己、高高挂起，谁也不招、谁也不惹的处世哲学。在我们的身边，"好人主义"并不鲜见。每逢民主生活会进行批评和自我批评时，总是重弹"理论结合实际能力薄弱"之类的陈词滥调，对真正的错误"睁一只眼，闭一只眼"，批评别人不痛不痒、自我批评避实就虚；重大决策和事项征求意见时，即便发现有不妥之处，仍然机械地答复"我附议""没意见"……不讲原则、不分是非，这就是典型的"好人主义"。

　　"好人主义"遵循"你好我好大家好"的"套路"，但结果真的好吗？习近平总书记曾经指出，"好人主义盛行，有问题不指出，有过错不批评，这种庸俗作风盛行之处，往往就是党组织和领导上政治软弱、作风涣散的地方，就是党员、干部中出问题多的地方"。问题不仅不会因为讳疾忌医就自动消失，反而会小变大、单变双。在工作中，用"好人主义"代替直言不讳，用一团和气代替敢管敢抓，把问题藏着掖着、捂着盖着，不是引导工作朝着有利的方向发展，而是任由事情在错误的道路上渐行渐远，不是帮助同志在正确的道路上前行，而是任由其在错误的深渊里越陷越深，这是对自己、对同志、对党的事业严重不负责任。有的地区和部门之所以管党治党宽松软，甚至出现"塌方式"腐败，一个重要原因就是"好人主义"盛行。须知，"好人主义"的处世哲学与扛起"两个责任"的要求，根本就是背道而驰。如果大家都打着"得罪人你上、'老好人'我当"的小算盘，红脸出汗的事谁来干？严管厚爱又从何谈起？长此以往，出现"好同志"变"阶下囚"、政治生态乌烟瘴气、"前腐后继"等问题，也就不稀奇了。

你好我好大家好，最终谁也好不了。这个道理并不深奥，大多数人只要稍微掂量权衡，便能知晓利弊。但为何在实际工作中，"好人主义"却大有市场？说到底，还是私心杂念作祟，怕得罪人，担心丢选票，影响个人利益。不可否认，在少数地方和部门，确实存在有些坚持原则、敢于批评的同志被排挤孤立的情形。但是，作为党员就要有党员样，就要有爱党、忧党、兴党、护党的担当作为，不能被所谓"情面"左右，更不能为一时的利益得失而放弃党性原则。那些看似与人为善、与世无争的"好好先生"，可以说已经患上不担当、不作为、不负责的"软骨病"。

"天下之患，最不可为者，名为治平无事，而其实有不测之忧。坐观其变而不为之所，则恐至于不可救。"苏轼的这一论断，至今仍不过时。对于党员干部来说，不仅自己不能陷入"好人主义"的怪圈，不做"好好先生"，而且要坚决与其作斗争，敢于"唱黑脸"、动真格，推动管党治党严起来实起来硬起来，让所在地区和部门的党内政治生活严肃起来、政治生态好起来。唯如此，才是对自己、对同志、对党忠诚尽责。

（2018 年 7 月 27 日）

不如实报告，何以谈忠诚？

◎尉承栋

在十九届中央第一轮巡视反馈的"问题清单"中，领导干部个人有关事项报告方面存在的问题赫然在列。如，中央第五巡视组在对文化和旅游部党组的反馈意见中指出，"个人有关事项报告不实问题比较突出"；中央第三巡视组在对国家统计局党组的反馈意见中指出，"执行个人有关事项报告制度不严格"。

再结合近期各地纪检监察机关通报的一些典型案例来看，亦有一些党员领导干部在向组织报告个人有关事项时耍滑头、不老实，不是"缺斤少两"就是"藏着掖着"，企图瞒天过海。例如，云南省大理州旅游发展管理委员会副调研员苏丽华未按要求报告其配偶投资入股、共同生活子女房产，及其本人持有股票、基金等情况，受到党内严重警告处分；山西省大同市粮食局党组成员、总经济师孟海东违反组织纪律，未报告其配偶为大同市某商务大厦有限公司股东等情况，受到党内警告处分。

不如实"亮家底"，何以谈忠诚？领导干部个人有关事项报告制度，是请示报告制度重要组成部分，是党中央从严治党、从严治吏的一项重要制度安排，是党中央对党员领导干部的纪律要求，绝非无足轻重的"小事"。身为党员领导干部，如实报告个人有关事项是必须遵守的政治纪律和组织纪律，是检验是否对党忠诚老实、接受组织监督的一块"试金石"。

2010年5月，中央出台《关于领导干部报告个人有关事项的规定》，明确要求副处级以上领导干部每年要如实向组织报告婚姻状况、出国（境）、收入、房产、投资、配偶及子女从业等14个方面个人有关事项。党的十八大以来，对领导干部报告个人有关事项规范更多、更细，对瞒报个人有关事项行为查处更严、更实，不仅从按一定比例随机抽查发展到"凡提必核"，而且进一步强化了抽查核实和核查结果的运用，制度的笼子越扎越紧。

2015年6月15日，中央纪委公开通报对原国家工商总局副局长、党组成员孙鸿志和中国石油天然气集团公司原总经理廖永远二人严重违纪违法案件处理结果，明确提及二人"严重违反组织纪律，隐瞒不报个人有关事项"，这是中央纪委首次在省部级干部的"双开"通报中使用该类表述。不久后，在通报对江苏省委原常委、秘书长赵少麟的查处结果时，中央纪委指出赵少麟违纪情形之一是"隐瞒个人因私出国（境）情况"。此后，在各类领导干部的查处通报中，"违反领导干部报告个人有关事项规定""隐瞒不报个人有关事项"之类的表述屡见不鲜。

按照中央要求，《领导干部报告个人有关事项规定》于2017年修订，其与领导干部个人有关事项报告抽查核实办法、查核结果处理办法、汇总综合办法形成"一个规定、三个办法"报告制度体系，涉及领导干部报告个人有关事项的"底线"和"红线"由此愈发清晰。

如上事实表明，领导干部瞒报个人有关事项越来越成为高风险的事，切勿心存侥幸，继续把向组织如实报告个人"家事、家产"等规定视同儿戏。领导干部要牢固树立"四个意识"，切实强化组织观念，对党忠诚老实、光明磊落，说老实话、办老实事、做老实人，按规定按程序向组织如实报告个人有关事项，自觉接受组织监督。

　　需要指出的是，如果不追究制度不执行、不落实的责任，必然导致制度悬空、形同虚设。因此，各级党组织要加强抽查核实，敢于较真碰硬，对不如实报告或者存在其他问题的要严肃处理，切实维护报告制度的严肃性和权威性，使其在全面从严治党中发挥更大作用。

（2018 年 8 月 9 日）

抓实巡视整改，体现对党忠诚

◎完颜平

"重要进展当日报送，整改情况每周盘点。"据媒体日前报道，围绕中央巡视组反馈的问题，深圳市通过压实责任，狠抓落实，推动问题真正"销号"，做到巡视问题整改不到位决不收兵、巡视意见落实不彻底决不罢休。

当前，十九届中央第一轮巡视的 14 个省区及其涉及的 10 个副省级城市、8 家中央单位和 8 家央企正在紧锣密鼓进行巡视整改。成效如何，直接体现"四个意识"树立得牢不牢，"两个责任"履行得到不到位。

十九届中央第一轮巡视，中央巡视组不仅向被巡视单位列出了"问题清单"，而且明确了"整改建议"。巡视反馈的问题实事求是、一针见血、令人警醒，提出的意见要求，符合实际、切中要害、中肯深刻。清单和建议相辅相成，被巡视单位不但要"照单全收"，而且要"照单全改"，根据中央巡视作出的判断、列出的问题、提出的建议，迅速行动、对号入座、坚决全面彻底整改。把中央巡视指出的每一个问题，提出的每一条建议都当作"必答题"，做到"领情认账不推诿、立行立改不敷衍"，确保反馈意见件件有着落、事事有回音。

中央巡视反馈的意见，是经过党中央研究的，是党中央对被巡视党组织的政治要求。巡视整改是贯彻落实中央要求的严肃政治任务，也是对一个地区、单位和部门落实中央要求"怎么样"的重要检验。整改不落实，就是对党不忠诚。从这个意义上讲，做好"必答题"就要把"两个维护"体现在行动上、落实到工作中；就要对标找差、校对偏差、纠正偏离党的政治方向的行为；就要做到党中央提出的坚决响应、党中央决定的坚决执行、党中央禁止的坚决不做、做得不好的要坚决改正。

主体责任能否落实，是巡视整改能否落实的关键。整改的过程就是担当的过程。党委主要负责同志是第一责任人，要提高政治站位和政治觉悟，深刻认识巡视整改的重大意义，直接抓、抓具体、抓到底，对上次整改落实不到位和这次巡视新发现的问题一体整改，决不能"新官不理旧账"。班子成员必须把自己摆进去，把职责摆进去、把工作摆进去，带头整改。研究制定问题清单、任务清单、责任清单，该谁整改的就由谁整改、该谁负责的就由谁负责，层层传导压力，决不让"问题找不到东家"。已经明确了整改任务的单位，要紧张严肃认真起来，"展卷作业""挂图作战"，对照整改清单，建立"对账销号"制度，解决一个销号一个。纪检机构和组织部门要加强整改落实日常监督，用好问责武器，对整改不力、敷衍整改、虚假整改的严肃追责问责。

抓好巡视整改，要坚决防止前紧后松、虎头蛇尾，防止搞选择性整改。尤其要杜绝"过关"思想，建立整改落实常态化、长效化机制，结合运用巡视成果，透过现象看本质，加强综合分析，把整改显性问题与整治隐形问题结合起来，把解决具体问题与破解普遍问题结合起来。既咬住当前问题不放，又注重触类旁通、举一反三，真正做到解决一个问题，堵塞一批漏洞，完善一套制度，让人民群众切实感受到巡视整改产生的成效就在身边、就在眼前。

（2018 年 8 月 26 日）

以咬住不放的韧劲抓好巡视整改

◎郝思斯

"把违反政治纪律和政治规矩问题作为执纪审查、巡视巡察和派驻监督重点，加大查处力度。巡视整改以来，全省纪检监察机关共查处违反政治纪律和政治规矩问题81人。"

"严肃查处数字上的腐败、利益输送等问题，对3名司（厅）级干部予以免职处理。"

……

10月31日，山东省委和国家统计局党组向社会公布了对十九届中央第一轮巡视反馈意见的整改情况。加上此前已经公布整改情况的28个地区和单位，接受此轮巡视的30个地区和单位全部"晒"出整改"成绩单"。

此次集中公布整改进展情况，是根据《中国共产党巡视工作条例》规定——"被巡视党组织收到巡视组反馈意见后，应当认真整改落实，并于2个月内将整改情况报告和主要负责人组织落实情况报告，报送巡视工作领导小组办公室。"翻阅这些整改"成绩单"，可以看出被巡视党组织都很重视巡视整改工作，很多报告中都提到对中央巡视组反馈的问题已"全部整改"或"大部分整改"。然而，不是整改报告发出来就"大功告成"了，2个月的时间只是集中整改告一段落，取得的成效也只是阶段性成效。全面深入整改是一个长期过程，必须以咬住不放的韧劲抓好。

巡视整改是政治巡视的"后半篇文章"，决定着政治巡视的实际效果。一个问题一个问题抓整改，做到件件有落实，不能寄望于毕其功于一役。"冰冻三尺非一日之寒"，巡视反馈的问题，有些要立行立改、马上就改，有些则是陈年积习所致，若要真正改观，2个月时间远远不够，需要精准制定整改计划和责任书。如，针对"奥运备战统筹不力、人心不齐"问题，国家体育总局研究拟定《2022年北京冬奥会体系化备战工作方案》和《2020年东京奥运会体系化备战工作方案》，制定"两纲三划"，并据此制定备战子计划，开始新周期新赛季训练备战工作。针对"落实脱贫攻坚任务不严不实"问题，黑龙江落实党委、政府责任，市县乡村层层签订《脱贫攻坚责任书》，立下"军令状"。需要指出的是，制度不是建立就万事大吉了。制度的生命在于执行，必须狠抓落实，手底下见真章，确保制度不空转，整改才能真正取得实效，这更需要久久为功。同时，在整改过程中，还可能出现问题反弹、反复，甚至老问题解决了、新问题又冒出来的情况，就要及时跟进研究解决，不断发现、治理，再发现、再治理。要持续跟踪、深化整改，纪检监察机关和组织部门也要把督促巡视整改作为日常监督的重要内容，这同样不可能毕其功于一役。

面对千头万绪的整改任务，若只是就事论事、有一改一，头疼医头、脚疼医脚，就无法从根本上铲除"病根"。因此，被巡视党组织不仅要对巡视组反馈的具体问题逐条整改，做到件件有着落、事事有回音，更要强化成果运用，把整改和深化标本兼治有机结合起来。要举一反三、延伸拓展，从政治上、根源上找差距、看问题、抓整改。如，针对"重点领域、关键岗位廉洁风险比较突出"问题，商务部在立行立改的同时，研究制定商务部党员干部构建"亲、清"政商关系行为准则，明确正面要求和纪律禁令，全方位构建"不敢腐、不能腐、不想腐"的有效机制……巡视点出的要害问题，为被巡视党组织指明了方向。以整改为契机，破立并举、正本清源，让巡视标本兼治的效力得以充分释放，被巡视党组织仍然任重道远。

巡视是政治巡视，巡视整改是践行"两个维护"、向以习近平同志为核心的党中央看齐的具体行动。被巡视党组织要提高政治站位、强化政治担当，把解决巡视发现的问题作为检验"四个意识"强不强的一个抓手，坚决防止前紧后松、虎头蛇尾，防止搞选择性整改甚至边改边犯、改了又犯，防止"新官不理旧账"、报假账等。正在集中整改的党组织，不能满足于改正问题、查漏补缺，还要在真正发挥巡视"发现问题、形成震慑，推动改革、促进发展"的作用上下功夫，把"两个维护"真正体现到行动上、落实到工作中。过去巡视过的党组织，同样要不断学习习近平总书记关于巡视工作的重要论述，领会中央提出的新要求，校准和更新对照标尺，从政治站位和政治觉悟上找到差距，重新审视和整改自身问题。

（2018 年 11 月 1 日）

反腐败国际合作"朋友圈"又大了!

◎闫　鸣

11 月 13 日，第二十次中国—东盟领导人会议发表了《中国—东盟全面加强反腐败有效合作联合声明》。

这是中国—东盟领导人会议首次在反腐败领域发表联合声明，是十九大后我国推动通过的首个反腐败国际合作文件，开启了本地区携手治理腐败的新篇章，再次向国际社会表明了中国坚定不移惩治腐败的决心和态度。

腐败损害法律尊严，侵蚀社会公平正义，是人类公敌、世界毒瘤，没有一个国家、一个组织能够幸免、独善其身。特别是在全球一体化程度不断加深的大气候下，随着国与国之间往来日益密切，反腐败国际合作对于各国利益来说不存在"你有我无"的问题，共同点远远大于分歧，携手治理跨国腐败、共同应对挑战已经成为国际社会的共识，越来越多的国家加入到反腐败这场正义之战当中。

正义之战，得道多助。党的十八大以来，习近平总书记等党和国家领导人在各种外事场合，主动设置反腐败国际合作议题，共同商讨追逃追赃，表明中国的立场和主张，占领道义制高点，把握主动权和话语权，赢得了国际社会广泛的尊重与支持，也收获了累累硕果。据统计，2014 年以来，共从 90 多个国家和地区追回外逃人员 3453 名、追赃

95.1 亿元，"百名红通人员"中已有 49 人落网，追逃追赃工作取得重大阶段性成果。与此同时，中国在双边、多边交流合作中积极发声，发挥引领作用，推动建立国际反腐败新秩序。无论是推动制定亚太经合组织《北京反腐败宣言》和《二十国集团反腐败追逃追赃高级原则》，还是在华设立二十国集团反腐败追逃追赃研究中心、共同举办中国—东盟反腐败研讨班等，都是习近平总书记提出打造人类命运共同体的国际实践创新，成为全球治理中国方案的重要组成部分。

快马加鞭未下鞍，一程紧着一程赶。"不管腐败分子逃到哪里，都要缉拿归案、绳之以法。"习近平总书记在十九大报告中的铿锵话语言犹在耳，反腐败国际合作就取得了新的突破。《联合声明》的发表，再度拓展了反腐败国际合作的"朋友圈"。《联合声明》就反腐败务实合作达成多项共识，包括加强反腐败执法合作，运用《联合国反腐败公约》开展引渡、司法协助和腐败资产追回合作，鼓励各方金融情报机构分享与腐败相关的反洗钱信息和情报，等等，为"10+1"框架下，中国和东盟各国加强反腐败合作提供了重要依据。

开启新篇章，夺取新战果。反腐败斗争是一场持久战、攻坚战，不可能一蹴而就、一劳永逸。但随着反腐败国际合作不断深化，一项项政治共识逐步转化为务实合作成果，追逃追赃的天罗地网定将越织越密，对腐败分子的震慑定将越来越强，打赢正义之战的目标定将离我们越来越近。

（2017 年 11 月 14 日）

外逃 17 年终踏归途，是必然结局

◎徐怀顺

国际追逃追赃又添新战果！

6 月 22 日，涉嫌贪污罪的"百名红通人员"赖明敏从澳大利亚回国投案，并主动退赃。至此，"百名红通人员"已到案 53 人。赖明敏是党的十九大后归案的第 5 名"百名红通人员"，也是 6 月 6 日中央追逃办发布《关于部分外逃人员有关线索的公告》后，短短两周多时间第 2 名投案的外逃人员。

赖明敏，又名赖敏，2001 年 8 月出逃前，职务是中国银行江门分行行长。可谓是一只"老狐狸""大狐狸"。那么，他为何要结束 17 年的外逃生涯，选择回国投案？就在于党中央有逃必追、一追到底的鲜明态度和坚定决心，就在于国内国际两个反腐战场持续合围的强大攻势，就在于"尚有一人在逃、追逃追赃绝不止步"的步履铿锵，就在于深化国家监察体制改革让制度优势不断转化为治理效能，就在于持续的公告曝光在全球形成"人人喊打"的浓厚氛围。虽远必追、虽久必追，步履不停、一追到底。可以说，赖明敏最终踏上回国投案的归途，是必然的结局。

"老虎"露头就要打，"苍蝇"乱飞也要拍，"狐狸"外逃更要追。党的十八大以来，党中央把追逃追赃工作提升到前所未有的高度，从党的十八届三中、四中、五中全会到党的十九大，从十八届中央纪委三次、五次、六次、七次全会到十九届中央纪委二次全会，都对加强反腐败国际追逃追赃工作作出部署。与此同时，国际追逃追赃的打法不断升级、战术日益完善，四年来，"天网"行动接续开展，"百名红通人员"名单集中公布，外逃人员有关线索密集曝光，让"天罗地网"持续收紧，让震慑效应不断放大，捷报频传。这项工作取得的重大阶段性成果，对于已经形成并巩固发展的反腐败斗争压倒性态势而言，可谓既是重要组成部分，也是重要支撑。

得道多助，失道寡助。促使赖明敏选择回国投案的，还有日益扩大的反腐败国际合作"朋友圈"。从 2014 年 APEC 部长级会议通过《北京反腐败宣言》，到 2016 年 G20 杭州峰会通过《二十国集团反腐败追逃追赃高级原则》，再到 2017 年习近平总书记在"一带一路"国际合作高峰论坛提出将"一带一路"建设成为"廉洁之路"……我国积极参与国际规则制定，主动提出一系列反腐败国际合作倡议和追逃追赃主张，引领构建国际反腐新秩序。截至目前，我国与 61 个国家缔结了刑事司法协助条约，与 50 个国家缔结了引渡条约，基本建成覆盖全球各大洲主要国家的追逃追赃法律保障网络……从双边合作到多边框架，国际共识不断增强，合作领域、范围持续延展，越织越密的"天网"，使得外逃腐败分子在国外无人可靠、无钱可用、无路可走，处境日益窘迫、生存空间日趋狭窄。

重整行装再出发，追逃追赃不停步。赖明敏还有一个"特殊身份"——国家监委成立后首位到案的"百名红通人员"。他的到案并主动退赃，正是制度优势转化为治理效能的一个具体体现，也是坚持追逃追赃一起抓、追逃防逃一起抓、行贿受贿一起抓，力求赃款在境内"藏不住、转不出"、在境外"找得到、追得回"的一个生动实践。今年以来，监察法的实施，四级监委的全部成立并和纪委合署办公……国家监察体制改革的深化，为国际追逃追赃工作引向深入提供了新的契机。改革后，纪检监察机关不仅承担统筹协调责任，更扛起了主办责任，既是"指挥员""调度员"，也是"研究员""战斗员"，有效地整合了追逃追赃职能，构建起内外联通、上下贯通、横向联动的追逃防逃机制，工作合力更加强大。这，必然带来追逃追赃量上的新突破，必然能遏制外逃人员的新增长，为推动反腐败斗争压倒性态势向压倒性胜利转化做出新的更大贡献。

既然违纪违法，迟早都要买单。在国外东躲西藏，带来的只会是岁月的蹉跎，增加的只会是内心的煎熬，却无法改变犯罪的事实，无法消除应受的惩罚。及时回国投案、争取宽大处理，这是包括赖明敏在内的众多已归案外逃人员做出的正确选择，其他在逃腐败分子也该认清形势、放弃幻想了。

（2018 年 6 月 23 日）

天网恢恢无处逃，迷途知返是正道

◎李　鹃

　　"江苏外逃职务犯罪嫌疑人吴青回国投案""山东职务犯罪外逃人员牛琳回国投案""深圳外逃行贿人吴添才回国投案"……近段时间，外逃职务犯罪嫌疑人主动回国投案自首的消息屡见不鲜。从"亡命天涯"到"投案自首"，这中间到底发生了什么？

　　还记得两个月前的一则"大新闻"吗？8月23日，国家监察委员会、最高人民法院、最高人民检察院、公安部、外交部联合发布《关于敦促职务犯罪案件境外在逃人员投案自首的公告》。自该公告发布以来，在反腐败追逃追赃高压态势的强大震慑和政策感召之下，可以说在外逃人员中形成了一种"投案自首效应"。《公告》发布当日，即有两封捷报从追逃追赃一线传来，外逃职务犯罪嫌疑人吴青和贪污犯罪嫌疑人倪小沪相继主动回国投案，其中，倪小沪外逃长达24年之久。《公告》发布的数日之内，又有山东、广东等地的外逃人员主动回国投案自首。根据最新统计数据，《公告》发布后截至目前，仅广东一地就已有5名外逃职务犯罪嫌疑人回国投案。

　　"不管腐败分子逃到哪里，都要缉拿归案、绳之以法。"党的十九大以来，以习近平同志为核心的党中央继续深化反腐败国际合作，开启了追逃追赃工作新篇章。从反腐败国际合作被纳入《中华人民共和国监察法》，到"天网 2018"行动启动，再到中央反腐败协调小组国际追逃追赃工作办公室发布关于部分外逃人员有关线索的公告……追逃追赃的"天罗地网"越织越密，震慑效应持续加码，战术打法日益成熟。随着反腐败国际追逃追赃工作捷报频传，越来越多的境外在逃人员通过亲属朋友或本人联系国内办案单位，主动表示了回国归案的意愿，并希望得到从宽处理。五部门联合发布公告敦促职务犯罪案件境外在逃人员投案自首，是党的十九大以来反腐败国际追逃追赃工作在坚持中深化、在深化中发展的鲜明体现，既有利于凝聚追逃追赃强大合力、把一系列政策转化为追逃追赃成果，又给外逃人员提供了改过自新、争取宽大处理的机会。

天网恢恢无处逃，迷途知返是正道。我国追逃追赃工作始终坚持宽严相济的政策，对投案自首的依法从轻或者减轻处罚。2017 年 5 月，中央追逃办公布了 40 名到案"百名红通人员"的后续工作进展情况。40 人当中，有的被判处无期徒刑；有的得到宽大处理，依法从轻或减轻处罚。其中一个重要的影响因素，就在于到案方式的不同。主动投案与被强制遣返、缉捕归案的受处罚力度，有着明显区别。对投案自首和劝返归案的依法从轻或减轻处罚，对缉捕归案的依法从重处罚，释放的信号不言而喻。

境外在逃人员务必认清形势、珍惜机会，早日主动投案自首、争取宽大处理才是明智之举。《公告》发布两个月以来，已有不少外逃人员认清形势，作出了正确的抉择。外逃 17 年的职务犯罪嫌疑人周国权回国投案后表示，"回国投案是我最正确的选择，只有回国才能给我和家庭最好的出路"。我们再次呼吁所有外逃人员在公告期限内尽快投案自首，争取从宽处理，不要在错误的泥潭里越陷越深，贻误了自我救赎的良机。

（2018 年 10 月 23 日）

中美合作开展追逃的又一成功实践

◎ 兰琳宗

　　国际追逃追赃工作再传捷报！11 月 14 日，在中央反腐败协调小组国际追逃追赃工作办公室统筹协调下，经中美两国执法部门通力协作，外逃美国的职务侵占犯罪嫌疑人郑泉官被强制遣返回国。这是中美合作开展追逃的又一成功实践，也是继 4 个月前中国银行开平支行案主犯之一许超凡被遣返回国后中美执法合作的又一重要成果。

　　打击腐败是人心所向，加强合作是大势所趋。党的十八大以来，在两国领导人的大力推动下，中美反腐败执法合作相向而行，层次不断提升、机制不断完善、内涵更加充实，成为中美新型大国关系的重要内容和双边关系的亮点。特别是中美双方充分发挥反腐败合作机制的平台优势，确定了杨秀珠、王国强、黄玉荣、许超凡、乔建军等 5 起反腐败追逃追赃重点案件。目前，已有 4 起得以成功突破。其他在美外逃人员案件也有许多取得积极进展。本次郑泉官被从美国强制遣返，再度表明了合作打击外逃腐败分子是中美两国政府的政治共识，也有力证明美国并不是外逃人员幻想的"避罪天堂"。

　　只要一人尚在逃，追逃追赃决不"鸣金收兵"。党的十九大以来，党中央追逃追赃决策部署更加科学、更加严密、更加有效，监察体制改革制度优势不断转化为治理效能。"天网 2018"行动启动、对外发布 50

名外逃人员有关线索、国家监委等五部门联合发布《关于敦促职务犯罪案件境外在逃人员投案自首的公告》……天罗地网越织越密，追逃追赃持续开创新局。外逃腐败分子犹如过街老鼠，人人喊打。特别是《公告》发布 2 个多月来，震慑和政策感召效应日益显现，引发"投案自首"的连锁反应。

值得关注的是，到案方式影响后续处罚。从已归案的职务犯罪外逃人员有关案例可以看到，投案自首和劝返归案的，依法从轻或减轻处罚；被强制遣返或者缉捕归案的，则依法从重处罚。郑泉官被强制遣返，对于那些仍然心存侥幸、负隅顽抗的外逃人员可谓是一种强大震慑。主动投案还是等着被强制遣返，哪个是正确选择不言自明！

对外追逃不止，对内备足法律武器、完善工作机制，以法治思维和法治方式破解追逃追赃工作难题。继今年 3 月 20 日起公布施行的监察法辟专章对反腐败国际追逃追赃工作作出规定后，10 月 26 日起公布施行的修改后的刑事诉讼法、国际刑事司法协助法进一步建立了刑事缺席审判制度，规范和完善我国刑事司法协助体制，填补刑事司法协助国际合作的法律空白等，为下一步深入开展追逃追赃工作提供了强大法律武器。"外逃贪官没被追逃回国也能对其审判""明确国家监委在国际刑事司法协助中主管机关的地位和职责""促进对外司法协助更加有效开展"……日益完善的法律制度，必将助力追逃追赃工作更上层楼。

追逃追赃永远在路上，一刻不停歇，更多的追逃战果令人期待。正如中央追逃办负责人所表示的，"我们将进一步加大与美国和其他国家合作力度，织牢织密追逃追赃天网，坚决把外逃犯罪分子缉拿归案、绳之以法"。一个个"郑泉官"的鲜活案例也一再表明："捞了就跑，还有后路"只是黄粱一梦，丢掉幻想、回国自首，方为唯一出路。

（2018 年 11 月 15 日）

四、以钉钉子精神打好作风建设持久战

我们党来自人民、植根人民、服务人民，一旦脱离群众，就会失去生命力。加强作风建设，必须紧紧围绕保持党同人民群众的血肉联系，增强群众观念和群众感情，不断厚植党执政的群众基础。凡是群众反映强烈的问题都要严肃认真对待，凡是损害群众利益的行为都要坚决纠正。坚持以上率下，巩固拓展落实中央八项规定精神成果，继续整治"四风"问题，坚决反对特权思想和特权现象。

全面从严治党"第一刀"，刀出不归鞘

◎闫　鸣

12月4日，中央八项规定将迎来实施五周年这个"大日子"。制定和实施中央八项规定是全面从严治党"第一刀"。回首这五年，我们能够清晰地看到这"第一刀"的霜刃所向、锋芒所及，也能够真切地感受到持续纠"四风"、刀出不归鞘带来的观念刷新、风气之变。"八项规定改变中国"，凝聚起全党全社会的共识，刷新了国际社会的认知。

全面从严治党是刀刃向内的自我革命，首先就要找准切入口。党的十八大之后，以习近平同志为核心的党中央深入思考"党要管党怎么管，全面从严治党怎么严"这一命题，从群众反映最强烈的"四风"问题抓起，出台了中央八项规定，解决了"老虎吃天不知从哪儿下口"的难题，为全面推进党的各项建设找到了支点。小切口推动大变局。五年来，作风纪律全面从严，持续释放执纪必严、违纪必究的强烈信号。数据显示，截至2017年10月31日，全国已累计查处违反中央八项规定精神问题193168起，处理262594人，给予党纪政纪处分145059人。全面从严治党"第一刀"所向披靡，管住了不该伸的手、不该张的口，刹住了许多过去认为不可能刹住的歪风，带动社会大气候迎来正气上扬、浊气下降的新局面，党心民心为之一振，党的凝聚力和战斗力显著增强。中央八项规定，已经成为十八届中央政治局抓全面从严治党的亮丽名片。

中央八项规定,短短600多字,为什么能推动一个拥有8900多万党员的世界规模最大执政党实现自我更新?这离不开管党治党的政治智慧和持之以恒的务实行动。中央政治局从自身做起,以上率下、言传身教,带动全党一体遵循;紧盯领导干部这个"关键少数",层层传导压力;紧盯重点问题,抓住重要节点,加强日常监督检查;推进标本兼治,用制度治党管权治吏,用改革思维破解作风顽症……五年来,正是得益于在坚持中深化、在深化中坚持,作风建设才能够取得举世瞩目的显著成效。

箭出不回头,刀出不归鞘。"坚持以上率下,巩固拓展落实中央八项规定精神成果,继续整治'四风'问题,坚决反对特权思想和特权现象。"党的十九大报告发出了持续深化作风建设的动员令。当前,转作风改作风的思想基础还不牢固,"四风"问题的病根还没有清除,责任压力传导还不到位,有的领导机关、领导干部还存在"灯下黑""手电筒只照别人不照自己"等问题,制度落地生根还有差距。党风廉政建设和反腐败斗争是一场输不起的斗争,必须继续发力、保持定力,在继承和发扬成功经验的基础上,更好适应作风建设的新形势新任务新要求,不断巩固深化拓展作风建设成果,让新风正气常态化、长效化。

中国特色社会主义进入新时代,焕发新气象、展现新作为离不开优良作风。作风建设永远在路上,战斗未有穷期,正需要全党振奋精神、共同努力,将作风纪律的利刃打磨得更快更亮,一刻不停歇地推动作风建设在新的更高起点上向前发展。

（2017 年 12 月 3 日）

再塑党的形象"第一行动"，永远在路上

◎陈治治

"你不必下班后还忙着应酬，一身酒气回家，老婆孩子都睡了，连句话也没人说""你不必逢年过节想着该给谁送礼、送什么、怎么送""你不必屈从于潜规则"……

《你不必，你可以》，这是中央纪委监察部网站在中央八项规定实施五周年之际特别制作的短视频，一推出便引发了潮水般的共鸣。

风起于青萍之末，浪成于微澜之间。五年，由小到大、由内而外、由浅入深、由表及里，"八项规定改变中国"。中国共产党形象和中国社会风气焕然一新，既在十九大报告"全面从严治党成效卓著"的精炼表述中，也在你我世俗生活中的浊流被自上而下的激流荡涤的巨大回声中。

"我们党的执政基础很牢固，但如果作风问题解决不好，也就可能出现'霸王别姬'这样的时刻。我们一定要有危机意识。"回首五年前，"打铁还需自身硬"的铿锵宣示之后，以习近平同志为核心的党中央以制定实施改进工作作风、密切联系群众的八项规定徙木立信，以上率下，开启了一场祛病疗伤、激浊扬清的管党治党自我革命。贯彻落实中央八项规定精神，成为全党再塑党的形象"第一行动"。

形式主义、官僚主义、享乐主义和奢靡之风，违背我们党的性质和

宗旨，是脱离群众危险的集中体现，也是损害党群干群关系的重要根源，严重侵蚀党的肌体、动摇党的执政基础。五年来，从治理公款大吃大喝、旅游、送礼等奢靡之风入手，紧盯公款购买赠送月饼、贺卡、烟花爆竹等问题，一个节点一个节点抓，一年接着一年干，以一个个具体问题的突破，带动了作风整体转变。在党的群众路线教育实践活动中，严查少数领导干部躲进培训中心、私人会所奢靡享乐，超标超配办公用房和公务用车，借婚丧喜庆敛财等问题；结合"三严三实"专题教育，重点查处乱作为、不担当问题，纠正以会议贯彻会议、以文件落实文件等形式主义和官僚主义作风；在"两学一做"学习教育中，着力解决党章意识不强、看齐意识淡薄问题，实现党员干部思想、作风、纪律上的新进步……"第一行动"，打开方式是向"四风"开战，但穿透一场场攻坚战、持久战的"硝烟"方能看清中央八项规定的本质——只有保持同人民群众的血肉联系，中国共产党才能守住立党之本、巩固执政之基。

"人民群众原来说一年公款吃喝要吃掉两千亿，不知道用什么办法治住它。就这么一个'八项规定'出来，应该说这个问题基本上解决了。"做到"没想到"，改变"不可能"，"铁八条"成为可与革命战争时期"三大纪律八项注意"相提并论、深得民心的中国共产党新名片。再塑党的形象"第一行动"，堪称革命性锻造之"重锤"、历史性变革之"云帆"，增强了人民群众对党的信心、信任和信赖，对维护党中央权威、增强党的向心力，对保持党同人民群众的血肉联系都起到了重要作用，为党和国家各项事业全面开创新局面提供了坚强的政治和作风保证。

全面从严治党永远在路上，作风建设永远在路上，新时代中国共产党人的"第一行动"永远没有休止符。党的十九大报告指出，凡是群众反映强烈的问题都要严肃认真对待，凡是损害群众利益的行为都要坚决纠正。"坚持以上率下，巩固拓展落实中央八项规定精神成果，继续整治'四风'问题，坚决反对特权思想和特权现象"话音甫落，即有《中共中央政治局贯彻落实中央八项规定的实施细则》滚烫"出炉"……

不忘初心、牢记使命的每一轨，抓铁有痕、踏石留印的每一帧，都记录在人民群众的心里，彰显着中国共产党的性质宗旨，传递着共产党人的人民立场以及"最讲认真"的精神。

（2017 年 12 月 5 日）

持续擦亮作风建设名片，奋进新征程

◎徐怀顺

回头看，是为了更好向前看、往前走。

站在中央八项规定实施五周年的时间节点，也就站上了作风建设的历史新起点。身处新时代，奋进新征程，要充满自信与豪情，更应压实责任与担当，持续擦亮中央八项规定这张亮丽名片，用"咬定青山"的恒心与韧劲，换来"清气满乾坤"。

有什么样作风，就有什么样精神状态、什么样奋斗姿态。蓝图绘就，复兴在望。但行百里者半九十，最难的是走好后半程，新长征路上还有"娄山关""腊子口"。从强调"要登高望远、居安思危，勇于变革、勇于创新，永不僵化、永不停滞"到指出"必须准备付出更为艰巨、更为艰苦的努力"，从告诫"任何贪图享受、消极懈怠、回避矛盾的思想和行为都是错误的"到要求"一定要保持艰苦奋斗、戒骄戒躁的作风"……习近平总书记为什么在十九大报告中对全党谆谆告诫？一个重要原因就在于，作风好坏关系党的事业成败。

战鼓催征，正当激流勇进。持之以恒正风肃纪，自是题中应有之义。要清醒看到，"四风"问题反弹回潮隐患仍然存在，"不敢"的问题虽已初步解决，但"不想"的自觉尚未普遍形成。更何况，享乐主义、奢靡之风初步刹住了，但形式主义和官僚主义问题解决起来难度还比较大。把党的路线方针政策当口号，以形式主义、官僚主义方式对待中央决策部署，以文件落实文件、以会议落实会议，不谋实招想花招、不干实事要特权，等等，诸如此类问题仍旧屡有发生。这些不良风气，个个都是决胜全面建成小康社会的"绊脚石"，条条都是中华民族走向伟大复兴的"拦路虎"，没有永远在路上的坚韧，行吗?!

奋斗无止境，复兴路正长，每一步都是新起点、再出发。五年坚守，成就巨大、变化可喜，其中凝结着很多宝贵经验、成功做法，需要继续坚持发扬、创新完善。各级党组织和纪检监察机关要始终把巩固和拓展落实中央八项规定精神扛在肩上、抓在手上，坚持以上率下、层层传导压力，切实做到纠正"四风"力度不减、节奏不变、尺度不松、氛围不淡，对不收敛不收手的露头就打，对隐形变异的见招拆招，用健全制度和强化教育促进"不能""不想"，尤其要着力整治形式主义和官僚主义，坚决反对特权思想和特权现象，最大程度压缩反弹回潮的空间。广大党员干部应当锤炼党性、立根固本，挺起精神脊梁，不耽于享乐、不懈怠畏难，锐意进取、埋头苦干，以坚定者、奋进者、搏击者的姿态写下属于自己的荣光。

千里之行，始于足下。元旦春节临近，纠正"四风"又将迎来一次"大考"。各级党组织和纪检监察机关要以越往后执纪越严的雷厉风行，广大党员干部要以过硬的党性作风，赢得转作风改作风的"开门红"。进而，一环紧着一环拧，一锤接着一锤敲，推动党风政风全面好转，成就党"大要有大的样子"，以优良党风政风醇厚社风民风，凝聚起同心共筑中国梦的磅礴力量。

（2017 年 12 月 7 日）

关键要"对号入座"

◎习　骅

习近平总书记就查摆和纠正形式主义、官僚主义问题作出的重要指示，赢得党内外一片点赞，大家谈体会、说感想、想思路，决心向痼疾顽症开战。这表明，"纠正'四风'不能止步，作风建设永远在路上"已成全党共识。但是，学习领会和贯彻落实习近平总书记重要指示精神，关键要"对号入座"，用好批评与自我批评的武器。

"对号入座"就是把自己摆进去、拿自己开刀。记得一位领导同志谈到文山会海时说过，我们都被人折腾过，也都折腾过别人。这就是"对号入座"，是真想解决问题的态度。天下苦形式主义、官僚主义久矣，对这些东西人人义愤填膺，但习惯于指向第三人称，似乎所有问题都是"他"的，"我"永远是可怜的受害者。问题是，对于别人来说，"我"就是"他"，"他"就是"我"。讳疾忌医，互相推诿，玩手电筒照别人的游戏，是典型的以形式主义反对形式主义、以官僚主义反对官僚主义，问题反而更严重了。

反向用力是错误的、危险的，但并不陌生，谁敢说群众深恶痛绝的那些事与"我"无关？比如，不研究如何把中央精神落在工作实践中，而是反反复复开会，反反复复念文件制造文件，反反复复表决心，还怪人家打瞌睡，是谁？热衷搞"调研秀"，问题一个没发现一个没解决，发了消息上了镜头了事，是谁？脱离群众脱离实际，甚至把好事办砸，是谁？又是谁微笑着让办事群众跑断腿？"中央一本好经，被歪嘴和尚念歪了"，谁是歪嘴和尚？

"雪崩的时候没有一片雪花是无辜的"，谁也不能装着与己无关。作风问题无小事，关系人心向背，光说不练，半点忠诚没有。继续用形式主义、官僚主义消耗新时代全党努力奋斗获得的民心红利，继续以错位的政绩观制造政治泡沫，继续以不作为、乱作为、假作为欺上骗下，就是对党和人民的极端不负责任。

落实习近平总书记重要指示精神要有紧迫感。习近平新时代中国特色社会主义思想照亮了"两个一百年"奋斗目标的金色大道，中华民族从未如此接近伟大复兴的目标，全国人民对美好未来的期待也从未如此热切，越到关键时刻越不能有丝毫懈怠，必须负起责任，从我做起，从现在做起，自觉查摆、主动纠正形式主义、官僚主义，巩固和拓展落实中央八项规定精神成果，将这张亮丽名片越擦越亮。

（2017 年 12 月 13 日）

发挥好"头雁效应"

◎闫　鸣

　　查摆和纠正形式主义、官僚主义问题，应该怎么做？江西省纪委领导班子成员先把自己摆了进去："对于调研线路'被安排'问题，自己的'配合'是党性不纯、作风不实的表现""遇到上级领导来调研，为了显示工作到位、态度热情，这里放几块牌子、那里摆几个展板"……这样的对号入座是个好的开始，各级领导干部特别是一把手要带头转变作风，身体力行，以上率下，形成"头雁效应"。

　　常言道，作风好不好，关键看领导。作风养成历来是上行下效，"上有所好，下必甚焉""上面偏出一尺，下面就会偏出一丈"等等，讲的都是同一个道理。形式主义、官僚主义在基层、在普通党员当中固然不乏市场，但手握拍板决策大权的领导干部特别是一把手沾染上这些毛病，危害显然更大。

　　就近年来曝光的典型案例来看，形式主义、官僚主义在一些地区、部门和单位大行其道，与那里的领导干部特别是一把手密切相关。试问，如果领导干部不图浮名、不务虚功，那些"调研秀""扶贫秀"怎会一再上演？那些乱铺摊子、大造"盆景"的荒唐项目，没有一把手瞎拍板怎能上马开工？一把手自己乐此不疲地四处"跑会""赶场"、做照本宣科的文件"复读机"，也就无怪会出现"再开一个会研究一下怎么少开会、开短会的问题""连发三份文件通知要求精简文件"这类乱象……

"善禁者，先禁其身而后人。"过去五年多来，作风建设能够取得显著成效，一条重要经验就是坚持以上率下，一级带着一级干、一级做给一级看。"纠正'四风'不能止步，作风建设永远在路上。"习近平总书记向全党发出了持之以恒正风肃纪的行动号令。自上而下抓起、从"关键少数"做起，发挥好"头雁效应"，正是纠正形式主义、官僚主义的有效路径，也是驰而不息推进作风建设的当务之急。

《韩非子》中有一个故事："邹君好服长缨，左右皆服长缨，缨甚贵。邹君患之，问左右。左右曰：'君好服，百姓亦多服，是以贵。'君因先自断其缨而出，国中皆不服长缨。"榜样是最好的说服，示范是最好的引领。各级领导干部特别是一把手都应当拿出"邹君断缨"的果决勇气，带头与形式主义、官僚主义划清界限，形成"头雁"领航、"群雁"齐飞的良好氛围。

（2017 年 12 月 16 日）

"佛系心态"要不得

◎陈治治

继"油腻"之后,"佛系"又攻占了各大社交平台。

所谓"佛系",是个网络流行词,大体是指看淡一切、与世无争,随波逐流、随遇而安,甚至是逆来顺受、能忍自安的处世哲学。不少人从"佛系"二字引申,联系日常工作生活、待人处事的种种,便有了"佛系青年""佛系员工""佛系买家""佛系点赞""佛系恋爱"的对号入座。

在日常生活中"佛系心态"一下,这无可厚非,尤其面对一些无关原则、不坏底线的小事,少一点锱铢必较、针锋相对,多一些大肚能容、一笑置之,不失为豁达。但如果广大党员、干部,在面对形式主义、官僚主义的现象时,也以"佛系心态"待之,那就坏了大事了。

不妨想一想,"四风"是怎么从潜滋暗长到大行其道的?视而不见、见怪不怪,不敢批评、不作斗争,随波逐流、与之同化,直至愈演愈烈、身不由己……从一片雪花到冰冻三尺的演变,是不是与许多同志在面对歪风邪气、面对潜规则时的"佛系沉默""佛系旁观""佛系不为"大有干系?

"邪恶能胜利的唯一理由,就是善良的人们无所作为。"这些年,形式主义、官僚主义之所以屡禁不止,概因"佛系心态"过深吧!比如,有的同志将"微笑和沉默是两个有效的武器:微笑能解决很多问题,沉默能避免许多问题"奉为圭臬，遇到矛盾绕着走；面对用会议贯彻会议、用文件落实文件、炮制"调研经典线路"的套路，有的同志明知不该为，却"看破不说破"，上级和下级在形式主义的表演中配合默契；有些党组织的党内政治生活"自我批评摆情况，相互批评提希望"，甚至于到了今天还是不愿意点名道姓，不知道在忌讳什么；有的领导干部对照"四风"问题给自己画了像，然后说归说、做归做，毛病一样不改，涛声依旧。更有甚者，自己的小算盘打得啪啪响，无论流行什么"风"，根本不管它是好是坏，对己有利的，一定欢天喜地，甚至主动投怀送抱，乐此不疲、推波助澜；于己不利的，就怒气冲冲、咬牙切齿，指天骂地、阳奉阴违。

作风建设是破立并举、扶正祛邪的过程，立什么，破什么，需要把自己摆进去。行，当如鲁迅先生所言，"都摆脱冷气，只是向上走，不必听自暴自弃者流的话。能做事的做事，能发声的发声。有一分热，发一分光"。

（2017 年 12 月 18 日）

纠正形式主义、官僚主义④

真正把板子打下去

◎贾　亮

12月14日，中央纪委公开曝光了八起扶贫领域腐败和作风问题典型案例，并强调严肃处理和坚决纠正在脱贫攻坚工作中搞形式主义、官僚主义，盲目决策、弄虚作假、数字脱贫，扶持对象、措施到户、脱贫成效不精准，以及贫困县、贫困村、贫困户虚假"摘帽"等问题。

拿出见人见事的过硬措施整治形式主义、官僚主义，真正把板子打下去，及时介入、及时查处、及时通报，持续释放驰而不息纠正"四风"的强烈信号，才能打赢作风建设的攻坚战、持久战。

针对突出问题，把板子打到具体的人身上，成效有目共睹。党的十八大以来的五年，各级纪检监察机关精准发力、抓早抓小、动辄则咎，强化监督执纪问责，面上奢靡享乐之风基本刹住，群众反映强烈的突出问题得到有效遏制，不正之风惯性得以扭转。

习近平总书记在最近的重要指示中，再次强调"四风"问题具有顽固性反复性，为全党又一次敲响警钟。一方面，奢靡享乐歪风在高压之下出现一些新动向新表现，其中比较突出的就是改头换面、潜入地下的隐形变异；另一方面，形式主义、官僚主义在一定程度上仍然存在，在一些地方和单位问题还比较突出。梳理这几年严肃查处和公开曝光的"四风"典型案例不难发现，绝大多数指向享乐主义、奢靡之风，而因为形式主义、官僚主义问题被处理、问责的党员干部为数不多。这就要求必须持续加大力度，以永远在路上的恒心和韧劲，把螺丝拧得更紧、工作做得更实，不断巩固和拓展落实中央八项规定精神成果。

"干打雷不下雨"，不足以撼动有些人心里根深蒂固的官本位意识；"高高举起，轻轻放下"，也无法矫正一些人对"形式大于内容"的情有独钟。对于那些仍然"装睡"的人，只有一种办法让他们清醒：认准了，就毫不留情地把板子打下去！"认准了"，就是要聚焦习近平总书记在重要指示中指出的10个方面形式主义、官僚主义具体表现，特别是表态多调门高、行动少落实差等突出问题，以此为突破口和切入点，紧抓不放、一抓到底，真正把板子打下去，以点带面，用小切口推动大变局。

一个行动胜过一打纲领。解决形式主义、官僚主义问题的主体责任在各级党组织，关键在一把手，要把共产党人最讲认真的劲儿拿出来，不以"不好定性"当借口，不拿"危害不大"骗自己。干部群众都能看清的事情，视而不见、轻描淡写就是不担当、不作为。各级纪委是党内监督专责机关，要坚持把纪律挺在前面，综合运用监督执纪"四种形态"，该提醒的提醒，该批评的批评，该诫勉的诫勉，该调整岗位的调整岗位，该免职的免职，该处分的处分，既追究直接责任人的责任，又追究有关领导的责任，并点名道姓通报曝光，以严格执纪、严肃问责倒逼党员干部转作风改作风。

（2017 年 12 月 19 日）

纠到深处是改革

◎闫　鸣

"看似新表现，实则老问题。"习近平总书记一语道破了形式主义、官僚主义种种表现的实质。经常出现的问题要从规律上找原因，反复发生的问题要从制度上去想办法。纠正形式主义、官僚主义既要铁面监督执纪、严肃问责，更要挖出深层次原因，通过转职能、转方式，改革体制机制，推动作风持续好转。说到底，纠"四风"，纠到深处是改革。

细看形式主义、官僚主义的 10 种具体表现，不少现象耐人寻味。有的地方一天之内居然有 7 拨领导来检查，有多少是必须进行的，存不存在人浮于事找活干？一些单位"不怕群众不满意，就怕领导不注意""奖状一屋子，工作还是老样子"，有没有考核评价标准上的问题？一些地方无论什么会议都要层层重复开，一个接一个，检查评比走马灯，干部疲于应付，哪还有时间去抓落实？有的部门"官多兵少"，指挥的多、干活的少，效率如何提高……许多问题，看起来是风气问题，往深处剖析又往往是体制机制问题。

作风问题具有顽固性和反复性，不仅需要经常抓、长期抓，还要靠体制、机制来保证。党的十八大以来，以习近平同志为核心的党中央始终坚持问题导向，注重用制度治党管权治吏，用改革的思路和办法破解作风顽症，着力从体制机制上堵塞漏洞。五年来，从中央到地方，从制度上加强了对"三公"经费的管理，推进公务用车制度改革，细化公务接待的流程和标准；给文山会海"瘦身"，压缩会议、压缩文件、压缩评比达标表彰活动、取消大量领导小组和议事协调机构；向"门难进、脸难看、事难办"说"不"，一批又一批行政审批事项被取消、下放……职能定位的明确、工作方式方法的改进、体制机制的改革，是作风建设取得显著成效的重要原因，也为巩固和拓展落实中央八项规定精神成果，进一步整治形式主义、官僚主义打下了基础，指明了努力方向。

"四风"问题既连着作风，又连着改革。对嘟瑟在老百姓眼皮底下的不正之风露头就打、紧咬不放，用高压带电的党规党纪让8900多万党员严起来、紧起来，是必要手段和必经过程，最终目的是要形成并巩固向上向善的党风民风。移风易俗是一场深层次、根本性的变革，必定触动体制机制。只有找准职责定位和改进工作方式方法，破除体制机制弊端，堵住包括形式主义、官僚主义在内的各种歪风邪气借以乱窜的"墙缝""窟窿"，才能不断取得作风建设新成效。

改革不可能一蹴而就、一劳永逸，纠正形式主义、官僚主义亦是如此。党的十九大报告明确指出，"坚决破除一切不合时宜的思想观念和体制机制弊端"，"统筹考虑各类机构设置，科学配置党政部门及内设机构权力、明确职责"。号令已出，重在执行。全党必须发扬钉钉子精神，一锤接着一锤敲，一个问题一个问题解决，在转职能、转方式，改革体制机制上下功夫，一刻不停歇地推动作风建设向纵深发展。

（2017 年 12 月 20 日）

作风问题无"大""小"

◎习　骅

　　临近新春佳节，春意徐来，寒风未止。最近，有领导机关收到了加盖公章的贺卡，有扶贫挂职干部收到了地方寄来的土特产，还有单位给管理部门直接送来了水果卡，等等。当受到严肃批评时，寄送方有关同志满肚子委屈：一点小东西表表心意，至于吗？

　　仔细分析，一些同志内心里可能觉得，一张贺卡几块钱，没进入流通渠道的土特产很便宜，水果卡兑来的水果吃不了两天，从量上看，跟十八大前的公款礼品不好比，和常说的不正之风不是一回事，不能都"一棍子打死"吧？有的同志则认为，这些小东西无关紧要，只不过是对上级机关和有关同志的辛劳表示一下敬意，更何况社会需要温情，百姓之间还有人情往来呢，联络一下感情、加深一点印象，没什么大不了的，何必上纲上线呢？

　　一般来说，这类想法符合人之常情常理，契合中国传统文化，有可以理解之处。但对于共产党人来说，账不能这么算，敬意也不能这么表达。作风问题之所以常有蠢蠢欲动死灰复燃之势，与这种心理有相当的干系；我们坚持作风建设永远在路上、纠正"四风"不能止步，正是基于这种广泛存在的社会文化心理。

　　习近平总书记早就强调："公款姓公，一分一厘都不能乱花。"事实上，一个单位不可能只发出一张贺卡，挂职扶贫干部也不是一个人，水果卡有市场才会批量发行。聚沙成塔、积少成多，年年搞、节节搞，累积起来就不是小数目。即便与十八大以前相比耗费数额不可同日而语，但都是民脂民膏，本质上并无不同。再说，今年是贺卡水果土特产，时间长了会不会升级？共产党人应该善于着眼大局，算得清"大"账。

"小"坏事好比流感，传染性极强，还会引起并发症。有人开了头就有人效仿跟进，不表示表示心里不安，于是你也搞、我也搞，互相裹挟。"针尖大的窟窿能透过斗大的风"，此风一开，不正之风就会"步步为营"，堂而皇之，过去那种恶风劲吹、群众摇头的局面可能重来，小问题便会酿成灾难性的大后果，党的十八大以来形成的风清气正大好局面就可能前功尽弃，这个责任无人能够承担得起。党的干部应该学会"锱铢必较"，算好这样的"小"账。

逢年过节，多给基层困难群众送温暖，这是党的优良传统。向下送温暖是密切联系群众，向上送为了什么？是不是群众所讥讽的"密切联系领导"？上级领导机关也好，挂职扶贫干部也罢，无论夙夜在公，还是任劳任怨，都是职责所在，都是宗旨所系。倘若真有所感，就应把这种情感与敬意化为更好造福百姓、更加勤勉工作的动力，何必搞得那样庸俗。前者是"大"情，后者只是"小"情。党的各级干部，都应该立足造福百姓时刻把群众放在心里，表好这样的"大"情。

作风问题只有对错，没有"大""小"。有些问题看似小问题，实际上涉及大原则。"天下大事，必作于细"，抓作风问题，就是要善于从大处着眼，小处着手。过去的五年多，我们正是从细微处抓起、在跬步中累积，才有天下归心之大气象。所以，越往后，就越应该提高认识，并且进一步严实深细起来。唯有一锤接着一锤敲，以过硬的作风做出新作为，展现新时代的新气象，才能不辜负党中央的期许，党同人民的血肉联系才会更加紧密。

（2018 年 2 月 6 日）

破立并举正作风，推动化风成俗

◎聂新鑫

近期，中央纪委多措并举整治节日期间"四风"问题，开设五一端午期间"四风"问题监督举报专区，集中通报曝光违反中央八项规定精神的典型案例。各地纪委也以多种方式开展监督检查。如，北京市纪委采取不定时间、不提前通知，重点检查各类违规违纪行为；河南省郑州市纪委在知名景区、重要活动场所"点穴式"监督检查公车私用和公款旅游问题，等等。不少干部、群众认为，在中央三令五申和各级纪委紧盯严查下，"四风"问题已得到了有效遏制，节日风气得到有效净化。

在作风建设不断取得新成效的同时，我们也要注意，从日前公布的江西省原副省长李贻煌、国家能源局原副局长王晓林被"双开"的通报来看，"违反中央八项规定精神，长期违规打高尔夫球，违规接受宴请"等依然存在。党的十八大以来，全党上下锲而不舍、驰而不息纠正"四风"，一个节点一个节点抓，一年接着一年干，以一个个具体问题的突破，带动了作风整体转变。几年来，释放执纪必严的信号不可谓不强，点名道姓通报曝光不可谓不狠，抓"关键少数"、抓顶风违纪不可谓不严。但时至今日，仍然还有如李贻煌、王晓林这样不知止、不收手、不收敛、继续顶风违纪的领导干部，他们甚至以为十九大后或许纠正"四风"会停一停、歇一歇，胸怀歧念、心存侥幸。这也正说明，"四风"具有极强的顽固性、复杂性，根治起来不容易，而一旦松手放过，必然旧病复发、卷土重来。

对于党员干部个人而言，与"四风"做斗争，其实就是在与人性的弱点战斗，没有节制的欲望，导致人们会在大吃大喝、灯红酒绿、骄奢淫逸中放纵自我、迷失方向。人性的弱点会与人的一生相伴，那么与人性弱点的战斗也要时时相伴。所以古人才会有"吾日三省吾身"的自警自律。作风的转变，取决于观念的改变，没有思想认识上的提高，就不会有行动上的自觉。广大党员干部应该时时绷紧纪法弦，守好自己的底线，弦一旦松了，就容易导致惯性或惰性占了上风，不论是碍于情面的违背原则，还是半推半就的欣然接受，都是对不良风气的弃甲倒戈、自毁长城。一个人养成一个习惯不是一朝一夕的事，改变一种习以为常的方式也需要一个过程。冰冻三尺非一日之寒，扶正祛邪必然需要久久为功。对此，各级党组织和广大党员干部要有清醒的认识，纠正"四风"不会是一阵风、雷阵雨，必须严在日常、严在经常，从严到底、一步不让。要继续强化监督，在巩固拓展深化上下功夫，进一步完善工作机制，坚持不懈地抓下去，管出实效，管出习惯，让习惯成为自然，使作风建设这张党的建设亮丽名片含金量更高、成色更足。

不破不立，巩固拓展落实中央八项规定精神成果，是为了推动全党作风的转变，纠正"四风"最终是要树立求真务实、真抓实干、艰苦奋斗、开拓创新的优良作风。风成于上，俗化于下。加强作风建设针对的是全体党员，特别是领导干部，而辐射的是全社会，带动的是人民群众。当每个领导干部都能做引领时代新风的"头雁"，每个党员都能影响和带动身边的一片群众，优良的党风政风必将带动社风民风，推动化风成俗，共同维护向善向上的正气清风，让正能量更加充沛，以良好的社会风气推动党和国家事业不断向前发展进步。

（2018 年 5 月 10 日）

良好家风是领导干部的靓丽名片

◎向贤彪

　　焦裕禄因为孩子看了一场"白戏",不仅责令孩子把票钱如数补给戏院,而且建议县委起草了"干部十不准"的规定;谷文昌带领东山人民种下了成千上万亩木麻黄,可自家吃饭用的桌子还是一张小石桌;杨善洲身为领导干部却不搞半点特殊,因妻子坐月子民政部门送来30斤经济大米和粮票,他得知后责令如数退还……"六一"儿童节的时候,在某单位组织的领导干部家风建设座谈会上,面对先进典型的桩桩感人事迹,许多同志受到一次深刻的思想洗礼和心灵震撼。

　　"领导干部的家风,不仅关系自己的家庭,而且关系党风政风。各级领导干部特别是高级干部要继承和弘扬中华优秀传统文化,继承和弘扬革命前辈的红色家风,向焦裕禄、谷文昌、杨善洲等同志学习,做家风建设的表率,把修身、齐家落到实处。"习近平总书记在会见第一届全国文明家庭代表时的讲话中,深刻指出了领导干部家风建设的重要性和努力方向。

　　古人讲,修身、齐家、治国、平天下,正家风是极为重要的一环。家风是一个人精神成长的重要源头,父母是孩子的第一任老师。著名作家老舍先生曾经这样写道:"从私塾到小学、到中学,我经历了起码有几十位老师吧,其中有给我很大影响的,也有毫无影响的。但是,我真正的老师，把性格传给我的，是我的母亲。母亲并不识字，她给我的是生命的教育。"可以说，良好家风是人生成长的"奠基石"。家庭通过家教培育家风，不仅给人生系上品性的"第一粒扣子"，而且潜移默化地影响子孙后代乃至周围的人。

家风纯正，雨润万物；家风一破，污秽尽来。对于领导干部来说，良好家风既是拒腐防变的"防火墙"，更是领导作风的"试金石"。一些领导干部最终"祸起萧墙"，问题往往肇始于家风不正、家教不严。苏荣一人当官全家捞钱，上演"全家腐"；周本顺"家风败坏"，对亲属放任纵容……近年来查处的领导干部违纪违法案件中，与家庭腐败有关的不在少数。家风不正，贪欲丛生，就会"一人当官，全家涉腐；一人落马，牵出全家"，不但给家庭造成悲剧，而且严重影响党风政风，教训不可谓不深刻。

好的家风必有好的家规。这些家规既是有形的，如《孔子家语》《颜氏家训》《朱子治家格言》等，然而，更多的是无形的，尽在父母的严格要求和影响中。杨善洲女儿说："他生前对我们姐妹及家人非常苛刻，现在回过头来看，爸爸不过是坚持了基本的做人做官的道理，并且用这些道理教育、塑造、感化我们。"许多人回想自己的成长历程，并不感觉父母刻意传授了什么，倒是无声的影响更直接、更深刻。在什么样的家庭里熏陶出来的，就有着什么样的生命底色，久而久之便形成了"日用而不觉"的习惯。

领导干部作为"关键少数"，其良好家风除了像普通人那样，注重打好诚实为人、干净做事，勤俭持家、善良宽厚等人生底色外，还应有更高的标准。焦裕禄、谷文昌、杨善洲的家风，因其继承和弘扬革命前辈的红色家风，并融入个人的认知、实践和特点，其风气、风格、风尚的底色是鲜红透亮的，不染任何杂质。他们的实践表明，领导干部的家风建设，既要从中国优秀传统文化中汲取丰富营养，更要从红色资源中汲取精神动力，才能从高处远处着眼，从近处微处着手，永葆红色底蕴。

有人说，良好家风是领导干部一张靓丽的"名片"，是赢得民心的重要政治资源。此话不虚。名片的价值是无形的，必须倍加珍惜；名片的底色是红色的，必须永葆本色；名片又是易污染的，必须经常擦拭。无数靓丽名片的汇聚，就是共产党人的群体形象，就是众志成城的磅礴力量。

（2018 年 6 月 3 日）

精准扶贫要下一番"绣花"功夫

◎尉承栋

近日，贵州为扶贫领域形式主义官僚主义问题"画像"，其中点出：由于可行性研究不够，决策缺乏精准性，关岭县岗乌镇500万元的草地生态畜牧项目和上百万元的南竹、丹参、桔梗种植项目，全部烂尾；因不切实际盲目上马，思南县种植的1.5万亩金银花，目前已基本毁损和撂荒……

类似的问题不只在贵州存在，在其他地区的相关新闻中也时有见诸报端。那么，这类现象又是从何而来？如今的精准扶贫，与以往的扶贫工作存在显著差异，改变了以往向贫困户"输血"的策略，而是以产业扶持、项目建设作为依托，进行"造血"式脱贫，可以说，正是精准决策确保了脱贫攻坚能够取得实效，当然这也对决策环节提出了更高要求。上述问题的存在恰恰在一定程度上反映出，在扶贫领域决策环节，少数地方和部门特别是领导干部并未能按照精准扶贫的工作要求，进行精准决策工作，其本质上还是一种形式主义、官僚主义"病"。

当前，脱贫攻坚面临的任务和挑战还十分艰巨，特别是一些地方在扶贫中还存在着基础工作不扎实等问题，其中就包括扶贫决策的不精准。贯彻落实党中央决策部署，必须结合本地区、本部门实际来制定决策，决策环节处在整个扶贫工作的前端，直接关系到后续各个环节工作的展开，因此精准扶贫必须从精准决策开始做起。从各地通报的扶贫领域典型案例看，虽然贪污挪用、截留私分、虚报冒领、强占掠夺等一直都是高发频发问题，但决策失误带来的危害实际上更大。决策失误影响的不再是一家一户，或是一笔两笔扶贫资金，其影响范围更广、涉及困难群众更多，关系到一地一隅的扶贫工作的开展，因而可能造成的危害也更严重。

扶贫工作有效开展必须以精准决策为前提。决策环节出问题影响的是整个扶贫工作的效果，比如，不具备土壤、温度、湿度等基本条件而盲目栽种经济作物，或者急于引进特色畜禽养殖业而不考虑饲养管理水平和动物疫情等因素影响，等等。数百万元生态畜牧项目或是数百亩种植产业一旦上马，各类作物被种进地里，如果这时候才发现决策失误，就会浪费大量的扶贫资源，扶贫一线同志的许多努力也将付诸东流。即便是得到了纠正，还是会耗费大量的时间成本和自然资源。更严重的是，决策上出现的失误，会损伤困难群众脱贫致富的信心，让他们产生观望甚至畏难情绪，甚至动摇脱贫攻坚的群众基础，阻碍当地脱贫攻坚任务如期实现。

扶贫决策之所以出现失误或偏差，问题往往出在领导干部身上。在制定本地扶贫决策过程中，一些领导干部存在形式主义、官僚主义倾向，有的不考虑本地区本部门实际，生搬硬套、照搬照抄其他地区的扶贫经验；有的对精准扶贫的要求理解不清、断章取义，盲目追求速度或是攀比数字，忽视了决策环节的重要性；有的在决策过程中，缺乏实地调研，缺少科学有效的论证和讨论，甚至"拍脑袋"作决策。这样作出的决策必定是不切实际、缺乏针对性，即便能够层层传导落实下去，扶贫工作也难见成效。问题根源在于，少数领导干部被错误的政绩观驱使，急功近利，不愿在脱贫攻坚中下一番"绣花"功夫。

2018年是脱贫攻坚作风建设年，要让党的好政策真正落地生根，各地区、各部门要继续在改进工作作风上下苦功。要善于结合贫困地区实际和地方特色，深入调研，求真务实，因时、因地、因人精准谋划、精细施策、精确帮扶。须知，"绣花"功夫，多一针少一针都不行。

（2018 年 6 月 6 日）

多些责任感，少刷存在感

◎桑林峰

先有担当，后有名声。有了事业心责任感，什么样的政绩都能创造出来；有了让老百姓颂扬的政声，就是为官者最好的存在感。真正优秀的党员干部，从来不屑于刷存在感，总是选择用责任和担当证明为官的价值、党员的意义、人生的旨归。

近日，某地一领导到基层调研时，批评了一些干部身上存在的官本位意识太强、服务意识不足等问题，为群众办事还要耍官威、刷存在感。这一针见血地指出了少数党员干部身上存在的弊病，那就是责任感缺乏，以刷存在感代替真心实意为民服务、为民造福。

人的本性中，总希望做点什么来证明自己的存在价值。那些事业心强责任感强的党员干部，自觉挑起了对党忠诚、为党分忧、为党尽职、为民造福的政治担当，努力争当新时代的见证者、开创者、建设者，一言一行、一举一动都始终围绕如何做出实绩，造福于民。相反，那些不愿担当、不愿负责的党员干部，生怕干事太多出差错，总是"捂着乌纱帽为己做官"，想方设法靠刷存在感来证明自己的"担当作为"。

随着全面从严治党深入推进，很多党员干部都能做到敬业乐业，事业心责任感都很强。但也有少数党员干部懒政怠政，搞"为官不为"那一套，"只要不出事，宁可不干事"。这些人为了乌纱帽不愿意做实事，却坚决不承认，用刷存在感来极力包装自己。有的用表态代替表率，上级部署一项工作，马上开会发文，强调再强调，气势很浩大，但只是雷声大雨点小，雨过地皮湿；有的用痕迹代替政绩，对于应该抓的工作，计划很周密，资料很精美，会议有记录，推进有照片，但只是停留在文字和图表上，很难见到落实的效果；还有的用去过代替办过，遇到棘手事情，他们也去现场，承诺得也很好，但只听呼声不见回应，很难有问题的彻底解决。诸如此类的刷存在感，彰显不出任何存在价值，只是对"为官不为"的深度美化。这样的行为，与党员干部的身份格格不入，与新时代应有的新担当新作为严重不符。

不怕无策，就怕无心。先有担当，后有名声。有了事业心责任感，什么样的政绩都能创造出来；有了让老百姓颂扬的政声，就是为官者最好的存在感。真正优秀的党员干部，从来不屑于刷存在感，总是选择用责任和担当证明为官的价值、党员的意义、人生的旨归。

杨善洲，在任时一心为民、勤奋敬业。退休后，22年绿化荒山数万亩，创造资产3个多亿，无偿捐给家乡人民。他捧着一颗心来，不带半根草去，大亮山的无边林海、绿色财富是他永不磨灭的存在。当官到底该怎样干事？杨善洲的话给出最好答案："老老实实做人，踏踏实实做事。我不图名，不图利，图的是老百姓说没白给我公粮吃。"

责任感是干事之基、成事之要。谁心中有民，把党的事业放在心中，谁就能留在群众心中、留在浩浩青史里。当前，我们党正在全力进行防范化解重大风险、精准脱贫、污染防治的三大攻坚战。以脱贫攻坚战为例，在这一领域也有少数党员干部不愿躬身扶贫，只刷存在感，照片一拍、档案一建、图表一列，就算完成任务。事实上，真正的扶贫，不看存在感，而看是否脱鞋下田，是否真正走进村庄"看房、看粮、看有无读书郎、看主要劳力强不强、看有无病人卧在床"。只有真心帮助群众、服务群众，所干之事才能得到百姓认可，经得起历史和实践检验。

劝君不用镌顽石，路上行人口似碑。刷存在感永远刷不出存在价值，留下为民政绩才是真实的存在。今天，人们看到兰考泡桐，就会想起焦裕禄；看到东山木麻黄，就会想起谷文昌；看到太行果树，就会想起李保国；看到东北大梨树，就会想起毛丰美……那是因为他们有肝胆、具担当、能负重，留下了泽被后世的德业功业，这才是党员干部应追求的为官境界和人生价值。

（2018 年 6 月 12 日）

"脊梁背上的灰"怎么去掉？

◎朱永杰　刘志尚

中央纪委国家监委网站 7 月 13 日发布的《以杨继红"家庭式"腐败案示警整改见实效》一文中提及，毕节市政协党组围绕原政协毕节地区工委党组书记、主任杨继红严重违法违纪案开展"一案一整改"，召开了专题民主生活会。市政协党组成员逐个发言，对照案情自我剖析，进行批评和自我批评，室内"温度"升高，被批评人红脸出汗、认真对照反思。

有句俗语说："脊梁背上的灰自己看不见。"意思是，人们能轻易看到眼前的错误，但对身后的瑕疵污点却往往难以察觉。生活实践告诉我们，掸除后背上的灰尘，最好的办法是把"脊梁背"亮给别人。案发单位党组织召开专题民主生活会，班子成员对照身边的前车之鉴，对自身存在的问题作自我批评，并互相进行坦诚、有辣味的批评。肯把"脊梁背"亮给别人，毫无疑问，有利于"去灰""除尘""治病""拒腐"。

可现实中，不少领导干部认为亮出"脊梁背"等于自找难堪，十分讳疾忌医。对待自己身上的毛病，要么"犹抱琵琶半遮面"，要么重情轻报、急情缓报，甚至隐情不报。原因大致有"两怕"：一怕有损形象、降低威信，"被人不待见"；二怕落人口实、授人以柄，"被人揪小辫"。

只是，遮短短更短，护丑丑更丑。越是遮掩缺点、回避问题，越难以看清自己。明明毛病不少，偏偏自我感觉良好，久而久之，"小洞不堵，大漏成灾"。成绩不讲跑不了，问题不讲不得了。问题就是问题，不会因为捂着掖着就发生改变。"脊梁背"不肯亮给别人看，诤言、忠言就难入耳。殊不知，阳光雨露晒不着、金石药力难触及的"脊梁背"，更容易滋生细菌、诱发疾病。

我们党历来倡导敢于亮"脊梁背"，在长期实践中形成了开展批评和自我批评的优良传统。毛泽东同志曾说，"党内如果没有矛盾和解决矛盾的思想斗争，党的生命也就停止了"。不害怕、不回避、不掩盖，以无私无畏、敢于担当的正确态度对待自己和同志身上存在的问题，既敢于把"脊梁背"亮给别人，也帮助同志查找"脊梁背上的灰"，才能不断自我净化、共同进步。

习近平总书记指出："批评和自我批评是清除党内政治灰尘和政治微生物的有力武器，必须以整风精神严格党内生活，着力提高领导班子发现和解决自身问题的能力。"党员干部敢于亮出"脊梁背"，让别人看到抖落的灰尘，既考验勇气，更检验党性。广大党员干部尤其是领导干部要有勇于亮出"脊梁背"的思想自觉、行动自觉，多请同志们和广大群众"问诊把脉"，并把批评和自我批评作为"治病""防病"的有力武器，在提醒声中"知其不善""三省吾身"，在批评声中"知耻后勇""过而能改"，方能在政治上、道德上、生活上等各个方面炼就"金刚不坏之身"。

（2018 年 7 月 17 日）

治"虚火"正"畸变"

◎何　浩

　　"为增加现场观摩会的'效果',给观摩检查的领导留下好印象,云南省昭通市镇雄县盐源镇一扶贫观摩点,以每天50元的租金'租牛迎检'……"近日,中央纪委国家监委网站曝光的一起扶贫领域作风问题案例,给人啼笑皆非之感。

　　其实,类似的事情在几年前就发生过。据《人民日报》2015年刊发的一篇文章披露,有个地方,为了让上级考察时看到自己的扶贫成绩,派一些小学生披着装化肥用的白塑料袋,趴在领导路过的山坡上。领导远远望去,山坡上尽是"美羊羊",大加赞许。

　　从"装羊迎检"到"租牛迎检",花样翻新、洋相百出的"闹剧"在扶贫领域频频曝出,折射出一些地方根深蒂固的形式主义、官僚主义。在扶贫工作中大搞投机取巧的花招,在其他工作当中又何尝不是如此?用中医术语来说,这属于"虚火旺盛"。

　　按照中医理论,火有虚实之分,凡属于体质衰弱、真阴亏损或真阳衰竭所引起的机能低下,而表现为虚性亢奋的,都属于虚火的范围。《景岳全书·虚火论》曰:"凡虚火证即假热证也。"近年来,扶贫工作备受重视,一些地区的个别干部为了"出政绩""成典型""让上级满意""考核排名靠前",绞尽脑汁大搞"面子工程",有的"造盆景",有的"垒大户",有的"刷外墙",等等。不是下"绣花功夫",而是以投机取巧的"花式扶贫"来"博出位",是典型的"虚火"表现。正如有评论指出的,投机取巧,玩花架子,这背后,既是政绩观的扭曲,也是能力不足的体现。

"政者,正也。"习近平总书记曾强调,干事创业一定要树立正确政绩观,做到"民之所好好之,民之所恶恶之"。有的地区的个别干部之所以"虚火旺盛",一个主要原因就是政绩观跑偏了,做工作不是自觉从人民利益出发,而是为了"制造政绩"、树立个人形象。政绩观的"错位"必将导致行动上的"畸变",例如凡事"唯上不唯下",搞华而不实、劳民伤财的"形象工程""政绩工程",都属于"畸变"。

"虚火旺盛",从外因来看,一些地区、部门盛行好人主义,考核监督机制"脱实向虚",也起了推波助澜的作用。比如,有的领导干部明明知道眼前的扶贫观摩点是精心布置过的"盆景",却因为不愿得罪人,仍然赞赏有加。

治"虚火",正"畸变",就要改进考核方法手段,既看发展又看基础,既看显绩又看潜绩,既看典型又看非典型,把惠民实效、群众评价等作为重要考核内容。考核是"指挥棒""风向标",监督则是端正作风的"紧箍",这就需要完善相关监督机制,变"上级说了算"的"单维度"评价为"群众评""第三方机构评"等相结合的"多维度"评价,通过交叉检查、随机抽查等方式,压缩考核评比中"自由裁量"的空间。如此,才能倒逼干部灭"虚火",摒弃虚浮之风,力戒形式主义、官僚主义,防止"倾向性问题"发展成"普遍性问题"。

(2018 年 7 月 24 日)

"你这寻常老百姓够厉害了"，折射了什么？

◎兰琳宗

　　办理一张残疾证跑了七八天，举报工作人员态度差反"遭怼""你这寻常老百姓够厉害了"……日前发生在山东省烟台市芝罘区只楚街道宫家岛居委会的市民办证"被怼"事件，有了新进展。据芝罘区委宣传部 7 月 30 日发布的消息，办理该项业务的工作人员苏某某、张某某已经被辞退，区纪委对宫家岛居民区党委书记孙某某予以立案审查，对其他相关人员启动问责程序，待进一步调查后予以追责。同时，芝罘区召开专题会议，就该事件暴露出的问题进行深刻反思，要求全区各单位以此为警示，吸取教训、举一反三，认真查找工作作风、为民服务等方面存在的问题。

　　近年来，随着作风建设持续推进，党员干部和公职人员服务意识总体上不断增强，"门难进"在很多地方、部门已经得到有效纠正，然而，"脸难看、话难听、事难办"仍时不时地戳中老百姓"痛点"。梳理近期相关报道，"六旬老汉档案性别错写为'女'，跑了 5 个多月才改过来""孕妇 4 个月内跑 20 趟才办成准生证"等办证难、手续繁问题，仍然层出不穷。

　　诚然，现实中有些办事办证规章制度还有待进一步完善，个别办事窗口人员少、事务多等情况也客观存在，但这些决不能成为对群众盛气凌人、颐指气使的理由。"你这寻常老百姓够厉害了"，表面上看是情急之下对办事群众给予"差评"宣泄不满，实际是"官本位"意识根深蒂固作出的"应激反应"——权在我手，我说了算！若敢不满，折腾死你！种种"脸难看、话难听、事难办"等作风问题背后，折射出少数党员干部和公职人员理想信念"缺钙"、宗旨意识淡薄。嘴上说着"为人民服务"，心里却总自觉高人一等、不同于"寻常老百姓"。这是典型的不知"我是谁"、遗忘"为了谁"、漠视"依靠谁"。

去"官气"决不能"头疼医头，脚疼医脚"，对相关人员处理问责的同时，更要在涉事单位、部门深挖思想根源问题，开展触及灵魂的警示教育，大刀阔斧整治形式主义、官僚主义，让无德、不正、乱为、不为的劣者庸者难有立足之地！

（2018 年 7 月 31 日）

让"惯例"成为根植内心的自然

◎聂新鑫

中秋、国庆将至，中央纪委国家监委网站近日推出"中秋国庆期间违反中央八项规定精神问题监督举报曝光专区"，畅通监督举报渠道，加大典型案例通报曝光力度，增强警示震慑作用。这已是该网站自2013年以来连续6年在中秋国庆"两节"前专门推出监督举报曝光专区，再加上这些年来，不论元旦春节，还是"五一"端午，也都会有相应的监督举报曝光专区。可以说，每逢节日，纪检监察机关紧盯重要节点，早部署、早提醒、早警示，严防出现违反中央八项规定精神问题，严肃查处顶风违纪行为，点名道姓公开通报曝光，已成了人们习以为常的"惯例"。

落实中央八项规定精神，坚决纠正"四风"，这是以习近平同志为核心的党中央对全党、全国人民作出的庄严承诺。党的十八大以来，纪检监察机关从治理公款大吃大喝、旅游、送礼等享乐奢靡之风入手，紧盯公款购买赠送月饼、贺卡、烟花爆竹等问题，用"一个节点一个节点抓，一年接着一年干"的"惯例"，经常抓、抓经常，从一个个具体问题的突破，带动作风整体转变。同时，不断扎紧制度笼子，构建长效机制，制定修订多部党内法规，不断健全作风建设制度体系，依规依纪强化监督执纪问责。从强力纠正、严厉查处震慑下的"不敢"，到制度约束、日常监督下的"不能",再到内化于心、外化于行的"不想",越来越多的人正在将"惯例"转变为自觉行动。

党的十八大以来作风建设成效显著,但"四风"问题依然具有顽固性反复性。党的十九大、十九届中央纪委二次全会对巩固拓展落实中央八项规定精神成果提出了进一步的明确要求,纠正"四风"不能止步,必须以踏石留印、抓铁有痕的精神,坚持不懈抓下去。以钉钉子精神打好作风建设持久战,就是要一个节点一个节点坚守、一个问题一个问题突破,让扭住不放、寸步不让,成为每一个节日必有的"惯例"。

持之以恒落实中央八项规定精神,严防"四风"反弹,这是改作风要善始善终、一以贯之的"惯例",但工作方式方法却不能一成不变。时移势易,必须时刻关注"四风"隐形变异、改头换面等新动向,抓住主要矛盾,拿出过硬措施,既解决一些顽固的老问题,也要运用更有针对性的措施、办法,应对苗头性、倾向性的新问题,把潜藏的、隐身的、变形的"节日病"找出来,更有效地加强监督、精准施治。对那些依然故我、恣意妄为或者心存侥幸、顶风违纪的,发现一起就要查处一起,点名道姓通报曝光,决不姑息。

每逢佳节倍思亲。良宵美景,与家人团聚共庆,是中华民族的传统。而优秀的传统文化中,还富含着对克己奉公、清正廉洁的精神追求,正因为有这样的文化滋养,才会有"千载四知台下过,马头犹自起清风""操劳本是分内事,拒礼为开廉洁风""写取一枝清瘦竹,秋风江上作鱼竿""两袖入清风,一庭来好月"等千古传颂的佳话。明月与清风,是佳节最好的馈赠,让这样的"惯例"成为根植于每一位党员干部内心的"自然",必然会带动民风社风的持续好转,化风成俗,共同向善向上。

(2018 年 9 月 18 日)

"一起查"，也要抓住重要节点

◎聂新鑫

　　近日，中央纪委公布曝光的违反中央八项规定精神典型案例中，黑龙江省大兴安岭地区加格达奇区委书记刘绍纯违规收受礼金问题的细节很值得注意。2018年2月5日，刘绍纯收受了加格达奇区市容环境卫生管理处主任董庆荃以"给刘绍纯母亲买补养品"为名义赠送的1万元现金。被地区查纠"四风"行动检查组发现后，不但收钱的刘绍纯被处理，送钱的董庆荃也受到了党内严重警告处分。

　　收受明显超出正常礼尚往来财物的和向从事公务的人员及其亲属、其他特定关系人赠送明显超出正常礼尚往来财物的，都要受到党纪的惩处。在《中国共产党纪律处分条例》中，这是有明确规定的。值得注意的是，不久前新修订的党纪处分条例第九十二条，在原来对应的"接受可能影响公正执行公务的宴请或者旅游、健身、娱乐等活动安排"条款中，增加了"提供"二字，完善了对违纪行为双方同样要受到处分的规定。还有第八十八条、第八十九条等条款，在"礼品、礼金、消费卡"的基础上增加了"有价证券、股权、其他金融产品"等多个类目。针对"收礼""送礼"的新花样、新变种，党纪处分条例与时俱进"升级"，堵"漏"填"空"，进一步扎紧制度笼子，释放了"坚持无禁区、全覆盖、零容忍，坚持重遏制、强高压、长震慑，坚持受贿行贿一起查"的强烈信号。

恶花结恶果，恶果生恶花。"收礼"与"送礼"、受贿与行贿，是相伴对生的"毒瘤"。一起查，同遏制，才能有效压缩"围猎"与甘于被"围猎"的生存空间，铲除不正之风和腐败滋长蔓延的土壤。党员干部既要做到"手莫伸"，也不能心存"我不收就没事，送给别人没关系"的念头，去做"不送钱物就办不成事"等不正之风的推手甚至成为害人的行贿者。换言之，一方面抱怨周围政治生态不好、社会风气不正，一方面又随波逐流、推波助澜，深谙"跑送"之道、精研"围猎"之术，角色就从"无辜者""受害者"变成了"污染者""加害者"。

需要指出，有些党员干部对"收礼"与"送礼"还存在种种认识上的误区。如，以为自己收、送的不是真金白银就够不上违纪违法，以为收、送电子红包、网络购物卡，数额不大就不算啥。要知道，收送礼金、礼品的违纪定性，受贿行贿的定性、量刑都是按累计金额计算的，一次不多收或者定个"安全标准"只收多少元以下，都纯属自欺欺人。"收""送"一次，不一定会达到法律概念上的行贿受贿标准，但多次就危险了，而且一旦开了这方面的口子，收、送都会习惯成自然，有了第一次就会有下一次，很难刹住车。所以，不要对"收一点""送一点"不以为然，每一点、每一次其实都是给自己和对方"挖坑埋雷"。

节假日，既是"四风"问题高发期，也是"收礼"与"送礼"、受贿与行贿的易发期。从2014年以来的相关数据看，每年9月、10月查处问题数中，"收受礼品礼金""违规公款吃喝""公款国内旅游"等往往高于同类问题的年均查处数。从纪检监察机关查处的大量违纪违法案例及司法机关判决的众多职务犯罪案例也不难看出，节日期间是"收礼""送礼"及受贿行贿行为的高发时段。

落实和推动"一起查"，应当抓住重要节点。既要严查"收"的一方，也要细查"送"的一方，只要"踩线"，一律依纪依法处理。一起查，两手硬，才能深化标本兼治，为巩固拓展落实中央八项规定精神成果和反腐败坚持"无禁区、全覆盖、零容忍""重遏制、强高压、长震慑"提供有力支撑，推动"不敢"到"不想"。

（2018 年 9 月 21 日）

唯清风明月不改

◎郝思斯

　　玉露生凉，丹桂飘香，又到一年中秋时。

　　中秋节，是传统文化中仅次于春节的一个节日。这一晚的月亮，是一年中最美的一次月圆。人们看着这样一轮完美到极致的满月，不禁拂动起内心深处的柔情，相应地，也思慕起自身的圆满，思慕起生命中那难舍的牵念——家。在这一天，多少人不远万里，跨过千山万壑，只为了追寻一轮家乡月。"明月何时照我还"，这是真切的节日写实。

　　团圆，是中秋节的主题。每到中秋之夜，在桂香扑鼻的惬意里，在疏影横斜的画卷中，人们吃月饼、赏桂花、拜月赏月，以月之圆兆人之团圆。而远在异乡的游子，哪怕回不了家，心也一定朝向家的方向。因此，古往今来，那么多怀人、思乡、望故国、盼团圆的中秋诗词，都是在月下完成的："但愿人长久，千里共婵娟""露从今夜白，月是故乡明""今夜月明人尽望，不知秋思落谁家"……虽然同是一轮明月，但是属于家乡的月更明亮皎洁，属于家乡的情更深浓隽永。

　　在中国传统文化里，月，几乎代表着圆满、清明、圣洁等所有美好的意象。因此，在中秋月色的牵引下，人们的乡愁才会愈加浓烈，家国情怀才会愈发深刻。"千里共婵娟"，明月如镜，照见昨天，也照亮今天，时光流逝，始终不变的是人们望月时那一片赤诚真心。无论是漂泊天涯，还是守候在家人身旁，中秋节都因每一个人的真情而富有价值。

赏月时的愉悦，绝非来自于天价月饼、盛筵佳宴、钟鼓馔玉。"入吾室者，但有清风；对吾饮者，惟当明月"，中秋佳节，人们在月下团圆，赏的是月，更是那明月清风的境界；人们在月下吟诗，吟的是对团圆的向往，更是一份对人生价值的思考、对精神境界的追求。所以我们看到，吟出"举头望明月，低头思故乡"情思的李白，同样写下了"清风朗月不用一钱买"的高洁；许下"但愿人长久，千里共婵娟"心愿的苏轼，同样发出了"惟江上之清风，与山间之明月，耳得之而为声，目遇之而成色"的感慨。以清风来激浊扬清、用明月来自照我心，这正是中秋节除了美味月饼与桂花美酒外，赋予世人更加宝贵的"精神财富"。

月到中秋分外明，今年中秋月更明。云翳涤开，天心皎皎，人们欣喜地看到，在徐徐清风的吹拂下，月饼的清香正回归熟悉的味道，明月的光辉正熠熠洒向每一个角落。事实上，人间有味是清欢，未必银毫胜月辉，正如有人曾说："为了一盒月饼，丢了一世清明，孰轻孰重？"然而，整饬风气，难的不仅仅是第一步，更是一以贯之、久久为功，是"小题大做"、防微杜渐，是让一部分人的清醒认知与率先垂范，转化成整个社会的自觉行动。

中秋佳节的意蕴，在一个"情"字，也在一个"清"字。中秋清清朗朗、清清白白，延续的是一个民族的美好情怀，传递的是一个时代的社会风尚。清风起，月色新，清风明月虽不用一钱买，却更是无价之珍。在这个中秋佳节，愿每一个家庭都能和谐团圆，愿每一份和谐团圆都有清风明月相伴，更愿今后无论是否处于中秋月圆、生活是否正值玉宇清辉，我们都可以有皓月当空，照亮心间。

（2018 年 9 月 23 日）

警惕花样翻新，坚守节点廉关

◎张　琰

　　中秋过，秋意浓，在这片美食的大地上，月饼和蟹正当红，甚至红得发"纸"——不少纸券化了。

　　其实，月饼券、大闸蟹券不是新鲜事物，前几年曾一度流行。其性质是一种预售的商品券，承兑网点众多，可以随时提货，拿来送礼、发福利"方便""好用"，曾经受到人们热捧，甚至催生了"黄牛"倒卖、批发礼券等种种乱象。不过，在近年来正风反腐的高压态势下，这种"虚拟礼品"成了"重点关注对象"，拿月饼券滥发节日福利、公款购买月饼券送礼而被查处的党员干部不乏其人。党风政风持续向好，带动了民风社风好转，节日礼品也洗去铅华、返璞归真。据媒体报道，今年蟹券首先遇冷，有些打到一二折，连"黄牛"都开始拒收了。礼券里的泡沫和水分慢慢被挤掉，美食逐渐向原初的味道回归，也让更多人领会到"人间有味是清欢"的感觉。

　　不过，正如人们常说，"四风"问题就像牛皮癣，很难根除，只要有利益、有空子可寻，就会有人去钻营、去试探。日前有媒体报道，月饼界今年又有了新玩法：豪华外壳不好使了，就拿"文化"来说事儿，给普通月饼贴上"宫廷严选""冰雪奇缘"等标签，或者炮制一段"两岸大师匠心亲制"的故事，就成了美食界和文化界的"跨界宠儿"，身价倍增，可以说是以最小的体积、凝聚最大的价值，典型的"轻奢范儿"。这些打着文化幌子、暗藏奢华玄机的广告文案，反映了一些值得警惕的苗头性问题，提醒我们关注其背后是否存在送礼风、奢靡风、享乐风的新花样。

事实上，今年中秋前后，反"四风"火力一如既往地猛烈。从中央纪委国家监委到各地纪检监察机关，密集通报了一系列违反中央八项规定精神问题。从通报的问题来看，节日期间违规收送礼品、礼金、卡券的问题不在少数。据统计，今年 1 至 8 月，全国各级纪检监察机关共查处了 6578 起违规收送礼品礼金问题，8174 人被处理。

数据说明一个严峻事实，那就是违反中央八项规定精神存量问题依然较大，增量问题令人吃惊，特别是违规公款吃喝、违规收送礼品礼金、公款旅游、违规发放津贴补贴等显性问题仍在不断发生。因而成绩面前，还须保持一分冷静——就算月饼券、蟹券遇冷掉价，也不能对节日期间的"四风"问题掉以轻心。正如月饼脱掉土豪包装还能换个有文化的马甲、重走一遍奢华 T 台，"四风"问题披上隐身衣也还有继续"作"的空间，各种新动向新表现不一而足，顽固性不容小觑。

"四风"问题的马甲在变，遏制"花样"的打法也在升级。党的十九大召开至今快满"周岁"了，回顾这一年，十九届中共中央政治局第一次会议审议《中共中央政治局贯彻落实中央八项规定的实施细则》，习近平总书记对锲而不舍落实中央八项规定精神提出更高要求；2017 年 12 月，全国查处问题数、处理人数、处分人数创中央出台八项规定五年来单月新高；今年"不吃公款吃老板"等新动向新表现被作为重点整治项目；最近，新修订的《中国共产党纪律处分条例》把违反中央八项规定精神问题列为重点查处对象，明确规定对不收敛、不收手的行为予以重处……一切的一切，绘出了一幅清晰无比的图景——中央八项规定精神的要求更细化、更严格，出手更有力、重点更清晰，打击更精准。

全社会都能嗅出未来的风向——作风建设不可能马放南山、刀枪入库，"持久战"会继续打下去。所以，饶是月饼界、螃蟹界玩出更多花样，如果没有过去那种大吃大喝、又送又拿的"油腻"风气来支撑，也终将和月饼券、蟹券一样，昙花一现然后归于冷寂。

10月1日，新修订的《中国共产党纪律处分条例》正式施行。对于少数仍然心存侥幸、还想在公权力上揩油的人来说，日子会更加不舒服；但对更多的人来说，风更清、月更明，最是良辰美景，安稳舒心。

（2018 年 9 月 28 日）

抓牢这一反对"四风"的首要任务长期任务

◎桑林峰

前不久，中央纪委办公厅印发了《关于贯彻落实习近平总书记重要指示精神集中整治形式主义、官僚主义的工作意见》，吹响了集中整治形式主义、官僚主义的冲锋号。

形式主义、官僚主义流弊已久、根深蒂固，严重背离我们党的性质宗旨，严重影响党的事业发展，人民群众深恶痛绝、反映强烈。我们党一直坚决反对形式主义、官僚主义。毛泽东同志在《反对本本主义》一文中指出，"形式主义害死人"。1950 年，毛泽东为东北地区领导干部题词，"不要沾染官僚主义作风"。他还说过，"官僚主义的领导方式，是任何革命工作所不应有的，经济建设工作同样来不得官僚主义。要把官僚主义这个极坏的家伙抛到粪缸里去，因为没有一个同志喜欢它"。

党的十八大以来，从中央八项规定出台开始，全党上下纠正"四风"取得显著成效，但形式主义、官僚主义积习难改。如，工作中的"不怕群众不满意，就怕领导不注意"；文风里的"照抄照搬、抄袭拼凑"；决策时的"层层往上报、层层不表态"；政绩上的"兵马未动、经验已出"……类似情况并不鲜见。

奋进新征程、建功新时代，需要新担当、新作为。然而，只要有形式主义、官僚主义存在，就会有坐而论道、文山会海，就会有上推下卸、为官不为,就会有弄虚作假、背离实际,就会有"人造盆景"、数字政绩……"稗草不除,青苗难生。"倘若这些问题不解决,完成党的十九大战略任务所需要的忠诚担当精神、爱国奋斗精神、牺牲奉献精神就难以深入人心,实现伟大梦想、进行伟大斗争、建设伟大工程、推进伟大事业也会受到不同程度的影响。

形式主义、官僚主义是"极坏的家伙",非抛到粪缸里去不可。去年12月,习近平总书记在《形式主义、官僚主义新表现值得警惕》一文上作出重要批示,要求"拿出过硬措施,扎扎实实地改"。在前不久召开的全国宣传思想工作会议上,总书记再次强调"坚决纠正'四风'特别是形式主义、官僚主义"。此次中央纪委办公厅印发的《工作意见》,进一步要求各级纪检监察机关聚焦监督第一职责,协助并督促党委(党组)充分履行主体责任,把整治形式主义、官僚主义作为一项重要的政治任务,作为正风肃纪、反对"四风"的首要任务、长期任务,摆在更加突出位置抓出成效。

一具体就深入,有重点目标才能实施"靶向治疗"。形式主义、官僚主义是个大概念,不抓住重点方面、不聚焦突出问题,就难以有效治理。《工作意见》明确了重点整治贯彻落实党的路线方针政策、中央重大决策部署,联系群众、服务群众,履职尽责、服务经济社会发展,学风会风文风及检查调研等四个方面12类突出问题,既重点突出、又具体明确,深入领会并用以指导实践,坚持以点带面、由点及面,就找到了对形式主义、官僚主义进行"大扫除"的抓手。

集中整治,任务已明确,关键在落实。各级纪检监察机关必须坚持稳中求进工作总基调,把阶段性目标和长期目标有机统一起来,既树立打持久战的思想,又下定打攻坚战的决心,着力解决当前突出问题;坚持压实责任,积极推动和督促党委(党组)认真履行主体责任,自觉落实纪委监委的监督责任,以调研排查开道,以纠正整改推进,以监督问责攻坚，以领导机关、领导干部为主要对象，抓好"关键少数"，带动大多数党员干部；坚持实事求是，具体问题具体分析，精准履行职责，精准核查、判断问题，精准运用监督执纪"四种形态"，精准量纪执纪，确保政治效果、纪法效果和社会效果的有机统一。

（2018 年 10 月 10 日）

落实中央政令决不能搞假把式

◎魏　寅

　　在中央纪委办公厅印发的《关于贯彻落实习近平总书记重要指示精神集中整治形式主义、官僚主义的工作意见》中，明确了重点整治的四个方面12类突出问题，排在首位的是"在贯彻落实党的路线方针政策、中央重大决策部署方面，重点整治严重影响党中央权威和集中统一领导、影响中央政令畅通的形式主义、官僚主义的突出问题"。

　　维护习近平总书记核心地位、维护党中央权威和集中统一领导，确保党的路线方针政策贯彻执行、党中央决策部署落实，事关党和国家前途命运所系。如果搞"认认真真走形式、虚虚实实抓落实""执行政策像月亮，初五十五不一样""上有政策、下有对策"等假把式，何谈牢固树立政治意识、大局意识、核心意识、看齐意识？

　　毋庸讳言，现在仍有一些单位，对中央精神只做面上轰轰烈烈的传达、口号式、机械式的传达，不加消化、囫囵吞枣的传达，上下一般粗的传达。须知，传达与落实之间，不能简单地画上等号。如果贯彻中央精神不在"具体化""针对性"上下功夫，出真招、办实事、求实效，而是满足于当"二传手""收发室"，照本宣科、生搬硬套，岂能让好政策真正落地惠民？正因此，毛泽东同志专门批评过这种现象："这不是真正在执行上级的指示，这是反对上级指示或者对上级指示怠工的最妙方法。""党中央提倡的坚决响应、党中央决定的坚决执行、党中央禁止的坚决不做",必须拿出坚定不移做到"两个维护"、不折不扣落实中央政令的行动来。

有些党员干部,习惯在工作中空喊口号,表态多调门高、行动少落实差,热衷于作秀造势。如,对于中央要求,"表态派"三下五除二,先摆出个"落实不过夜"的姿态,可后来是什么样呢?过夜不落实!对于这些人,"落实"大多是嘴上说说、纸上写写、墙上挂挂。落不落实,那要看是否触动了他们的利益,合意的就执行,不合意的就不执行,在贯彻执行中央决策部署上打折扣、做选择、搞变通。

还有一类突出问题就是,单纯以会议贯彻会议、以文件落实文件,做表面文章、过度留痕,缺乏实际行动和具体措施。文山会海问题由来已久,其久治不愈的一个重要原因就在于"软钉子难碰"。有的人把开会发文等同于"高度重视",提些冠冕堂皇的要求,作些大而无当的指示,还自诩"政治正确",因而处之泰然。在这样的逻辑之下,形式主义、官僚主义不仅潜滋暗长,还被"合理化"了。殊不知,这无异于拿着指令当"纸令"、拿着"令箭"当"鸡毛",让中央精神"在落实声中落空",危害不可小视。

随着"打虎""拍蝇"不断深入,有的党员干部自认为只要不贪污受贿,就可以当"太平官"了。真是想得太美了!新版《中国共产党纪律处分条例》中有明确规定,对"贯彻党中央决策部署只表态不落实的""热衷于搞舆论造势、浮在表面的""单纯以会议贯彻会议、以文件落实文件,在实际工作中不见诸行动的",给予相应纪律处分,其中情节严重的,甚至会被开除党籍。由此可见,"形式主义、官僚主义的突出问题"不是橡皮泥,而是高压线,碰不得,撞不得。如果党员干部对贯彻落实中央政令有口无心、有名无实,后果是可想而知的。

党的十九大擘画了新时代新征程的宏伟蓝图,中央的"一分部署",

归根结底要靠各级的"九分落实"。实现既定目标，任务非常艰巨，时间非常紧迫，容不得花拳绣腿、虚头巴脑。由此就不难理解，为什么要把整治形式主义、官僚主义作为一项重要的政治任务，把"严重影响党中央权威和集中统一领导、影响中央政令畅通"列为当前形式主义、官僚主义的突出问题，强调"特别是贯彻落实党的十九大精神，落实新发展理念，打好防范化解重大风险、精准脱贫、污染防治三大攻坚战，以及思想政治、宣传舆论和食品药品安全等工作和领域中发生的形式主义、官僚主义问题"。

（2018 年 10 月 11 日）

坚决打掉"无形的墙"

◎聂新鑫

　　"在联系群众、服务群众方面,重点整治群众身边特别是群众反映强烈的形式主义、官僚主义突出问题。"中央纪委办公厅印发的《关于贯彻落实习近平总书记重要指示精神集中整治形式主义、官僚主义的工作意见》中,列举了"漠视群众利益和疾苦,对群众反映强烈的问题无动于衷、消极应付,对群众合理诉求推诿扯皮、冷硬横推,对群众态度简单粗暴、颐指气使""便民服务单位和政务服务窗口态度差、办事效率低,政务服务热线、政府网站、政务 APP 运行'僵尸化'""'新官不理旧事',言而无信,重招商轻落地、轻服务,影响营商环境"等典型表现。

　　这些描述,如同一组或一脸漠然,或鼻孔朝天,又或翻脸不认账的群像素描,勾勒出少数大搞形式主义、官僚主义的党员干部的倨傲面貌。不难想象,其背后有多少群众的怒和怨。

　　中国共产党的宗旨是全心全意为人民服务。形式主义、官僚主义是不作为、不负责、不担当的表现,同我们党的性质宗旨和优良作风格格不入,是我们党的大敌、人民的大敌。把群众真正放在心上,哪里会有官老爷的臭架子、只作秀不做事的花样子、无动于衷的冷脸子呢?形式主义、官僚主义,不仅贻误工作、劳民伤财,更从根子上背离了党性、丢掉了宗旨，最终会严重影响党的形象和公信力，像一堵无形的墙把我们党和人民群众隔开，使党丧失根基。

整治群众身边的形式主义、官僚主义突出问题，要坚持走群众路线。形式主义、官僚主义往往比享乐主义、奢靡之风难分辨、难定性，但群众的眼睛是雪亮的，深入群众、深入基层调研排查，畅通监督举报渠道，就能听到真话、找准问题，就能掌握实情、找到实策。党员干部的为民意识、工作作风、办事效率、服务态度"好"还是"差"，是把群众放在心上还是骑在老百姓头上，群众最有发言权。要把党的群众路线贯穿整治工作始终，把维护人民群众利益作为根本出发点和落脚点，整治效果最终由人民群众来评判。

整治群众身边的形式主义、官僚主义突出问题，要着力发现和纠正特权思想特权现象，促进党员干部不忘初心、克己奉公、保持本色。形式主义、官僚主义问题之所以反复出现，究其根本是一些党员干部世界观、人生观、价值观这个"总开关"出了问题，特权思想、"官本位"思想作祟。习近平总书记指出，"特权是一种危害极大的腐蚀剂，不仅割裂党同人民群众的血肉联系，而且直接侵蚀党和国家的制度根基，是毁堤蚀坝的蝼蚁之穴"。集中整治形式主义、官僚主义的一个特殊意义，就是推动解决人民群众反映强烈、侵蚀党的执政基础的突出问题，让群众真正感受到从严管党治党就在身边、正风反腐就在身边。各级纪检监察机关要强化监督执纪问责，抓住"关键少数"，充分发挥民主监督、群众监督、司法监督、舆论监督作用，形成监督合力，让官僚做派、特权现象无处藏身。

整治群众身边的形式主义、官僚主义突出问题，要与正在开展的专项治理扶贫领域腐败和作风问题工作、污染防治和环保问责工作、民生领域相关工作、扫黑除恶专项斗争等重要专项工作相结合。比如，坚决整治脱贫攻坚工作中的形式主义、官僚主义，对漠视群众疾苦、损害群众利益问题严肃问责，对查处的典型案例通报曝光。紧盯涉黑涉恶问题突出、群众反映强烈的重点地区、行业和领域，注重发现和查处因不敢管、不愿管、不会管等造成黑恶势力坐大成势以及工作中不担当、不作为、责任落实不力的形式主义、官僚主义问题，对工作推动不力、有黑不打、有恶不除、有乱不治、群众反映强烈、问题长期得不到解决以及对涉黑涉恶腐败和"保护伞"惩治不力的，要严肃问责。

"凡是群众反映强烈的问题都要严肃认真对待，凡是损害群众利益的行为都要坚决纠正"，决定了作风建设只能是"永远"而不是"暂时"，也意味着整治形式主义、官僚主义要打攻坚战和持久战。纪检监察机关必须坚持以人民为中心的发展思想，积极作为、履职尽责，努力以实际成效取信于民。群众高兴、满意，就是检验标准。

（2018 年 10 月 12 日）

向不担当不作为者亮剑

◎兰琳宗

"在履职尽责、服务经济社会发展方面，重点整治不担当、不作为、慢作为、乱作为、假作为等严重影响改革发展高质量的突出问题。比如，不顾实际情况、不经科学论证，违反规定程序乱决策、乱拍板、乱作为；弄虚作假，编造假经验、假典型、假数据，瞒报、谎报情况，隐藏、遮掩问题。"中央纪委办公厅印发的《关于贯彻落实习近平总书记重要指示精神集中整治形式主义、官僚主义的工作意见》，将不担当、不作为、慢作为、乱作为、假作为等顽疾作为整治重点，亮出了利剑。

应当看到，不担当、不作为、慢作为、乱作为、假作为等问题，本质上都是宗旨意识淡漠、"四个意识"缺失、作风不正。但细分来看，几者之间却有所不同。不担当、不作为、慢作为，是"在其位，不谋其政"，或者敷衍塞责、行动迟缓、推进不力。现实中，一些党员干部抱着"不求有功，但求无过""多一事不如少一事"的心态，庸政怠政懒政，对职责范围内的工作该拍板不拍板，"三重一大"事项议而不决、决而不行，处置矛盾回避问题、推诿扯皮，接受任务拈轻怕重、挑肥拣瘦。今年7月，天津市通报了8名市管干部不作为不担当问题。这其中，有的对高科技型生产项目不重视，挫伤了企业家的投资热情；有的在与企业的上百次沟通中推诿应付、作风拖沓，导致项目长期无法开工建设；有的怕出纰漏、怕担责任，工作不积极，导致中央补助资金被收回……凡此种种，都是政治站位不高、责任意识不强、不抓落实等不作为不担当的典型表现。

此外，一些党政机关和党员干部的乱作为、假作为，也是人民群众深恶痛绝的。所谓乱作为，往往是不顾实际情况、不经科学论证，乱决策，瞎指挥，盲干蛮干；或者热衷于追求政绩工程、面子工程，打造领导"可视范围"内的项目，"不怕群众不满意，就怕领导不注意"。如前段时间媒体披露的，湖南省汝城县脱贫攻坚工作不力，罔顾作为国家级贫困县实际，盲目举债，大搞城市开发和城市建设，追求"阔面子"，但在培植财源、促进产业发展方面却相当"抠门"，一些基本民生问题长期得不到重视和解决。再来说说假作为，有的领导干部，落实上级决策部署"轮流圈阅""层层转发"，就是不见实际行动；个别基层党组织，为塑造党建活动"坚持开展""丰富多彩"的形象，竟让本支部党员一天内换上 4 套服装，轮番"摆拍"。

不担当、不作为、慢作为、乱作为、假作为等，危害甚烈，必须大力整治。要抓住"关键少数"，强化各级领导干部的责任担当，带动大多数党员干部履职尽责、做有为之人。要用好问责利剑，敢抓敢管，对不作为、慢作为、乱作为、假作为的党员干部进行严肃问责。要厘清权力边界，建立责任清单，形成权责对等机制。要贯彻落实《关于进一步激励广大干部新时代新担当新作为的意见》，做到优者上、庸者下、劣者汰，让有为者有位、无为者无位……

近日，《人民日报》"新思想从实践中产生"系列报道提及，早在1991 年，时任福州市委书记的习近平同志就明确提出，"要大力提倡'马上就办'的工作精神，讲求工作时效，提高办事效率，使少讲空话、狠抓落实在全市进一步形成风气、形成习惯、形成规矩"。对照当前一些党员干部的歪风邪气，整治不担当、不作为、慢作为、乱作为、假作为等顽疾，"马上就办、真抓实干"的工作精神，无疑是一剂良方。

（2018 年 10 月 17 日）

祛霾除弊，激荡新风

◎杨诗哲

前不久，中央纪委办公厅印发《关于贯彻落实习近平总书记重要指示精神集中整治形式主义、官僚主义的工作意见》，明确提出"在学风会风文风及检查调研方面，重点整治频次过多过滥、浮于表面等突出问题"。几天后，中共中央办公厅印发《关于统筹规范督查检查考核工作的通知》的消息发布，其中"对县乡村和厂矿企业学校的督查检查考核事项要减少50%以上""坚决撤销形式主义、劳民伤财、虚头巴脑的督查检查考核事项"等内容，得到广大干部群众转发点赞。

整治学风会风文风及检查调研方面的形式主义、官僚主义问题，为何反响热烈？因为找准了痛点、切中了要害。《工作意见》指出的种种问题，不少人都曾亲身经历、亲眼看到，这些氤氲在日常工作中的形式主义、官僚主义"雾霾"，已经成为很多干部群众"难以承受之重"——学习只求应景交差、不尚实干实效，就学不出真才实学，求不到真知灼见，难以把握客观规律；开会不研究真实情况、不解决实际问题，就会模糊工作重点，触及不到深层次矛盾，被忽视的问题迟早会发酵升级；检查考核过多过滥，表格材料堆积如山，力量有限的基层就会不堪重负、疲于奔命，真正用于落实执行的时间精力被挤占压缩；调查研究搞成走秀，经典线路层层陪同，就察不到真实情况、听不到群众心声，不能为科学民主决策构筑实证支撑……

"以实则治，以文则不治。"倘若都用会议贯彻会议、用材料落实材料、用文件执行文件，工作刚安排就督查检查、刚部署就考核测评，基层干部殚精竭虑于文山会海、埋身皓首在填表留痕，对"关于工作的工作""工作衍生的工作"应接不暇，哪里还能聚精会神把本职工作做好？一旦轰轰烈烈的形式代替了扎扎实实的落实、光鲜亮丽的外表掩盖了矛盾和问题，治理资源就会空耗，治理机器就会空转，治理效率必然低下。

学风会风文风及检查调研方面的形式主义、官僚主义，既有历史文化的根源，如当官做老爷思想、文牍至上等；也有世道人心的"病灶"：把场面、形式、过场做好做足容易，触碰深层次矛盾、解决实际复杂问题则困难；搞形而上学容易，坚持唯物辩证则难。对于缺乏能力和担当的人而言，搞形式走过场高姿态，是比动真碰硬、直面矛盾问题更加容易且"安全"的选择。

学风会风文风，直接关系党风政风社风；检查调研考核，更是推动党中央决策部署贯彻落实、激励鞭策广大干部担当作为的重要手段。整治这方面的突出问题，必须坚决贯彻落实习近平总书记关于坚决整治形式主义、官僚主义的系列重要讲话和指示批示精神，把阶段性目标和长期目标有机统一起来，既树立打持久战的思想，又下定打攻坚战的决心；以纠正整改推进，以监督问责攻坚，以领导机关、领导干部为主要对象，切实减轻基层负担。学习要求真，着眼实干实绩实效；开会要务实，部署推进工作实打实、硬碰硬，面对难题敢抓敢管，解决问题雷厉风行；检查调研考核要深入，加强常态化了解、体现差异化要求，多到现场看、多见具体事、多听群众说，避免"一刀切""一锅烩"。

纪检监察机关要主动作为、发挥作用，积极推动督促党委履行主体责任，自觉落实监督责任，精准履职尽责、精准核查研判、精准执纪执法、精准巡视巡察。要激浊扬清、正本清源，为政治坚定、奋发有为的干部撑腰鼓劲，对不敢担当、碌碌无为的干部警醒惩戒，进一步激发广大干部崇尚实干、攻坚克难的责任担当。只有下大气力祛除花拳绣腿、繁文缛节、表面文章、走马观花等"雾霾"，才能激荡新风。

（2018 年 10 月 19 日）

华发虽早生，幸不负青春

◎张　琰

　　早生华发，素来是件伤感的事。而云南楚雄"80后"干部李忠凯却因为一头白发意外走红了。他"圈粉"的过程很有意思：任前公示照片上的面容与简历年龄出入太大，触动了社会公众对干部年龄的敏感神经，而官方及时澄清——干部年龄没错，头发是被工作"苦白的"，则让网友的心一下子软了。基层干部的工作生活状态，就这样以一种生动、具象的形式呈现在公众眼前。

　　诚然，头发早白不排除个人身体因素，但基层脱贫攻坚任务重、压力大是真的，加班熬夜连轴转、在乡间奔波，是很多基层干部的日常状态。意外走红的个体，背后是一个默默无闻、埋头苦干的庞大群体。面对他们的辛苦，理解万岁。

　　我们为"80后"白发干部点赞，并不是鼓励年轻干部都要把头发累白。身体是革命的本钱，基层干部太需要减负和关怀了。但李忠凯的工作经历，还是能带来一些现实启示——年轻干部，应该怎样成长。

　　今年6月底召开的中央政治局会议，为新的历史时期年轻干部队伍画了"像"：忠实贯彻习近平新时代中国特色社会主义思想、全心全意为人民服务，适应新使命新任务新要求、经得起风浪考验。习近平总书记在全国组织工作会议上说，"年轻干部有培养前途的要放到基层去锻炼。下去要真下去，而不是去'镀金'"。而之前我们看到，一些年轻干部很"着急"——有的精于"自我设计"，8年换8个岗位，横跨两省5地，且多个岗位任职不满一年，不仅年龄造假，还"精心打造"多岗位历练的丰富履历……浮躁之态，着实刺眼。

对比之下，李忠凯的成长则是在基层泥土里一步一个脚印。他2007年考上公务员后就在基层工作，2012年来到大姚县湾碧乡——一个集偏僻、荒凉、落后、贫困于一身的地方，一干就是六年，承担了移民搬迁、脱贫攻坚等最苦最累的工作。在推进移民搬迁工作中，他基本踏遍了所有搬迁户的门槛。

谁的基层经历是"混"出来的，谁是在风霜雨雪、火热实践中洗礼出来的，群众和舆论在看，组织心里也门儿清。"人才自古要养成，放使干霄战风雨。"习近平总书记说，优秀年轻干部不能像"储君"一样供在那里坐等提拔，要经受吃劲岗位、重要岗位的磨炼，在难事急事乃至"热锅上蚂蚁"一样的经历中经受摔打。这是一个好干部的成长规律，在这个崇尚实干的时代，个人努力、为民做事是干部最好的"通行证"。

我们怕的不是头发变白，怕的是自己头发都白了，仍然一事无成，虚掷了青春。对于年轻干部来说，从参加工作到走向成熟，路漫漫其修远，不能急功近利、患得患失，不搞自我包装、花拳绣腿，不拈轻怕重，不怕到艰苦地方和岗位工作，大胆让自己经风雨、见世面、壮筋骨、长才干。

李忠凯的头发白了，但他服务的湾碧乡正在逐步走出贫困，还有什么比把黑发青春献给人民，更加值得？

（2018年11月19日）

五、全面加强党的纪律建设

　　加强纪律性，革命无不胜。党的十九大报告将纪律建设纳入新时代党的建设总要求，提出全面推进党的政治建设、思想建设、组织建设、作风建设、纪律建设，把制度建设贯穿其中。这是一个重要的理论和实践创新。十九大通过的《中国共产党章程（修正案）》把"坚持依规治党、标本兼治，坚持把纪律挺在前面，加强组织性纪律性，在党的纪律面前人人平等"写入党的根本大法，明确"党的纪律主要包括政治纪律、组织纪律、廉洁纪律、群众纪律、工作纪律、生活纪律"。纪律建设摆到了全面从严治党治本之策的新高度。

牢记入党誓词，终生不渝坚守

◎桑林峰

初心永远不能改变，誓词须臾不能忘记。

一个震撼人心的画面持续传播：10 月 31 日上午，在中共一大会址，面对鲜红的党旗，习近平总书记带领其他中共中央政治局常委同志一起重温入党誓词。"我志愿加入中国共产党，拥护党的纲领，遵守党的章程……"黄钟大吕，字字铿锵，宣示了新一届中央领导集体的坚定政治信念，凝聚起全党担当使命、矢志奋斗的磅礴力量。

重温入党誓词后，习近平总书记强调："入党誓词字数不多，记住并不难，难的是终身坚守。每个党员要牢记入党誓词，经常加以对照，坚定不移，终生不渝。"这一谆谆教诲，应时常回响在全体党员耳畔。

赤色的誓词是天底下最神圣的语言。短短 80 个字，记住的确并不难，但会背不等于践行，终身坚守才是关键。入党誓词，高度凝结了党员应履行的责任和义务，应遵守的纪律和规矩，既是立党之本、护党之宝，又是共产党人的行动之规、对照之镜。俗话说，木受绳则直，金就砺则利。作为党员，无论担任何种职务、从事何种工作，始终要牢记自己是一名在党旗下宣过誓的共产党员，自觉做到一辈子坚守入党誓词。

入党誓词的主音符万变不离其"忠"。革命战争年代，有了赤胆忠心，才有"砍头不要紧，只要主义真"的无畏，才有腹中满是草、饿死不变节的骨气，才有竹签钉十指、痛彻心扉不叛党的坚贞。今天，是否把入党誓词刻印在心里，矢志不渝地坚守，检验的标准依然是对党是否忠诚。"本根不摇，则枝叶茂荣。"坚守入党誓词这一根本，就会对党忠诚，对党的事业忠诚。党员时刻用入党誓词约束自己、鞭策自己，才能牢固树立党的意识、党员意识、党章党规意识，牢记自己的第一身份是党员、第一职责是为党工作，做到任何时候都与党同心同德。

誓言铮铮、其心拳拳，决不可轻、决不可违。入党誓词既规定了广大党员应追求的"高标准"，又规定了应守住的"底线"。"一语不能践，万卷徒空虚。"现实中，那些被查处的贪腐官员，在深刻反省时，总是万般后悔自己忘记了入党誓词，忘记了党员身份，更忘记了共产主义远大理想和中国特色社会主义共同理想。事实证明，如果忘记入党誓词，不坚守入党誓词，就会出现这样那样的跑风漏气、跑冒滴漏，脱纲离谱、脱轨越界，甚至走向党和人民的对立面。

中国特色社会主义进入新时代，我们党一定要有新气象新作为。进行伟大斗争、建设伟大工程、推进伟大事业、实现伟大梦想，最重要的就是不忘初心、牢记使命。而入党誓词里，蕴含着共产党人最圣洁最质朴的初心、最神圣最崇高的使命，那就是"为共产主义奋斗终身，随时准备为党和人民牺牲一切"。不忘入党誓词，坚守入党誓词，就是不忘初心、不忘品格、不忘使命、不忘奋斗，就能告慰前贤、告慰先辈，赢得民心、赢得时代，善作善成、一往无前。

"一言九鼎重千秋。"入党誓词本身就是对党的庄严承诺，承诺就要践诺。新一届中央政治局常委集体重温入党誓词，给全党作出了表率、提供了示范。广大党员一定要自觉看齐追随，不忘入党初心，坚守入党誓词，一言一行对照入党誓词，一举一动坚持合格党员标准，始终做到信仰不移、忠诚不变、纪律不忘、本色不改，真正无愧于人民公仆、时代先锋、民族脊梁的称号。

（2017 年 11 月 2 日）

守住廉和严，过个清爽年

◎李志勇

　　"草木蔓发，春山可望。"马上就是除夕，游子归来，亲朋共聚，对于很多人而言，一年中最值得期待的时光就要到来。

　　除了互道祝福，每到这个时候，不少党员干部都收到了相关部门的通知、短信，重申党规党纪，倡导廉洁过年。这几年，这样的场景已成惯例。应该说，经过严谨细致的早提醒、早预防，有了严肃认真的抓细节、抓具体，与春节相关的不正之风和腐败问题有了很大改观。但毋庸讳言，打着礼尚往来幌子，借拜年之机大搞权钱交易的"腐拜"现象并未完全绝迹，稍有放松，就会有"回头浪""反弹潮"。正因此，做到反复抓、深入抓，锲而不舍、驰而不息，非常必要。

　　前段时间，2017年12月全国查处违反中央八项规定精神问题月报公布，多项数据出现较大幅度增长，单月处理人数更是首次突破1万人，引发广泛关注。数据的增长，一方面折射出查处力度的加大；另一方面也反映，时至今日，仍有人执迷不悟，不收敛、不收手，"四风"问题依然易发多发，还远没到"刀枪入库、马放南山"的时候。

　　从近年来查处的一些案件看，"过节"和"换届"可谓两大关口，人员走动频繁，隐秘之事多发。2018年元旦、春节是十九大后第一个重要节点，也正值各地换届时期，两大关口重叠，意义非比寻常。正如中央纪委发出的巩固和拓展落实中央八项规定精神成果、确保2018年元旦春节风清气正的《通知》所指出，"'两节'期间能否风清气正，关乎人民群众对我们持续推进全面从严治党的信心与信任，关乎党的十九大后持续深入抓作风建设能否开好局、起好步"。毋庸置疑，这个春节，按照中央部署，各级纪检监察机关会一如既往"蛮拼的"，"一桌餐"等隐形变异的违规问题会被有针对性地治理，搞拉票贿选、说情打招呼、跑官要官等行为也会被严密防范和严肃查处。总而言之，一个"严"字将贯穿始终。

回望五年来，正是坚持一个节点一个节点抓，一年接着一年干，年年都有新招数，年年都有新突破，带动了作风整体转变。近段时间，针对"四风"问题的新苗头新动向，一些地方运用"大数据"，挖掘隐形"四风"问题线索；一些地方利用税务部门"税控"系统和交管部门"天眼"系统，深挖细查"四风"问题；一些地方利用"互联网+"，让"四风"问题无所遁形……实践证明，这些招数，既"时髦"又管用，挖出了不少问题，充分表明了落实中央八项规定精神、纠正"四风"扭住不放、寸步不让的鲜明态度。

"廉则年如一日，好过；贪则日似一年，难熬。"最近，中央纪委公开曝光8起违反中央八项规定精神典型问题，再次释放出越往后执纪越严的强烈信号。纠正"四风"不会止步，作风建设永远在路上。那些低估中央正风肃纪决心，认为可以"松一松""试一试"的人，应该打消侥幸念头了；那些等待观望，还想"等一等""看一看"的人，也应趁早认清现实，断了搞"节日腐败"的念想。

过节不失"节"，清廉才是福。重大节日，是对干部作风的重要检验。党员干部拜年的时候，道一声过年好，说一声祝安康，也别忘了遵规守纪，过个清爽年。

（2018年2月14日）

政治生态看"头雁"

◎冷葆青

　　"形成风清气正的政治生态，是旗帜鲜明讲政治、坚决维护党中央权威和集中统一领导的政治要求，是持之以恒正风肃纪、推动全面从严治党向纵深发展的迫切需要，是锻造优良党风政风、确保改革发展目标顺利实现的重要保障。"习近平总书记在参加十三届全国人大一次会议重庆代表团审议时强调，要加强教育引导，注重破立并举，抓住"关键少数"，推动各级领导干部自觉担当领导责任和示范责任，把自己摆进去、把思想摆进去、把工作摆进去，形成"头雁效应"。

　　政治生态，是习近平总书记"两会时间"的高频词。不仅今年在重庆代表团讲，前几年在江西、吉林、辽宁、四川等代表团也讲过。这次在重庆代表团的讲话中，总书记提出4个"要"，将风清气正政治生态的形成路径阐释得鞭辟入里，特别是关于抓住"关键少数"、形成"头雁效应"的要求，切中要害，发人深省。

　　风成于上，俗化于下。形成风清气正政治生态，离不开"头雁效应"的发挥。党员领导干部是党的事业的组织者、推动者和落实者，是"关键少数"，其政治影响力、道德表率力和作风辐射力，往往可以决定一个地方政治生态是"清水一片光照人"还是"恶风卷地吹黄沙"。党员领导干部只有带头走正路、干正事、扬正气，才能一级做给一级看、一级带着一级干，起到"头雁"的正向带动效应。一旦"头雁"出了问题，就会成为政治生态最大"污染源"。

"头雁"在构建政治生态中该怎么做，总书记讲得很明确，即自觉担当两个"责任"，做到三个"摆进去"。不忘初心、牢记使命，筑起思想道德和党纪国法两道防线，在大是大非面前旗帜鲜明，在风浪考验面前无所畏惧，在各种诱惑面前立场坚定，这是党员领导干部首先要修炼的"内功"。"善禁者，先禁其身而后人。"党员领导干部在改造主观世界和客观世界过程中，必须受更多的约束、负更重的责任、有更大的担当，必须以更强的党性意识、政治觉悟和组织观念要求自己，从我做起。

"头雁"必须成为坚持法治、反对人治的榜样。"奉法者强则国强，奉法者弱则国弱。"一个地方政治生态的恶化，往往是从少数党员领导干部追求不受党纪国法约束的特权开始的。我们党决不允许有这样的特殊党员存在。

身为"头雁"，党员领导干部一定要心中高悬法纪明镜、手中紧握纪法戒尺，知晓为官做事尺度。牢固树立"四个意识"，严格遵守党的政治纪律和政治规矩，坚决维护党中央权威和集中统一领导，确保党的路线方针政策和党中央决策部署不折不扣得到贯彻落实。必须对宪法法律始终保持敬畏之心，带头在宪法法律范围内活动，牢固确立纪律红线不能触碰、法律底线不能逾越的观念，严格依照法定权限、规则、程序行使权力、履行职责，不行使依法不该行使的权力，更不能以言代法、以权压法、徇私枉法。

"头雁"必须成为道德教化的标杆。"法安天下，德润人心。"加强政治生态建设，既离不开纪律法律的约束，也有赖于道德的支持。做官先做人，从政德为先。党员领导干部只有明大德、守公德、严私德，其才方能用得其所，其功方能累土成台。

身为"头雁",党员领导干部必须把自律和他律结合起来,管好自己的生活圈、交往圈、娱乐圈,在私底下、无人时、细微处更要如履薄冰、如临深渊,始终不放纵、不越轨、不逾矩,做到"心不动于微利之诱,目不眩于五色之惑",积极践行社会主义核心价值观,坚持从小事小节上加强修养,从一点一滴中完善自己,严以修身,正心明道,防微杜渐,时刻保持人民公仆本色。

"头雁"做出榜样、树立标杆,就能带动一方,影响一片,推动形成风清气正的政治生态。

（2018 年 3 月 20 日）

警惕"贴心"的"小闲话"

◎王　青

　　最近有朋友在微信朋友圈郑重宣布："拒绝不明来历的转文，违者拉黑。"这大概是饱受似是而非、真真假假的"权威发布"甚至是谣言泛滥之苦后的无奈之举。"无奈之举"面对的那些信息，往往是与日常生活相关的"小闲话"，"小闲话"显得十分"贴心"，也大多无益亦无大害。

　　然而，流传于党员干部间的一些"小闲话"，就不能不令人警惕了。

　　比如，有人针对媒体曝光的脱贫攻坚填表太多现象，武断地提出：中央的"好经"一到基层就"念歪"，扶贫就是糊弄事。但他不知道、没有讲或者压根就不愿讲的是，2017年，我国脱贫人口超过1000万人，已是连续第五年减贫超千万。为防止数据造假，进一步发现脱贫遇到的问题，今年伊始，中央对中西部22个省区市全面展开最严格的脱贫攻坚成效年度考核。中国的扶贫脱贫工作，是震古烁今的民生工程，得到了全国人民以及包括联合国在内的国际社会的广泛赞誉。而且，及时发现、曝光并纠正了脱贫攻坚中填表太多现象，恰恰是我们不回避问题的自信之举，是向形式主义、官僚主义亮剑的有效监督。

　　比如，有人列举一些地方在"不允许公款吃喝"上层层加码：中午不能喝酒晚上也不能喝，有的甚至规定周末在家也不能喝酒。于是就得出结论：落实中央八项规定精神，管得太宽、太死，矫枉过正了。且不论其所说是否是事实、具不具有普遍性，但他没有讲的是，八项规定改变了中国，深得党心民心。况且，"四风"问题至今屡禁不绝，既有老问题老现象，也有新动向新表现，还有顶风违纪的，表明"四风"具有顽固性反复性，反弹回潮的隐患不容忽视，远没有到松口气歇歇脚的时候，必须严到底、不能让。

还比如，有人说现在成立监察委员会是好事，七个人干活一个人监督时很好，但是如果一个人干活七个人监督，那就有问题了，说完还不忘找补一句"当然，现在还没到那种程度"，弦外之音却是明摆着的。深化国家监察体制改革，实现对所有行使公权力的公职人员监察全覆盖，把权力关进制度的笼子，其重大意义显而易见，人民群众最为拥护赞成，然而，"小闲话"却不说这些。

凡此种种，不一而足。

之所以说这些是"小闲话"，是因为它本质上不是在党忧党的理性思考和建言献策，也不是在明目张胆地"妄议"中央大政方针，而是游走在纪律边缘，进行"贴心"的包装，以"闲话"的形式出现，有很强的隐蔽性、迷惑性。有的似褒实贬，表面上赞成和肯定，随着话锋一转，"但是"后面大有文章；有的夸大其词，以偏概全，断章取义；有的挟洋自重，言必称"我在某国的时候，人家如何如何"；有的装腔作势，常使用"你懂的"神情加以暗示，多半还夹杂着讲述者自称亲身经历过，抑或是听众多多少少听到过的似是而非、半真半假的例子。借助这些外衣，容易引起共鸣，隐藏在其中的观点就很能蛊惑人了。

"小闲话"之所以有市场，究其原因，有的是思想根源上有问题，变着花样说三道四兜售自己的观点；有的是因为随着全面从严治党日益深入，贪吃贪喝揩公家油没机会了，感觉个人利益受到影响，寻机发泄不满；有的是因为责任重了，约束多了，日子不如以前好过了，借故发牢骚；有的属于把无知当个性，把浅薄当深刻，发表一些不负责任、哗众取宠的言论以博取眼球；有的虽不能说是别有用心、包藏祸心，但至少是思想糊涂，不明是非，人云亦云。

"小闲话"虽小，但具有很强的迷惑性和杀伤力，有说的就会有听的，就会有疑惑不解的，就会有围观起哄的，就会有添枝加叶再传播的，如果任其泛滥，就会一点点蚕食党的威信，损害党的形象。

"党的干部必须坚持原则、认真负责，面对大是大非敢于亮剑，面对矛盾敢于迎难而上，面对危机敢于挺身而出，面对失误敢于承担责任，面对歪风邪气敢于坚决斗争。"习近平总书记对敢于担当精神的内涵作了"五个敢于"的高度提炼和深刻阐释。面对混淆视听的"小闲话"，每一名党员干部都应高度警惕、敢于斗争，以实际行动体现出新时代敢于担当型干部的特质和精神。

（2018 年 4 月 19 日）

为建设美丽中国提供坚强纪律保障

◎ 刘廷飞

对辖区内企业违法排污问题监管不到位、查处不力，对"散乱污"企业整治不力，对违规堆放危险固体废物问题处置不及时不到位……继中央纪委不久前通报6起生态环境损害责任追究典型问题之后，云南、广州、成都等省、市纪委也对一批典型问题进行了公开曝光。密集的通报曝光，既是以案释纪释法、形成有力震慑，也是在拧牢担当螺丝、上紧责任发条，释放了以从严问责压实生态文明建设政治责任的强烈信号，彰显了谁不履职尽责就要被追责问责的鲜明态度，体现了纪检监察机关坚决以实际行动为建设美丽中国提供坚强纪律保障的责任担当。

生态环境是关系党的使命宗旨的重大政治问题，也是关系民生的重大社会问题。以习近平同志为核心的党中央高度重视生态环境保护，党的十八大把生态文明建设纳入中国特色社会主义"五位一体"总体布局，党的十九大把污染防治列入坚决打好的三大攻坚战，不久前召开的全国生态环境保护大会提出要确保到2035年美丽中国目标基本实现。这个目标与党的十九大确定的决胜全面建成小康社会、开启全面建设社会主义现代化国家新征程的宏伟蓝图密切相关，必须要树立高度的政治自觉，发扬爬坡过坎的精神，拿出务实管用的措施，确保党中央决策部署落实落地。

损害生态环境，表面上看是经济发展方式问题，本质上是严肃的政治问题，说到底是党性问题、民心问题。从近期通报的典型案例来看，问题的成因就在于少数地方党委政府生态环保意识不强，错误的政绩观根深蒂固，主要领导作风不严不实，不担当、不作为、不碰硬，相关部门失职失责，监管查处不力。日前，中央环保督察"回头看"仍然发现多地存在表面整改、假装整改和敷衍整改等形式主义、官僚主义问题。内蒙古自治区呼和浩特市一家木器加工厂，督察组来了就"查封"，走后就恢复非法生产。广东省清远市向督察组汇报称黑臭水体整治后"清澈见底、鱼类成群"，但事实上河水依然又黑又臭。对于中央的三令五申漫不经心，对群众反映强烈的突出问题视而不见，根子就在于政治站位不高、政治担当缺失，"四个意识"不牢固、"两个维护"不坚决，导致一些早应该解决的问题仍没有解决，早应该办成的事情还没有办成。

坚决打好污染防治攻坚战，推动生态文明建设迈上新台阶，是一份沉甸甸的政治责任，绝不容许轻描淡写。对那些贯彻落实习近平总书记生态文明思想和党中央要求不坚决不彻底，在生态环境保护领域履职不力，存在假整改、瞎糊弄等问题的党员干部特别是领导干部，必须狠打板子，真追责、严追责、终身追责。要抓住领导干部这个关键和责任担当这个根本，推动地方各级党委和政府主要领导当好第一责任人，相关部门履行好监督职责，切实扛起生态文明建设的政治责任，汇聚守卫绿水青山的强大合力。

为打好污染防治攻坚战提供坚强的纪律保障，是各级纪检监察机关当前和今后一个时期的重大政治任务，考校的是政治水平和大局意识，考校的是强化问责、压实责任的担当，考校的是协同作战、共同发力的能力。各级纪委监委要找准职责定位，持续深化"三转"，立足"监督的再监督""检查的再检查"，确保做到位、不缺位、不越位。要聚焦再聚焦，定期汇总生态环保领域信访处置、督办督察、查处问责等工作情况，强化对突出问题、重点领域和关键环节的监督执纪问责和监督调查处置，更加科学、精准、有效地开展工作，以问责倒逼责任落实。

（2018 年 6 月 22 日）

着力提高纪律建设的政治性时代性针对性

◎陈治治

近日，新修订的《中国共产党纪律处分条例》正式公布。此次修订的《条例》与 2015 年修订的《条例》一脉相承，是党中央站在新的历史起点上，全面贯彻习近平新时代中国特色社会主义思想和党的十九大精神，落实新时代党的建设总要求和全面从严治党战略部署，对坚持和加强党的全面领导、全面加强党的纪律建设作出的再部署、再动员，必将进一步提高纪律建设的政治性、时代性、针对性，使全面从严治党的思路举措更加科学、更加严密、更加有效。

严明政治纪律和政治规矩，体现纪律建设的政治性。党的十九大将纪律建设纳入党的建设总体布局，在修改党章时充实完善了纪律建设相关内容。在党的六项纪律中，政治纪律最重要、最根本、最关键。党的十八大以来发现的管党治党的所有问题，从本质上看都是政治问题，都是"四个意识"不强的问题，对党不忠诚不老实的问题。修订《条例》把政治建设摆在首位，将坚决维护以习近平同志为核心的党中央权威和集中统一领导突出出来，作为根本的政治纪律和政治规矩，对管党治党中的突出问题，特别是习近平总书记反复强调的"七个有之"问题作出更有针对性的规定，有利于引导全党增强"四个意识"，推动各级党组织和党员干部始终在政治立场、政治方向、政治原则、政治道路上同党中央保持高度一致，坚决维护习近平总书记党中央的核心、全党的核心地位，坚决维护党中央权威和集中统一领导，确保党中央一锤定音、定于一尊的权威。

贯彻以人民为中心的发展思想和价值取向，体现纪律建设的时代性。党的十九大报告强调，"人民群众反对什么、痛恨什么，我们就要坚决防范和纠正什么"。脱贫攻坚、民生领域等群众身边的腐败和不正之风，严重啃食群众的获得感，必须坚持与时俱进，针对这些侵害人民群众利益的问题，提出纪律要求、明确处分规定。这次修订《条例》，紧密结合新时代新使命新要求，规定贯彻创新、协调、绿色、开放、共享的发展理念不力，对职责范围内的问题失察失责，造成较大损失或者重大损失的，从重或者加重处分；对扶贫领域侵害群众利益的行为从重加重处分，增加利用黑恶势力欺压群众、充当黑恶势力"保护伞"行为的处分规定。这些规定，体现了鲜明的时代性，有利于全党更好地践行全心全意为人民服务的根本宗旨，坚定不移地贯彻新发展理念，着力整治群众身边腐败和不正之风问题，在发展中保障和改善民生。

坚持问题导向，体现纪律建设的针对性。党的十八大以来，我们党坚定不移"打虎""拍蝇""猎狐"，坚决纠正各种不正之风，反腐败斗争压倒性态势已经形成并巩固发展，全面从严治党成效卓著；同时要看到，反腐败斗争形势依然严峻复杂，特别是政治问题和经济问题交织、用人腐败和用权腐败交织等问题依然突出，并出现了新的问题类型。全面从严治党依然任重道远，必须把管党治党建设党和监督执纪问责的最新实践经验总结提炼出来，凝练为纪律规定，进一步扎紧制度篱笆。这次修订《条例》，针对管党治党中的突出问题和新型违纪行为作出纪律处分规定，着力强化对关键领域、薄弱环节的纪律约束，促使广大党员懂法纪、明规矩，知敬畏、存戒惧，为推动全面从严治党向纵深发展提供了坚强纪律保证。

《条例》的修订，体现了党中央坚持不懈、持之以恒将全面从严治党推向纵深的坚定决心和担当精神，向全党释放全面从严治党永远在路上的强烈信号。各级党组织要抓好《条例》的学习宣传、贯彻执行，进一步增强纪律意识、规矩意识，让制度"长牙"、纪律"带电"，充分发挥纪律建设标本兼治的利器作用，使铁的纪律真正转化为党员干部的日常习惯和自觉遵循。

（2018 年 8 月 27 日）

坚持问题导向，扎紧制度笼子

◎闫　鸣

问题是时代的声音，民心是最大的政治。新修订的《中国共产党纪律处分条例》，坚持使命引领和问题导向相结合，聚焦管党治党的突出问题和监督执纪中发现的新型违纪行为，进一步总结提炼党的建设新实践新经验，凝练为纪律规定，实现了制度的与时俱进。这是党中央在新形势下推进全面从严治党的治本之举，对深入推进党风廉政建设和反腐败斗争，永葆党的先进性和纯洁性，具有十分重大而深远的意义。

"法与时转则治，治与世宜则有功。"党规党纪只有顺应形势发展和实践需要，不断丰富完善，才能更好发挥作用。2015 年，党中央修订了《中国共产党纪律处分条例》，颁布施行后取得了良好效果。近三年来，随着全面从严治党、党风廉政建设和反腐败斗争持续深入推进，党的纪律建设的理论、实践和制度取得了一系列创新成果，需要以党规党纪形式固化下来。在这样的背景下，聚焦突出问题和新型违纪行为，举一反三、以案明纪，进一步修订完善《条例》，势在必行。

强调"两个坚决维护""四个意识"，进一步严明政治纪律和政治规矩。在党的所有纪律中，政治纪律是打头的、管总的。从党的十八大以来立案查处的严重违纪违法中管干部案例看，有的政治问题和经济问题交织形成利益集团，妄图攫取党和国家权力；有的搞山头主义和宗派主义，破坏党的集中统一；有的"七个有之"集于一身，"两面人"恶性难改……这些本质上都是政治问题。《条例》针对这些问题，增写了以习近平新时代中国特色社会主义思想为指导、"两个坚决维护"、牢固树立"四个意识"等内容，对"七个有之"问题作出更有针对性的规定，等等，就在于紧紧抓住政治纪律和政治规矩这个纲，把严肃其他纪律带起来。

关注"四风"新动向，紧盯新型违纪行为、腐败手法，为正风反腐提供更为坚强的纪律保障。当前，"四风"隐形变异问题不容小视，表态多调门高、行动少落实差等形式主义、官僚主义问题仍然突出，顶风违纪时有发生；同时，在反腐败高压态势下，仍有人不收手不收敛，变着花样搞权钱交易、以权谋私。正风反腐，惩治这一手任何时候都不能放松，必须完善纪律规定、强化纪律执行。修订后的《条例》，对以学习培训、考察调研为名变相公款旅游等违反中央八项规定精神新表现作出处分规定，增加对贯彻党中央决策部署只表态不落实、热衷于搞舆论造势等行为的处分规定，强化对党员干部从事营利活动的监督，增写借用管理和服务对象钱款、通过民间借贷等金融活动获取大额回报等影响公正执行公务行为的处分条款，等等，及时修补了制度漏洞，增强了党规党纪的科学性、针对性和实效性。

回应人民群众的新期待新诉求，着力防范和解决损害群众切身利益的问题，厚植党执政的政治基础。脱贫攻坚、民生领域等群众身边腐败和作风问题，严重侵蚀党的宗旨和群众获得感，老百姓对这些问题感受最深、意见最大。人民群众反对什么、痛恨什么，我们党就坚决防范和纠正什么，这一原则充分体现在《条例》修订过程中。《条例》增加了对污染防治、扶贫、扫黑除恶等领域典型违纪行为的处分规定，体现了用纪律保障党的宗旨的鲜明导向，彰显了对破坏党同人民群众血肉联系行为的零容忍态度。

制度是管长远、管根本的。全面从严治党永远在路上，贯彻把"严"字长期坚持下去的要求，坚持问题导向，扎紧制度笼子，促使广大党员懂法纪、明规矩，知敬畏、存戒惧，筑牢不可触碰的底线，这些事我们党一直都在做，还会继续做下去。

（2018年8月28日）

把执纪和执法贯通起来

◎兰琳宗

纪律和法律本质目标一致，党规党纪是国法的先导。习近平总书记多次强调，要严格依照纪律和法律的尺度，把执纪和执法贯通起来。新修订的《中国共产党纪律处分条例》，贯彻习近平新时代中国特色社会主义思想和党的十九大精神，以党章为根本遵循，既体现纪严于法、实现纪法分开，又注重纪法贯通、实现纪法衔接，使全面从严治党的思路举措更加科学、更加严密、更加有效。

法律是治国之重器，纪律是治党之戒尺。在全面依法治国和全面从严治党的大背景下，随着国家监察体制改革的深入推进，宪法修正案、监察法的颁布实施，纪委监委合署办公，履行纪律检查和国家监察两项职能，手握党规党纪、法律法规"两把尺子"，纪法双施双守。要清醒认识到，党内监督与国家监察一体两面、相互促进。执纪与执法，既有区别又有一致性，必须贯通起来，在党的直接领导下，统一于推进全面从严治党和反腐败斗争的实践中。既要将党的领导体现在纪法贯通的全过程和各方面，又通过纪法贯通加强党对反腐败工作的全面领导，使反腐败决策指挥体系、资源力量、手段措施等更加集中统一，有效加强对权力运行的制约和监督，真正把制度优势转化为治理效能。

把执纪和执法贯通起来，首先要坚持纪严于法。党的先锋队性质、执政地位和历史使命决定了，对党组织和党员必然要有更高标准、更严要求。无数案例表明，"破法"始于"破纪"。只有远离纪律红线，才能守住法律底线。用纪律和规矩管住大多数，避免党员干部犯更大的错误，这是对干部最大的爱护。党的十八大以来，党中央把纪律挺在前面，立起来严起来执行到位，把握运用监督执纪"四种形态"，以严明的纪律管全党治全党，纪律建设成为全面从严治党的有力支撑和治本之策。党的十九大把纪律建设纳入党的建设总体布局，党章充实完善了纪律建设相关内容。新修订的《条例》把党章要求具体化，突出党纪特色，对各级党组织和全体党员提出了更为严格的纪律要求，将"严"字长期坚持下去，筑牢不可触碰的纪律底线。

把执纪和执法贯通起来，必须坚持纪法协同。纪检监察机关既执纪又执法，必须同时履行好监督执纪问责和监督调查处置双重职责，同向发力、精准发力，相互贯通、一体贯彻。一方面，要分清纪法界限，防止以纪律处分代替法律制裁，防止以刑事处罚代替党纪处分。另一方面，要推进纪法贯通、法法衔接。在内部建立统一决策、一体运行的执纪执法权力运行机制，使执纪审查和依法调查、党纪处分和政务处分、党内问责和监察问责精准有序对接，实现纪法贯通。在党委统一领导下，构建纪检监察机关与公安机关、检察机关、审判机关多环联动、协同配合的工作机制，实现法法衔接。新修订的《条例》与时俱进，固化实践成果，规定党组织在纪律审查中发现党员严重违纪涉嫌违法犯罪的，原则上先作出党纪处分决定，并按照规定给予政务处分后，再移送有关国家机关依法处理；明确党组织在纪律审查中发现党员有贪污贿赂、滥用职权、玩忽职守、权力寻租、利益输送、徇私舞弊、浪费国家资财等违反法律涉嫌犯罪行为的，应当给予撤销党内职务、留党察看或者开除党籍处分，与监察法做好有效衔接。

把执纪和执法贯通起来，对纪检监察机关履职尽责提出了更高要求。广大纪检监察干部要认真学习、贯彻、执行好《条例》，心中高悬纪法明镜，手中紧握纪法戒尺，纪律和法律各显权威、相互贯通，在党的全面领导下，汇聚起反腐败斗争强大合力，努力取得全面从严治党更大战略性成果。

（2018 年 8 月 29 日）

巩固发展执纪必严违纪必究常态化效果

◎李　鹃

　　制定纪律就是要执行的，法规制度的生命力在于执行。新修订的《中国共产党纪律处分条例》已经公布并将于 10 月 1 日起施行，各级党委和纪委要在纪律执行上狠下功夫，不断巩固发展党的十八大以来执纪必严、违纪必究常态化效果，充分发挥纪律建设标本兼治的利器作用。

　　执纪必严、违纪必究，是全面加强纪律建设的必然要求。习近平总书记反复强调，"遵守党的纪律是无条件的，要说到做到，有纪必执，有违必查""纪律面前一律平等，党内不允许有不受纪律约束的特殊党员"。党的十八大以来，全面从严治党成效卓著，一个极其重要的经验就在于紧紧抓住了加强纪律建设这个治本之策。各级党委和纪委把纪律挺在前面，坚持纪严于法、纪在法前，强化日常管理监督，深化运用监督执纪"四种形态"，发现问题及时处理，执纪必严、违纪必究已经成为常态。党的十九大把纪律建设摆在更加突出的位置，纳入新时代党的建设总体布局，并在党章中增写"执纪必严、违纪必究，抓早抓小、防微杜渐"等内容。就在不久前，中央纪委国家监委公布了 2018 年上半年全国纪检监察机关监督检查、审查调查情况，多项数据的同比攀升，充分证明全面从严治党不松劲、不停步，始终保持力度不减、节奏不变的工作态势。

新修订的《条例》坚持问题导向，进一步扎紧了管党治党的制度笼子，为巩固发展执纪必严、违纪必究常态化效果提供了保障。从增加、修改和调整的条款不难看出，管党治党进一步"全面""从严"是"为什么修订"的底色。如，"总则"部分，将"党要管党、从严治党"修订为"坚持党要管党、全面从严治党"，并写入实践中普遍运用的监督执纪"四种形态"；在政治纪律方面，增加对在重大原则问题上不同党中央保持一致行为的处分规定；在组织纪律方面，对故意规避集体决策、借集体决策名义集体违规等违反民主集中制原则行为作出明确处分规定……此次《条例》修改，将党的十八大以来纪律建设的一些实践经验总结凝练为纪律规定，把新型违纪行为纳入处分范围，实现了"负面清单"的与时俱进，再次释放了"全面加强纪律建设，用严明的纪律管全党治全党"的强烈信号。

巩固发展执纪必严、违纪必究常态化效果，关键要在学习领会纪律建设新要求、贯彻落实党纪处分条例上下功夫。各级党组织要充分利用新修订的《条例》正式施行前的"过渡期"，把学习好、宣传好《条例》作为当前和今后一个时期的重要政治任务。学习领会的过程是强化纪律意识、加强纪律教育的过程，要引导广大党员干部把《条例》为什么改、改了哪些地方、修改背后的深意等搞清楚、弄明白，使党员干部知敬畏、存戒惧、守底线，习惯在受监督和约束的环境中工作生活。

巩固发展执纪必严、违纪必究常态化效果，必须下大气力抓落实、重执行。新修订的《条例》对各级党委、纪委履行全面从严治党主体责任和监督责任提出了更高的要求。各级党委要牢固树立"四个意识"，把落实管党治党政治责任作为最根本的政治担当，以党章党规党纪为尺子，严格执行和维护党的纪律，做到真管真严、敢管敢严、长管长严。

各级纪委必须坚守职责定位，坚持执纪必严、违纪必究，强化监督、铁面执纪、严肃问责，深化运用监督执纪"四种形态"，让制度"长牙"、纪律"带电"，不断巩固发展反腐败斗争压倒性态势。

（2018 年 8 月 30 日）

把铁的纪律转化为日常习惯和自觉遵循

◎郝思斯

新修订的《中国共产党纪律处分条例》，进一步扎紧了管党治党的制度笼子，为全面从严治党提供了坚强的纪律保障。要强化《条例》的学习宣传、贯彻落实，使铁的纪律真正转化为党员干部的日常习惯和自觉遵循，习惯在受监督和约束的环境中工作生活。

"不以规矩，不能成方圆。"我们党是靠革命理想和铁的纪律组织起来的马克思主义政党，纪律严明是党的优良传统和独特优势，是我们党不断从胜利走向胜利的坚强保证。对于广大党员干部来说，党的纪律规矩既是"紧箍咒"，也是"安全带"，必须时时处处严格遵守。从党的十八大以来查处的党员干部违纪违法典型案例来看，纪律意识淡薄、规矩意识弱化正是不少人迈向贪腐深渊的第一步。这些人当中，有的把党章党规党纪束之高阁，从无知发展为"无畏"，往往"破纪"了还不以为然；有的胆大妄为又心存侥幸，自以为游走于纪法"红线"边缘"不算事"也能"不出事"；有的把个人权威、私人利益凌驾于党纪国法之上，有令不行、有禁不止。事实证明，"纪律是块铁、谁碰谁流血"，谁漠视纪律谁就会付出代价。

知纪明纪，方能遵纪守纪。纪律意识是否牢固，是党员干部能否遵守党的纪律的先决条件。纪律意识不会自然养成，必须通过不断学习增强。党中央时隔三年再次修订《条例》，向全党释放了全面从严治党永远在路上的强烈信号。广大党员干部应以此为契机，自觉增强纪律意识和规矩意识。要主动学、认真学、结合实际学，准确全面理解，掌握精神实质，明确哪些事能做、哪些事不能做，尤其要把握好《条例》中针对管党治党的突出问题和监督执纪中发现的新型违纪行为作出的新规定。在熟悉掌握《条例》的基础上，真正把《条例》刻在心上、烙在脑海，联系实际、时时对照，在思想上划出红线、筑牢底线。

"木受绳则直，金就砺则利。"学习贯彻《条例》决不能"说说""写写""挂挂"，必须内化于心、外化于行。要知敬畏，把党的纪律规矩视为"带电的高压线"，时刻紧绷纪律规矩这根弦，守住慎独慎初慎微的关口，做到心有所畏、言有所戒、行有所止。要常省察，自觉对照党章党规党纪，坚持"吾日三省吾身"，坚持"时时勤拂拭"，认真自查思想行为，及时修枝剪叶、涤荡心灵。要把守纪律讲规矩作为行为准则，融入到日常生活的点点滴滴，使其成为一种思维习惯、行为自觉。党员领导干部要以身作则、以上率下，在"守"字上作表率，形成上行下效、上率下行的良好局面。

守纪律讲规矩，既要靠自律，也要靠他律。我们党有严格的组织性和纪律性，作为党组织中的一员，必须自觉接受监督和约束。随着全面从严治党向纵深推进，制度笼子越扎越紧，"严"和"实"的要求一刻都不会放松。党员干部要把严管视为厚爱，知行合一，自觉主动接受监督，习惯在受监督和约束的环境中工作生活，做遵规守纪的合格党员。

（2018 年 8 月 31 日）

"集体决策"不是违纪违法挡箭牌

◎杨来斌

9月10日，《中国纪检监察报》披露了湖南省常德市鼎城区自来水公司负责人粟许波、李新国等人带头违纪，还以集体决策为名，违规为班子成员谋取私利，甚至变相不执行上级惠民政策、侵害群众利益的案例。让人感到最荒唐的是，该公司班子成员公款配手机、公款充值加油卡，以及变相不执行上级规定，向客户收取管网安装费和勘察设计费263万余元，竟然都是在该公司领导层"集体决策"后的产物！

笔者由此联想到一种叫"水耗子"的动物，它们近水而栖，具有一定的潜水能力，总是喜欢游离在人们视野之外觅食生活。常德鼎城区自来水公司两任"水官""靠水吃水"，与这种"水耗子"何异？

集体决策，是党的民主集中制的具体表现形式，也是科学决策的重要保障。集体决策是整合团队力量，聚集个人智慧，集思广益，以形成科学、精准、全面的决策结果为目标，避免发生片面、短期、残缺的决策行为的工作方法。这也是基于个体局限的客观实际和最大限度防控廉政风险的角度出发而设定的工作环节。因此，举凡重大决策、重要干部任免、重大项目安排和大额资金使用等"三重一大"议题，以及研究审议敏感问题、疑难问题等，进行集体决策是各级党组织通用的议事规则。如果说集体决策的底色是民主、科学、合理，那么它的底线就是合规、合纪、合法。

常德市鼎城区自来水公司的"集体决策"徒有其名而无其实，甚至明修栈道、暗度陈仓，搅浑了"一池水"，严重破坏了单位政治生态。究其原因，主要有四：一是纪法观念严重缺失。公司主要领导凭借老思想、老观念、老模式行事，为了谋求小团体利益还动不动就弄出个"破纪"或"破法"的会议纪要。二是侥幸心理作祟。参与决策者心里明明知道有些事情已经违纪，但存在"天高皇帝远"的思想，认为上级查不到自己头上，甚至于"被查处了一次，没长记性，反而长了躲避调查的'经验'"。三是抱着"法不责众"念头。以"集体决策"为幌子搞"利益均沾"，公司主要领导认为只要班子会议集体讨论通过，就不会有事，上级怪罪下来，最多也只是被批评几句，无关大碍；上梁不正下梁就歪，有人效仿两名主要领导"靠水吃水"、以权谋私，索拿卡要吃回扣，也是觉得"法不责众"。四是"明哲保身"心态泛滥。有的班子成员不愿得罪人，一旦碰到动议，统统附和通过；有的提前揣摩主要领导意图，见风使舵，以便决策时"高度统一"，这些都助长了少数别有用心的人在行使权力的过程中践踏底线。

从此案的表现形式来看，其是借集体决策名义集体违规的典型案件。类似问题，在一些地区、部门、单位也并不鲜见。针对此类"借集体决策名义集体违规"的行为，新修订的《中国共产党纪律处分条例》在组织纪律方面新增有关处分规定，有利于防治以"集体研究"搞"利益均沾"、集体腐败、塌方式腐败而难以问责追责的乱象。

一言以蔽之，集体决策要坚守纪法底线，破"潜规则"；立底线思维，破天马行空；立清风正气，破歪风邪气；立担当有为，破"好人主义"；立光明正大，破以权谋私。既要发扬民主，调动各方面积极性，又要对"拒不执行或者擅自改变党组织作出的重大决定的""违反议事规则，个人或者少数人决定重大问题的""故意规避集体决策，决定重大事项、重要干部任免、重要项目安排和大额资金使用的""借集体决策名义集体违规的"等坚决亮剑，防止将集体决策作为个人谋取私利、违纪违法的挡箭牌，坚决制止有令不行、有禁不止行为和搞个人主义、小团体主义。

（2018 年 9 月 12 日）

守纪无"例外"，被查别"意外"

◎邵家见

　　近日，贵州省纪委监委通报了该省农委引进的博士毛某在项目实施过程中违反中央八项规定精神等问题。调查组在初核问题时，毛某感到非常意外，非常抵触，他不解地说："我可是贵州引进来的博士，是来为贵州发展做贡献的，你们怎么能怀疑我、调查我""就算工作中出现点小问题，也不用这么小题大做吧"。后来，在该省农委纪检组教育和引导下，毛某意识到问题的严重性，主动交代问题，接受党内警告处分。

　　犯了错误就一定要受到惩罚，这是再寻常不过的道理。然而，现实中仍然有人对因违纪问题被查感到"意外"，这恰恰说明其自身纪律意识淡漠，没有将党规党纪放在心上，甚至认为只是可有可无的"摆设"。对他们来讲，"党纪面前一律平等""党内不允许有任何不受纪律约束的党组织和党员"等"常识"，并没有真正地入脑入心。事实上，毛某作为一名引进人才，是学历高、能力强的党员，理应成为守纪律、讲规矩的典范。然而，他却依仗自己身份"特殊"，没有严格遵守纪律，甚至错误认为"一个搞科研的干部，搞好自己的工作就行了，没必要去和纪检干部接触"。如此，平时不以为意，等到真正"摊上事儿"，方才感到"意外"甚至"害怕"，可以说正是自欺欺人终误己的典型。

对党员个人来说，要时刻牢记自己的党员身份，严格遵守党规党纪，真正将纪律当作带电的"高压线"。然而，个别党员还是心存侥幸：有的认为自己是搞业务的，纪律与自己无关；有的则认为组织离自己很远，即便犯些小错也不会被发现。其实，从形成这些错误想法那天起，就注定了他们违纪被查的"命运"。动辄则咎、违纪必究是监督执纪常态，在党规党纪面前没有人能搞特殊，不管身处哪个岗位、何种职务，碰了红线都会被"照方抓药"。这是"情理之中"，绝非"意料之外"。

严是爱，宽是害。新修订的《中国共产党纪律处分条例》增写了有关监督执纪"四种形态"的内容，要求"经常开展批评和自我批评、约谈函询，让'红红脸、出出汗'成为常态"。这充分体现了我们党一贯坚持的"惩前毖后、治病救人"的工作方针。对各级党组织来说，一旦发现党员存在苗头性问题，就应当及时对其咬耳扯袖，将问题遏止于萌芽状态，切莫将"小毛病"养成"大祸患"。

（2018 年 9 月 17 日）

让诬告陷害者没有舞台

◎刘　强

　　"关于澄清对青岛日报社党委委员、青岛报业传媒集团副总编辑李信阳的不实举报……"9月17日，山东省青岛市纪委发布了关于澄清7起不实举报的通报。几乎与此同时，新疆喀什、湖北来凤等地纪检监察机关也纷纷为遭不实举报的党员干部澄清正名。这些对诬告者说"不"、还清白者清白的有力举措，彰显了"为担当者担当、为负责者负责"的坚决态度，树立了"担当者有为有位、诬告者没有舞台"的鲜明导向。

　　扶正必须祛邪，激浊方能扬清。实名举报是监督党员干部的重要手段，是纪检监察机关获取证据线索的重要渠道。但在个别地区和单位，这种举报权利却被肆意滥用。在种种不实举报当中，有的系不了解情况对党员干部错告，有些则是无中生有、歪曲事实、恶意中伤，对党员干部进行诬告、造谣、陷害、抹黑等。这样的不实举报，是对信访举报权利的滥用，背离举报监督的本质，增加监督执纪工作成本，干扰正风反腐有序推进，损害一些地方和单位的风气，必须坚决反对和纠正。

　　无论是党纪还是国法都有规定，党员或公民在行使检举控告权利时，必须如实反映情况，不能恶意歪曲事实、陷害他人。刑法和监察法中，都有针对"诬告陷害"行为的相应处理规定。新修订的《中国共产党纪律处分条例》补充完善了针对"政治品行恶劣，匿名诬告，有意陷害或者制造其他谣言"行为的处分规定。这些都清楚地表明，诬告陷害他人为党纪国法所不容。那些打着"想告谁就告谁、想怎么告就怎么告"小算盘的，一旦涉嫌违纪违法甚至犯罪，可就是"搬起石头砸自己的脚"了。

"众口铄金，积毁销骨。"一段时间以来，一些地方、部门、单位在处理干部举报问题时，明明"查无此事"，却习惯于把问题"存起来"。有的对举报事项模糊处理、不置可否，坐视被诬告者陷入"有嘴说不清"窘境；有的爱惜羽毛，宁愿得罪君子不愿得罪小人，急忙与被举报干部"划清界限"；有的怕引火烧身，或态度暧昧隔岸观火，或各打五十大板息事宁人……这些不讲原则、不负责任的做法，不仅打击了想干事、敢干事、能干事的党员干部积极性，更助长了诬告陷害者的嚣张气焰。《关于新形势下党内政治生活的若干准则》明确指出，"对受到诽谤、诬告、严重失实举报的党员，党组织要及时为其澄清和正名"。这就要求各级党组织及时为有上述遭遇的党员干部澄清正名，而不能"默不作声""一言不发"。

诬告者不容轻纵，担当者理应呵护。各级党组织要认真落实《关于进一步激励广大干部新时代新担当新作为的意见》要求，教育引导党员干部加强党性锻炼，自觉抵制歪风邪气，以健康平和的心态看待和处理问题，公正客观地评人论事，理智平和地处理涉及自身利益的矛盾。在换届选举、人事调整等特殊节点，或涉及荣誉表彰、利益分配的关键时刻，各级党委和纪检监察机关要细心甄别举报线索，对确属违纪违法问题要严肃查处，对错告诬告问题也应及时澄清，并查出诬告者及背后的指使者，让诬告者自污、陷害者自陷，令其失去舞台、无立足之地。

（2018 年 9 月 19 日）

群众满意才是干部的"靠山石"

◎段相宇

近日，有媒体发布了重庆市渝北区委原常委吴德华严重违纪违法案的剖析，披露吴德华"加入非法组织，企图自创歪理邪说，大搞封建迷信活动，热衷占卜打卦"等大量细节，引发舆论关注和热议。比如，吴德华坚持每天打坐"修行"；长期在车上摆放佛像，与前妻离婚分割财产时仅将家中佛龛带走，早晚上香礼拜；被免职后还将原因归咎于"风水不好"，专门请"风水大师"布置"风水阵"。这些细节，活脱脱勾画出一个领导干部痴迷封建迷信的荒唐。

马克思指出，"共产主义是径直从无神论开始的"。作为共产党员，首先就是要做一名坚定的无神论者，绝不能醉心于封建迷信活动。然而，翻看近年来"落马"官员的通报，其中"不信马列信风水，不敬苍生敬鬼神"的并不鲜见。有的迷信"大师"失心窍，将个人前途命运寄望于"大师"的指点和预测上；有的迷信风水瞎折腾，滥用权力插手当地公共项目建设，以求能"顺风顺水"；有的迷信鬼神假虔诚，每日烧香拜佛、求神问卜，妄图以此"保平安""添吉祥"……这些发生在领导干部身上的迷信"闹剧"，不仅败坏了党风政风，而且还带坏了民风社风。

有人可能会困惑，这些干部多数受过高等教育，也大都经历了长时间、多岗位历练，本应是知识和阅历兼具的他们，却为何会做出如此愚昧、荒唐的事情？究其原因，一方面是为了满足贪欲，他们想当更大的官、捞更多的钱，在现实中受阻后就转而投向各种"虚无缥缈"之中，妄图通过超自然的力量"加持"，以此来升官发财；另一方面，面对反腐败高压态势，他们难免会感到不安和恐惧，不敢正视问题，就只能寄希望于"满天神佛"的庇佑了。然而，将大把心思、精力花费在封建迷信上，不过是"掩耳盗铃"罢了，终究逃不出党纪国法织就的"天罗地网"。

"善救弊者，必塞其起弊之原。"少数党员领导干部醉心于大搞封建迷信，病根还是理想信念缺失。他们忘记了入党初心，丧失了马列主义信仰，搞不准"为了谁"，弄不清"依靠谁"，记不住"我是谁"，以致最终迷失自我、走上歧途。因此，要想从根源上破除某些党员干部的迷信痼疾，必须强化理想信念教育，从思想上祛邪扶正、正本清源。

需要提醒的是，新修订的《中国共产党纪律处分条例》不仅对党员组织、参加迷信活动作出处分规定，还增加了对搞两面派、做两面人等对党不忠诚不老实行为的处分规定，进一步强化了对党员坚守党性、坚定理想信念的要求。

如果要"拜神"，人民就是创世神；如果要"敬天"，百姓才是头上天。身为党员干部，与其向封建迷信的虚空中寻求虚妄慰藉，不如扑下身子来，为人民群众办些实实在在的事情。让人民群众满意不仅是党员本分所在，也是行稳致远的最牢靠的"靠山石"。

（2018 年 9 月 21 日）

切莫幻想权财两得

◎邵家见

　　"陈树隆、周春雨等既想当大官、又想发大财，长期'亦官亦商'，大肆攫取巨额经济利益，违规从事投资经营等活动。"前不久，中央纪委国家监委法规室主任马森述在对新修订的《中国共产党纪律处分条例》作解读时提到的这个细节，引发舆论关注。从近年来查处的党员领导干部严重违纪违法案例看，与陈树隆、周春雨类似，通过违规从事投资经营活动，一边当官、一边发财的，不乏其人。发生在他们身上的惨痛教训，为那些企图借"理财"名义圈钱的党员干部敲响了警钟。

　　党员干部能不能在八小时之外搞点"副业"、挣点外快，关于这个问题的讨论由来已久。事实上，从道理到法理上都不难找到正确答案——从党员干部的初心和宗旨来说，为党工作、为人民服务是职责所在，"一心不能二用"，本不该动吃着"公家饭"还要挣"私房钱"的心思。从实际情况来看，当前深化改革、脱贫攻坚、扫黑除恶等各项工作正紧锣密鼓进行，党员干部必须全力以赴做好本职工作、为民劳心劳力，哪来的空闲和余力去做生意、挣外快？从党纪国法来讲，更是白纸黑字、清楚明白。《中华人民共和国公务员法》中明确规定，公务员不得"从事或者参与营利性活动，在企业或者其他营利性组织中兼任职务"。新修订的《中国共产党纪律处分条例》在原有对违规经商办企业行为的处分规定基础上，增写了对违规买卖股票、信托产品、基金等行为的处分规定。

有人说，"生意总要有人做，买谁的都是买""自己挣钱改善生活，有何不可"。这种想法很有迷惑性，也非常危险。须知，经商不是"做慈善"，动了小心思、想挣外快的党员干部，哪个不盼着将生意做大、利润做厚？即便是自己本来没有搞腐败的想法，也难保不被别有用心者投其所好，一步步落入"围猎"的陷阱。更不用说那些揣着明白装糊涂的人，"经商""理财"等不过是他们搞权钱交易的幌子。例如，有的领导干部信奉靠啥吃啥，在自己工作领域"搞批发""当中介"；有的以经商为名"洗钱"，用接受"投资款"的方式收受贿赂；有的利用内幕消息炒股、购买金融产品，从中非法牟利……凡此种种，哪里是什么"理财有方"，分明就是权钱交易。

进一步讲，党员干部自己不违规从事营利活动就可以了吗？答案是否定的。近日，媒体报道江西修水县旅游发展委员会原主任丁永亮禁不住女儿"求助"，挪用公款1800万元帮其揽储，受到纪法严惩。可见，党员干部还须管好"身边人"，不能利用职权为家属经商"站台"、提供便利，更不能搞"一家两制"、变相"敛财"。新修订的《中国共产党纪律处分条例》也对党员干部利用职权或职务上的影响，为家属和其他特定关系人经商谋利的行为进一步划出红线。

当官就不要发财，发财就不要当官。党员干部要切记"权为民赋""利为民谋"，少念个人"生意经"、多算分内"责任账"，切莫幻想权财两得。

（2018 年 9 月 25 日）

表态多调门高、行动少落实差，小心了！

◎钟 鸣

　　近日，安徽省纪委监委通报了5起形式主义、官僚主义典型案例，其中1起是亳州市涡阳县西阳镇办理"省长热线""市长热线"交办问题表态多、落实差问题。2017年3月至2018年4月，西阳镇政府陆续接到反映该镇太平村大陆庄葛伟木材加工场违法占用耕地问题的"省长热线"交办件1次、"市长热线"交办件16次。该镇镇长多次签批、层层转办后，得到回复是"木材已清理""清理工作已进入扫尾阶段""一周内进行清理完毕""将坚决拆除复耕复绿"等，但结果均未进行彻底拆除和清理。最终，从镇长到分管领导再到具体的工作人员，都因落实责任不力挨了"板子"。

　　17次交办，听到的是"没问题"的表态承诺，得到的是"没办好"的实际结果。二者间的巨大差异，恰恰是缺少了说到做到的真抓实干。表态时拍胸脯骗人，表态完拍屁股走人，对应的正是中央纪委办公厅日前印发的《关于贯彻落实习近平总书记重要指示精神集中整治形式主义、官僚主义的工作意见》中12类突出问题之一——"在工作中空喊口号，表态多调门高、行动少落实差，热衷于作秀造势"。

　　由此可见，《工作意见》中列出的突出问题，都有着极强的现实针对性。比如，表态多调门高、行动少落实差的"说说而已"，在现实中总能找到例子：一些地方不重实效重包装，把总结当成了工作、把讲话当成了落实，讲成绩天花乱坠、讲经验头头是道、讲前景一片大好，结果却往往令人大失所望；有的干部面对群众诉求不问缘由、满口承诺，开的却是空头支票，害得群众空欢喜一场；有的干部开展工作全靠开会、发文、讲话这"三板斧"，吆喝半天、动静很大，任务就是落不了地……表态表明的是决心和态度，但"表态"之后无"表现"，就容易落入"表演"的套路，最终沦为"空表态""喊口号""唱高调"。

逢场作戏的"空表态"、大而无当的"喊口号"、只说不做的"唱高调"，实际上是严重的作风问题，此风一长，任务落实就容易"打滑""空转"。对此，习近平总书记曾专门作出批示强调，"要针对表态多调门高、行动少落实差等突出问题，拿出过硬措施，扎扎实实地改"。

作风建设永远在路上。新修订的《中国共产党纪律处分条例》中，针对"贯彻党中央决策部署只表态不落实的""热衷于搞舆论造势、浮在表面的""单纯以会议贯彻会议、以文件落实文件，在实际工作中不见诸行动的"等形式主义、官僚主义行为，有明确的处分规定。信号强烈，勿谓言之不预！

（2018 年 9 月 28 日）

一把手绝不能做"一霸手"

◎段相宇

近日,《中国纪检监察报》对吉林省白城师范学院原党委书记任凤春严重违纪违法案作了剖析,报道中称其"无视民主集中制原则,对一把手'五个不直接分管'的制度要求视而不见,对重大问题决策、重要干部任免、重大项目投资、大额资金使用,都由他定好了再上会""真正是大事小情'一把抓'、决策拍板'一言堂'、财政花钱'一支笔'、选人用人'一句话',把学院当成自己的专属领地,大肆弄权,谋取私利。"文中举了一个例子:白城师范学院曾经有位领导向任凤春提出不同意见,任凤春就想方设法把他架空,让他坐冷板凳,直至其调离工作岗位,以至于后来无人敢提意见。这番描绘,让一个任性霸道、无视民主、把个人意志凌驾于集体之上的"一霸手"形象呼之欲出。

从近年来查处的大量腐败案件看,领导干部违纪违法问题大多发生在担任一把手期间,其中不少人的做派都如独断专行的"大家长"。他们当上一把手后,内心逐渐膨胀,逐渐把一地一域当成自己的"专属领地",搞大权独揽、说一不二、"顺我者昌,逆我者亡"那一套。当"班长"变成了无人能管、不可一世的"家长",有些危险也就随之而来。

其一，造成决策失误。集体决策体现民主、科学，而一把手擅权专断，听不进他人意见、容不下反对声音，未经班子成员充分酝酿讨论就先拍板定调，用个人观点代替集思广益，就破坏了决策的民主性，难以保证作出正确决策。

其二，引发违纪违法问题。领导干部独断专行惯了，势必会产生"唯我独尊"的心理，加上无人敢提反对意见，从而无所顾忌、任意妄为，极易视纪律规矩、法律法规如无物。

其三，对政治生态造成破坏。一把手是"关键少数"中的"关键少数"，其行为具有示范引领作用。如果一把手飞扬跋扈，下属往往就噤若寒蝉甚至曲意逢迎，歪风邪气也就会弥漫开来。事实证明，一把手违纪违法最易产生催化、连锁反应，导致区域性、系统性、塌方式腐败，给一个地方、部门、单位的政治生态带来灾难性后果。

一把手为什么会变成"一霸手"？究其根本，还是理想信念的滑坡导致世界观、权力观和事业观的异化。有的领导干部自认为权力、地位是自己"个人努力奋斗来的""凭本事挣来的"，忘了权力来自于人民，忘了组织的教育培养，于是"一朝权在手便把令来行"，大肆弄权、排斥异己、谋取私利，作为对自己的"补偿"和"回报"。有的领导干部一开始也是谦虚谨慎低调之人，但随着工作上取得了一些耀眼的成绩，内心膨胀了，以功臣自居，成为一把手之后觉得"老子天下第一"，把部门、单位当成"私人领地"，随心所欲，予取予夺。如任凤春就认为白城师范学院规模扩大、教学质量提升、教职工生活改善等"政绩"都是他干出来的，把自己当成了学院的"大家长"，"表面上打着扩建学院谋发展的旗号，实质是为了谋取一己私利；公开场合是谦谦君子、谨慎低调，私下里却利欲熏心、收受贿赂；经常在会上给别人提要求，自己却从不遵守"。

位高不能擅权，权重不可专权。民主集中制是我们党的根本组织制度和领导制度，也是我们党重要的组织纪律。对党员领导干部来说，贯彻落实民主集中制原则，杜绝"一言堂"，不仅是继承党的优良传统和工作惯例的表现，更是遵规守纪的体现。

（2018 年 10 月 15 日）

"小圈子"，入不得！

◎兰琳宗

"以治理党员干部五类'酒局圈'为切入点，在全省开展严明党的政治纪律和政治规矩整治'帮圈文化'专项排查工作。"日前公布的《中共河南省委关于巡视整改进展情况的通报》显示，河南省委针对中央巡视组指出的"官本位思想和圈子文化仍然存在"的问题，开展了系列整改工作。如，组织全省260余万名公职党员干部签订不参与"小圈子"，不搞拉帮结派、团团伙伙等行为承诺书；把是否存在拉帮结派、搞"小圈子"纳入干部考察内容等。

本来，因为志同道合或兴趣、爱好一致，形成常来往、常交流的朋友圈，无可厚非。但"酒局圈"等"小圈子"显然不属于此类正常的圈子，而是变异了，成为不正常的人身依附和利益输送的渠道，进而滋生出一荣俱荣、一损俱损的"圈子文化"，成了诱发腐败、破坏政治生态的温床。更有甚者，"小圈子"的组织者、参与者以权力、金钱为纽带，搞团团伙伙，拉帮结派，进行非组织活动，其危害性就更大了。

无论是近年来查处的"系统性腐败""塌方式腐败"等大案要案，还是发生在一些地区、部门的腐败窝案，均反映出"小圈子""圈子文化"在一定范围内的大行其道。不久前，中央纪委国家监委网站梳理了一些党员干部搞"小圈子"的典型案例。其中，有打着"干亲"旗号，为商人老板站台撑腰的"干亲圈"；有利用微信群互通政、商信息，进行权钱交易的"微信圈"；有聚集一些干部吃吃喝喝、聚众娱乐的"酒局圈"，还有"老乡圈""球友圈"；等等。这些形形色色的"小圈子"，或拉帮结派，或官商勾结，或权钱交易。入圈者的醉翁之意在哪里？并不在"圈"，而在圈子背后的权力"结盟""勾兑""变现"。一言以蔽之，就是想借助"小圈子"实现个人利益最大化。

"党内决不能搞封建依附那一套，决不能搞小山头、小圈子、小团伙那一套，决不能搞门客、门宦、门附那一套，搞这种东西总有一天会出事！"习近平总书记反复告诫党员干部要坚决远离各种"小圈子"，可谓有的放矢、用心良苦。党的十九大报告强调把党的政治建设摆在首位，并明确要求坚决防止和反对宗派主义、圈子文化、码头文化。《关于新形势下党内政治生活的若干准则》强调，"党员、干部特别是高级干部不准在党内搞小山头、小圈子、小团伙，严禁在党内拉私人关系、培植个人势力、结成利益集团"。新版《中国共产党纪律处分条例》中，针对"在党内搞团团伙伙、结党营私、拉帮结派、培植个人势力等非组织活动，或者通过搞利益交换、为自己营造声势等活动捞取政治资本的"，划明了"红线"。由此可见，防止形成"小圈子"、反对"圈子文化"，不是小事，必须引起各级党组织和广大党员干部的高度重视。

记住一句话："势利之交，难以经远；奔竞黩缘，难得善终。"

（2018 年 10 月 31 日）

党员干部求神拜佛折射精神缺钙

◎向　秋

　　身为镇政府镇长、学校校长，为了保分内工作"平安顺利"，竟然组织镇政府工作人员、学校班主任到庙里朝神祈福……湖南攸县纪委监委近日通报了数起干部组织或参加封建迷信活动的典型案例，5名科级干部被立案审查。其中每一起案例，都涉及党员干部搞迷信活动并用公款报销活动开支的情节。

　　无独有偶。10月8日，江西省九江市德安县通报了该县疾控中心原主任孟冬艳组织单位干部职工参神拜佛，公款捐香火钱的典型案例。经查，孟冬艳曾两次组织单位干部职工到寺庙拜佛，用公款捐赠香火钱，为求方便还在自家专门设立一间佛堂。此外，孟冬艳还存在私设小金库、违规发放津补贴等问题。2018年4月，孟冬艳受到留党察看一年处分；被撤销副科级职级待遇，降为办事员。

　　身为党员干部，却公然组织或参加封建迷信活动，还用公款来"埋单"，这种行为不符合党员身份，触犯了党纪党规，当事人为之付出代价，正是咎由自取。

　　马克思指出，"共产主义是径直从无神论开始的"。党员从入党宣誓那天起，就应是坚定的唯物主义者和无神论者，不能在封建迷信中寻找价值和信念。对理想信念牢记还是淡忘，坚守还是迷茫，是检验一名共产党人是否合格的"试金石"。

"人生如屋，信念如柱。柱折屋塌，柱坚屋固。"正如习近平总书记所指出的，理想信念就是共产党人精神上的"钙"，没有理想信念，理想信念不坚定，精神上就会"缺钙"，就会得"软骨病"。事实一再证明，理想的动摇是最危险的动摇，信念的滑坡是最危险的滑坡。个别党员干部不信马列信鬼神，不仅仅是精神上空虚，更反映出世界观、人生观、价值观严重扭曲，信仰丧失、理想缺失、精神迷失。长此以往，心思哪会用在为党工作、为人民服务上？行动怎么可能不跑偏？

对党员干部来说，不信马列信鬼神不是小事，党纪党规中更是有铁的约束。《中国共产党纪律处分条例》第六十三条规定："组织迷信活动的，给予撤销党内职务或者留党察看处分；情节严重的，给予开除党籍处分。参加迷信活动，造成不良影响的，给予警告或者严重警告处分；情节较重的，给予撤销党内职务或者留党察看处分；情节严重的，给予开除党籍处分。"求神拜佛搞迷信不应是党员所为，切莫被封建迷信的"精神麻醉剂"毒害，心染尘眼蒙灰，一步步堕入违纪违法的深渊。

（2018 年 11 月 5 日）

选人用人，不容"近亲繁殖"

◎贾元昌

　　福建省委"对近亲属在领导干部所在单位（系统）内提拔任用，或者在领导干部所在地区提拔担任下一级领导职务，要求必须经上级组织部门同意后才能作出决定"；国家体育总局党组"从严执行回避制度、建立健全长效机制，有效防治'近亲繁殖'"；中国核工业集团有限公司党组"调查核实中央巡视组反馈的'近亲繁殖'有关线索，对巡视过程中发现的问题进行彻底整改"……从十九届中央第一轮巡视整改"成绩单"中可以发现，选人用人中的"近亲繁殖"问题是多个被巡视单位党组织整改的重点。

　　违规提拔任用领导干部近亲属，造成"近亲繁殖"，是干部群众反映强烈的选人用人不正之风。如，1991 年出生的王茜，2012 年就违规成为湖南省湘潭市岳塘区发改局副局长拟任人选，这离不开其父湖南省发改委重大项目办公室主任王达武的"助力"，最终王茜被取消公务员资格，王达武受到党内警告处分并被免职；江西鹰潭团市委原书记徐楷，凭借其岳父江西省政协原副主席许爱民的"帮助"，8 年时间调动 8 个岗位，横跨两省 5 地，且多个岗位任职不满一年，许爱民、徐楷均受到严肃处理……任人唯亲，"近水楼台先得月"，对干部选拔任用正常程序和渠道冲击很大，必须大力整治。

《关于新形势下党内政治生活的若干准则》中指出，坚持正确选人用人导向，是严肃党内政治生活的组织保证。必须严格标准、健全制度、完善政策、规范程序，使选出来的干部组织放心、群众满意、干部服气。这方面，准则提出了"四必须、两不准"的要求。《中国共产党纪律处分条例》第七十六条，针对"在干部选拔任用工作中，有任人唯亲、排斥异己、封官许愿、说情干预、跑官要官、突击提拔或者调整干部等违反干部选拔任用规定行为"，作出了明确的处分规定。

树立正确选人用人导向，杜绝"近亲繁殖"等现象，必须强化党组织的领导和把关作用，选拔任用干部必须坚持党章规定的干部条件，坚持德才兼备、以德为先，坚持五湖四海、任人唯贤，坚持信念坚定、为民服务、勤政务实、敢于担当、清正廉洁的好干部标准。对于领导干部来说，更要带头执行党的干部政策，不搞任人唯亲、不搞亲亲疏疏要"从我做起"。同时，要严格按政策、原则、制度办事，敢于抵制违反党的组织原则的行为和选人用人中的违规行为；加强选人用人监督问责，对违规违纪、失察失误的严肃追究责任。

（2018 年 11 月 9 日）

"交友不慎"？持身不正！

◎邵家见

    人生在世，难免要交三五好友。但交什么人、如何相处，对党员干部来说是必须加以重视的问题。"他的朋友多，他也热心帮朋友办事。但毫无原则帮朋友，在给国家利益带来重大损失的同时，也把自己'帮'进了牢里。"据媒体报道，近日被判刑的四川省南充市国有资产投资经营有限责任公司原党委书记、总经理滕凡，曾违规出租土地造成国家重大经济损失，其出租对象就是平常打得火热的"哥们""小弟"。

    梳理近年来各地通报曝光的腐败案例，落马干部自称"被朋友拉下水"的情节并不鲜见。这其中，既有定力不足被"围猎"的，也有主动"投怀送抱"的；既有攀附权势、交结巨贾的，也有与江湖朋友纠缠不清的，但共同结局都是在落马后痛悔"遇人不淑""交友不慎"。果真是当初"交友不慎"吗？恐怕未必！

    其一，从交什么人看，交友是双向选择的个人行为。"近朱者赤，近墨者黑"，若发觉对方是损友，理应敬而远之。怕只怕，自身定力不足、党性不纯、修养不够，"久居鲍鱼之肆，不闻其臭"，沉迷于"呼朋引伴"，落得个"被拉下水"的下场，那就怪不得别人了。

    其二，从如何相处看，对待朋友做事论理论法、私交论情，这是利人利己的正道。但纵观落马干部的"交友"，很少有"淡如水"的君子之交，往往是打着各种"幌子"牵扯利益往来。有的是吃吃喝喝、臭味相投，有的处心积虑"拓展人脉"、经营"小圈子"，有的是搞"利益同盟"、做"关联交易"……这些视"交友"为"交易"的行为，哪还有对纪律和法律的敬畏？殊不知，"进圈"容易"退圈"难，即便一时获得"助力"却会终身背负"包袱"，到头来"友谊的小船"必然是"说翻就翻"。等到被查处时，再归咎于"交友不慎"，抱怨"朋友"不可靠，悔之晚矣！

"物以类聚，人以群分。"朋友是一面镜子，往往折射一个人的"三观"和为人。党员干部须谨记，要慎交友、交益友，做到持身以正、以德会友，多交诤友、畏友。

（2018 年 11 月 14 日）

亲情要讲，但要思量怎么讲

◎辛正梦

近日，《检察日报》报道了辽宁省沈阳市委原常委、原副市长杨亚洲的贪腐历程。其中披露，在杨亚洲被指控的2000余万元受贿金额中，有一半都与他的胞弟有关。可以说，这份被物质利益扭曲了的"手足情"害了亲哥俩。杨亚洲被法院以受贿罪依法判处有期徒刑十一年，并处罚金60万元。

近年来，类似杨亚洲这样倒在"亲情"上的领导干部其实并不少见。如，中国移动贵州有限公司原党委书记、董事长、总经理芈大伟用尽一切手段去帮助家人"共同致富"，要求企业老板带着自己的哥哥做事，"照顾好"。芈大伟最终落得个被绳之以纪法的下场。四川省攀枝花市土地储备中心原主任韩宝林在"落马"后忏悔，"我在亲情和金钱面前失去底线，把手中的权力变成了大肆敛财的工具""盲目'眷顾'亲情让我没有了回头路"……领导干部讲私情不讲原则，因私利损害公利，到头来不只害了自己，还害了家人，教训何其深刻！

"无情未必真豪杰。"讲亲情、重亲情，既是维系家庭和谐的纽带，也是中华民族的优良传统。领导干部并非草木，关爱家人，眷念亲情，本属人之常情，无可厚非。然而，一旦手握党和人民赋予的权力，那么，讲亲情的行为就要严守边界，做到公私分明讲规矩、大是大非有原则，不感情用事、不被亲情裹挟，更不能为了使家人、亲属过上"好日子"，而置党纪国法于不顾，搞以权谋私、权力寻租的勾当。

据《梁书·吕僧珍传》记载，吕僧珍任南兖州刺史时，以贩葱为业的堂兄之子，千方百计想让吕僧珍帮其在州府谋得一官半职。吕僧珍严词拒绝，"吾荷国重恩，无以报效，汝等自有常分，岂可妄求叨越，但当速反葱肆耳"。正确处理情理法的关系，不因情害理、以私废公，是古往今来为官者正道直行的通行做法。

"恋亲不为亲徇私，念旧不为旧谋利，济亲不为亲撑腰。"对领导干部来讲，务必树立正确亲情观，做到谈情不忘义、顾亲不逾矩、护亲不越界。

（2018 年 11 月 15 日）

六、让群众感到自己的事情有人管、从严治党就在身边

　　"老虎"要露头就打，"苍蝇"乱飞也要拍。党的十九大以来，各级纪委监委推动全面从严治党向基层延伸，着力解决群众反映强烈的突出问题、纠正损害群众利益的行为，持续整治群众身边腐败和作风问题。深入推进扶贫领域腐败和作风问题专项治理，以作风攻坚促进脱贫攻坚；开展民生领域专项整治，聚焦群众痛点难点焦点，解决教育医疗、环境保护、食品药品安全等方面侵害群众利益问题；严查基层干部违纪违法行为，严查黑恶势力"保护伞"，严查"村霸"、宗族恶势力和黄赌毒背后的腐败行为……老百姓感到自己的事情有人管、从严治党就在身边、对干部的监督就在身边、纪检监察工作就在身边、纪律和法律就在身边，有了更多更直接更实在的获得感、幸福感、安全感。

脱贫攻坚刻不容缓，专项治理步步跟进

◎张少华

"到 2020 年我国现行标准下农村贫困人口实现脱贫，是我们的庄严承诺。"习近平主席在 2018 年新年贺词中再次重申，到 2020 年只有三年的时间，全社会要行动起来，尽锐出战，精准施策，不断夺取新胜利。三年后如期打赢脱贫攻坚战，这在中华民族几千年历史发展上将是首次整体消除绝对贫困现象，在人类发展史上也是绝无仅有的。这是豪迈的宣言、美好的愿景，更是催人奋进的号角。

全面建成小康社会，一个不能少；共同富裕路上，一个不能掉队。三年实现全部脱贫、不落下一人，任务艰巨、时间紧迫，必须刻不容缓地行动起来。党的十九大以及中央经济工作会议、中央农村工作会议已经明确了脱贫攻坚路线图、时间表，一系列政策措施相继出台，一笔笔项目资金陆续到位。当务之急，就是抓好落实。只有把全体党员干部和全社会动员起来，把每一项政策措施和每一笔项目资金真正精准落实到村、到户、到人，扶真贫、真扶贫，抓好扶贫工作不走样，才能确保扶贫效果真实，得到群众认可，经得起历史检验。

好作风就是生产力，就是战斗力。开展扶贫领域腐败和作风问题专项治理，为打赢脱贫攻坚战提供坚强有力的纪律保障，是党中央交给纪检监察机关的一项重要任务。中央纪委常委会多次研究部署这项工作，中央纪委办公厅印发了《关于 2018 年至 2020 年开展扶贫领域腐败和作风问题专项治理的工作方案》，要求各级纪检监察机关全面履行党章赋予的监督执纪问责职责，紧紧盯住脱贫攻坚中出现的腐败和作风问题，持续深入开展治理整顿，坚持无禁区、全覆盖、零容忍，坚持重遏制、强高压、长震慑，始终保持扶贫领域正风肃纪、反腐惩恶的高压态势。

集结号、冲锋号已吹响，各地脱贫攻坚工作正如火如荼、蹄疾步稳推进，专项治理工作也应步步跟进、统筹安排。尤其是要紧跟本地区本部门扶贫工作节奏和步伐，紧盯资金和项目落实的重点领域和关键环节，努力做到扶贫工作延伸到哪里，监督检查就跟进到哪里；项目资金流向哪里，监督检查就覆盖到哪里，不缺位、不越位、不错位。重点检查有没有责任不落实、措施不到位的地方，有没有形式主义、官僚主义问题，有没有脱离实际急躁冒进或行动迟缓的情况，有没有漠视和侵害群众利益的行为，有没有损公肥私、以权谋私的问题，该纠正的及时纠正，该改进的迅速改进，该加强的马上加强。

开展专项治理必须始终坚持问题导向，通过精准监督，及时发现和解决群众反映强烈的突出问题、影响扶贫工作实效的典型问题、易发多发的普遍性问题。从近年来查处的发生在扶贫领域的典型问题看，有的地方热衷于做表面文章，"堆盆景"、设计样板路线，应付上级调研检查；有的搞数字脱贫、表格脱贫，虚多实少；有的搞"大水漫灌"，利用职权优亲厚友，做人情扶贫、关系扶贫；有的平时工作不扎实不细致，考核前突击送钱送物，搞短期脱贫、表面脱贫；有的通过贪污侵占、虚报冒领、截留挪用、挥霍浪费等手段，向扶贫领域"奶酪"动歪心、伸黑手……这些问题，正是专项治理的剑锋所向。

言出纪随，令行禁止。各级纪检监察机关必须牢记重托、不辱使命，履好职、尽好责、站好岗，对扶贫领域腐败和作风问题严查快办重处，发现一起就坚决处理一起，一刻不等靠，一刻不停歇，持续强化震慑、知止的氛围，用最严明的纪律、最严谨的作风为实现三年全部脱贫目标保驾护航！

（2018 年 1 月 10 日）

"苍蝇"乱飞也要拍

◎聂新鑫

　　日前，中共中央政治局常委、中央纪委书记赵乐际在参加十三届全国人大一次会议山西代表团审议时强调，要坚定不移正风反腐，不松劲不停步，"老虎"露头就要打，"苍蝇"乱飞也要拍，加大群众身边腐败问题整治力度，凡是群众反映强烈的问题都要严肃认真对待，凡是损害群众利益的行为都要坚决纠正，持续开展扶贫领域腐败和作风问题专项整治，坚决查处民生领域严重违纪违法行为，让人民群众在全面从严治党中增强获得感。

　　民心是最大的政治，正义是最强的力量。党的十八大以来，以习近平同志为核心的党中央将全面从严治党纳入战略布局，从人民群众反映最强烈的地方抓起，坚定不移推进正风肃纪、反腐惩恶，赢得了广大干部群众的认可和支持，赢得了党心民心。重整行装再出发，党中央始终保持永远在路上的冷静清醒，科学分析和判断形势，反复强调，当前发生在群众身边的腐败和作风问题依然突出，对此必须高度重视，进一步加大整治力度。

　　"为中国人民谋幸福，为中华民族谋复兴"，是中国共产党人不变的初心和使命。监督执纪问责，是党章赋予各级纪委的职责；全国人大正在审议的监察法草案明确，监察机关履行监督调查处置职责。对于群众反映的"苍蝇"乱飞、基层"微腐败"突出、扶贫领域腐败和作风问题不少等，党中央及中央纪委积极回应群众关切。习近平总书记在十九届中央纪委二次全会上强调，"要推动全面从严治党向基层延伸，严厉整治发生在群众身边的腐败问题"。二次全会部署的2018年重点工作，其中一项就是坚决整治群众身边腐败问题。"蝇贪"成群，其害无穷。当前，群众反映比较强烈、集中的主要有：违反中央八项规定精神问题，扶贫领域腐败和作风问题，基层党员干部放纵、包庇黑恶势力甚至充当"保护伞"问题，以及在征地拆迁、教育、医疗、环保等领域的违纪违法问题，等等。对这些问题，就要坚决加以治理和解决。

民之所望，政之所向。今年2月，中央纪委印发了《关于在扫黑除恶专项斗争中强化监督执纪问责的意见》，要求坚持把扫黑除恶同反腐败斗争和基层"拍蝇"结合起来，作为整治群众身边腐败问题的一个重点，强化监督、铁面执纪、严肃问责，坚决冲破"关系网"、打掉"保护伞"。中央纪委还对违反中央八项规定精神问题、扶贫领域腐败和作风问题典型案例进行点名道姓通报曝光，既发挥了教育、警示和震慑作用，又持续向全社会发出严厉整治群众身边腐败和作风问题的强烈信号。而深化国家监察体制改革，实现对所有行使公权力的公职人员监察全覆盖，将更加有效地监督制约权力，确保党和人民赋予的权力只能用来为人民谋利益。

"凡是群众反映强烈的问题都要严肃认真对待，凡是损害群众利益的行为都要坚决纠正。"这是我们对人民群众的郑重承诺。各级纪检监察机关必须采取务实管用、科学有效的措施抓好落实。抓持久，继续发扬钉钉子精神，一个节点一个节点坚守，一个问题一个问题突破，毫不懈怠，抓出成效。抓重点，紧盯群众通过巡视巡察、信访等渠道反映的突出问题，严查快办，对典型案例一律通报曝光；对突出的个性问题，因地制宜、精准施治。抓问责，把责任和任务压实，对工作推动不力、问题长期得不到解决的严肃问责，对失职失责的党委和纪委要进行"双问责"。

民心就是呼唤，部署就是命令。各级纪检监察机关和广大纪检监察干部要把加大群众身边腐败问题整治力度作为重要任务，敢于担当、不怕碰硬，通过卓有成效的工作，将全面从严治党覆盖到"最后一公里"，让党和国家的好政策春风化雨、滋润民生。

（2018 年 3 月 15 日）

打击"村霸"务必除"伞"断根

◎刘　强

　　据媒体报道，福建省近日依纪依法查处并通报了一起打击"村霸"势力及其"保护伞"的典型案件。该案件之所以"典型"，不仅在于严惩横行乡里、涉黑涉恶的两名主犯——福清市阳下街道北林村林德发及其子林风，更在于对充当其"保护伞"的 57 名党员干部作出严肃处理。今年以来，随着扫黑除恶专项斗争的深入开展，全国各地把扫黑除恶同反腐败结合起来，坚决查处涉黑"保护伞"，打七寸、抓要害，持续发力，不断挤压"村霸"生存的空间。

　　"没有攀不上的权，没有圈不来的钱，没有搞不掂的事。"在一些农村地区，"村霸"横行乡里、欺行霸市、肆意违法犯罪，严重影响农村社会稳定，破坏农村基层政治生态，啃食群众获得感，侵蚀党的执政基础。"村霸"之所以能够长期肆虐，虽有腐朽的封建宗族思想残余、个别地区基层民主选举不规范不透明不公正等客观因素影响，但更深层次原因还是少数基层组织和部门不作为、乱作为，甚至有个别党员干部甘愿在其背后充当"保护伞"，干起狼狈为奸的勾当。

　　从媒体相关报道不难发现，"村霸"背后常常晃动着"保护伞"的影子。俗话说"背靠大树好乘凉"，"村霸"想要横行无阻，必然要"围猎"公权力为其撑腰。而少数手握权力却心怀杂念的党员干部和公职人员，往往会被"村霸"拉拢腐蚀，成为其背后的靠山。面对"村霸"违法乱纪的种种恶行，少数基层组织、部门和党员干部不履职不尽责，睁一只眼闭一只眼、躲事怕事的有之，称兄道弟、暗通款曲的有之，沆瀣一气、订立同盟的有之。例如，此前被查处的广州市原副市长曹鉴燎等人，公然排除异己，遥控指挥"村霸"，为他人谋利的同时，自己也大捞不义之财，就是典型的"保护伞"。只有挥利剑、出重拳打掉这些"保护伞"，才能让"村霸"失去倚靠、偃旗息鼓。

对于群众反映强烈的"村霸"及其"保护伞"问题，党中央始终高度重视，并作出重要部署。习近平总书记在十九届中央纪委二次全会上强调，要把扫黑除恶同反腐败结合起来，既抓涉黑组织，也抓后面的"保护伞"。中共中央政治局常委、中央纪委书记赵乐际在云南省调研时强调，坚决查处黑恶势力背后的腐败问题，严肃惩治充当"保护伞"的党员干部和公职人员；积极探索监察职能向基层、村居延伸的有效途径，赋予乡镇纪委必要的监察职能，使全体党员和公职人员都处于严密监督之下。自 2018 年 1 月中共中央、国务院发出《关于开展扫黑除恶专项斗争的通知》以来，5 个月时间里，各地连续挥出重拳，监督"天眼"不留死角、扫黑除恶利剑出鞘，对"村霸"及其"保护伞"露头就打的高压态势正在形成。

"要严格落实社会治安综合治理领导责任制，对涉黑涉恶问题突出的地区、行业、领域，通过通报、约谈、挂牌督办等方式，督促其限期整改。对问题严重、造成恶劣影响的，由纪检监察机关、组织人事部门依法依纪对其第一责任人及其他相关责任人严肃追责，绝不姑息""严格落实行业监管责任，对日常监管不到位，导致黑恶势力滋生蔓延的，要实行责任倒查，严肃问责"……《通知》传递出的信号很明确：扫黑除恶专项斗争是一项重大政治任务，要以问责倒逼责任落实。各级党委和政府要切实肩负起扫黑除恶、打掉"保护伞"的责任，以雷霆万钧之势斩断利益链条，深挖细查"村霸"及其背后"保护伞"，以实际行动和成效增强群众获得感、幸福感。

民惟邦本，本固邦宁。乡村是国家治理的"神经末梢"，而"村霸"及其背后"保护伞"则时常扰乱"神经末梢"，戳中百姓痛点。只有下狠手、出实招，真正打通全面从严治党"最后一公里"，将"保护伞"连根拔起，彻底铲除"村霸"滋生土壤，才能还百姓一片朗朗乾坤。

（2018 年 5 月 29 日）

警惕基层党组织中的"近亲繁殖"

◎黄生云

　　《工人日报》近日报道，为有效防止党支部发展党员工作中出现"近亲繁殖""派系化""家族化"等突出问题，青海省海东市开始实施发展党员近亲属报告制，严把党员"入口关"。此前，也有新闻媒体曝出，广东省广州市白云区纪委监委、区公安分局依纪依法查处的以园夏村原党支部书记刘杜棋为首的涉黑涉恶涉腐团伙，正是以宗族势力为基础发展起来的，团伙中有9人是村社党员干部。

　　发展党员竟然会出现"近亲繁殖"？这一看似令人难以置信的问题，在一些基层的党组织特别是村社党组织已出现苗头。比如，有的村社家族倚靠人口多、势力大，逐渐将发展党员的话语权、投票权掌握在了自己手中，为自家人入党开辟"绿色通道"；有的基层党支部书记在考虑党员发展对象时，或依关系远近判断，或看得利多少定夺……本应是战斗堡垒的基层党支部，在个别地方却蜕变为靠血缘、关系、利益维系的小团体、小山头、小圈子。

　　这并非危言耸听。从各地巡视巡察反馈中不难发现，在一些基层党组织中确实存在发展党员不规范、党员发展家族化等问题。有些村子虽然在集体经济发展等方面取得了令人羡慕的成就，但同时也存在基层党建"家族化"的苗头和隐忧，值得警惕。

据媒体报道和群众反映，有的人虽在村委换届选举中得票不高，却在村党支部选举中仍能高票当选，继续插手村集体事务，源头就在于"近亲繁殖"。近年来被查办的一些涉黑涉恶"保护伞"之所以能长期担任村党支部书记，长期把持基层党组织、肆意侵占集体和群众利益，也是由于"近亲繁殖"而将村级党组织变成了"自家店"。

出现这样的问题，基层党组织负责人自然是直接责任人，必须依规依纪严肃处理，对违规发展的党员也应作出相应处理，不能放纵姑息。同时，"近亲繁殖"之所以能滋生蔓延，上级党组织也难辞其咎。一些乡镇党委如果抱着"只要自己能摆平，只要群众不闹事"的心态，放松对基层党员人选的把关，对基层党建乱象睁只眼闭只眼，何谈加强基层党组织建设？何谈落实管党治党政治责任？何谈发挥基层党组织战斗堡垒作用？

（2018 年 8 月 6 日）

精准惩治"蝇贪"，守住廉洁扶贫底线

◎辛士红

"对脱贫领域腐败问题，发现一起严肃查处问责一起，绝不姑息迁就""要加强扶贫资金管理使用，对挪用乃至贪污扶贫款项的行为必须坚决纠正、严肃处理"……近日，《习近平扶贫论述摘编》一书由中央文献出版社出版，在全国发行。其中对于阳光扶贫、廉洁扶贫，习近平总书记反复强调，言辞峻切，体现了对决胜脱贫攻坚的时代担当和科学运筹，对惩治扶贫领域腐败现象的坚定决心。

打好脱贫攻坚战是党的十九大提出的"三大攻坚战"之一，是我们党的庄严承诺。随着脱贫攻坚工作力度加大，扶贫项目大量增加，扶贫资金巨额投入，由于扶贫对象量大面广、资金使用点多线长、监管机制不够完善等原因，在一些地方，扶贫领域的不正之风和腐败问题时有发生。

这些发生在群众身边的腐败问题，主要集中在政策落实、资金使用、公共服务等环节，实施主体主要有村"两委"成员、村民组长、乡镇站所工作人员和部分县级职能部门工作人员。他们有的雁过拔毛，层层截留，挖空心思冒领、克扣甚至侵占扶贫资金；有的抱团腐败，营私舞弊，在救济、补助上优亲厚友，吃拿卡要；还有的无中生有，套取资金，利用权力寻租变现。一些群众痛心地说："腐败现象不解决，扶贫就像无底洞，投入再多的钱也是打水漂。"

扶贫资金是贫困群众的"救命钱"，一分一厘都不能乱花，更容不得动手脚、玩猫腻。尽管这些扶贫领域的腐败大多属于"微腐败"，涉及的单笔金额一般不大。但"蝇贪"成群，其害如虎。相对于远在天边的"老虎"，群众对近在眼前嗡嗡乱飞的"苍蝇"感受更为真切。这些"微腐败"损害的是贫困群众的切身利益，啃食的是贫困群众的获得感，挥霍的是基层群众对党的信任。对基层干部来说，搞一次特殊就降一分威信，谋一次私利就丢一片人心。"微腐败"对党群干群关系、党和政府形象、脱贫攻坚成效的损害都是巨大的。对此，我们绝不能掉以轻心。

知己知彼，方能百战不殆。我们不妨剖析下有些基层干部的腐败心理：要么是在"天知地知你知我知"的自欺欺人中乱了心智，要么是在"有权不用，过期作废"的市侩意识中迷了方向，要么是在"本来待遇低，不贪怎么活"的自我安慰中放纵自己。在他们看来，贫困群众的"救命钱"，就好比是不拿白不拿的"唐僧肉"。

"道自微而生，祸自微而成。"清代的林则徐在居所悬挂一幅醒目的中堂，上书"慎独"二字，以警醒、勉励自己。管住自己，天下无敌。基层干部应在加强自律上下功夫，特别是在私底下、无人时、细微处都能做到慎独慎微，对扶贫物资款项不贪不占。

脱贫攻坚需要精准，治理"蝇贪"同样需要精准。每一个项目、每一笔资金启动后，纪检监察和审计部门都应精确锁定目标和范围，及时跟进，有的放矢，资金发放到哪里监督就跟进到哪里。相关部门应公布办事流程，让扶贫资金和项目在阳光下运行，彻底铲除"蝇贪"的生存空间，严防"扶贫资金投进去，干部贪腐倒下来"。

当前，脱贫攻坚到了啃硬骨头、攻坚拔寨的冲刺阶段。中华民族千百年来存在的绝对贫困问题，将在我们这一代人的手里历史性地得到解决。这是我们人生之大幸。让我们守住廉洁扶贫这条底线，一起来完成这项对中华民族、对整个人类都具有重大意义的伟业。

（2018 年 8 月 19 日）

扫黑除恶，用实招打消群众不敢举报的顾虑

◎兰琳宗

近日召开的全国扫黑办第二次主任会议，提出了当前全国扫黑除恶专项斗争要着力破解的"十个问题"，并点明了破解之道。其中，"有些地方群众对专项斗争知晓率不高，不敢举报黑恶势力"，被列为"十个问题"之一。如何打消群众"不敢"的顾虑，进一步调动和激发人民群众参与扫黑除恶的积极性主动性，值得深入思考。

扫黑除恶专项斗争开展以来，取得了重要阶段性成效，群众的支持可谓功不可没。许多涉黑涉恶势力及其"保护伞"被打掉，与群众提供线索、积极举报、鼎力支持密不可分。当前，各地各部门出台了不少旨在调动群众参与到专项斗争中来的政策——青海、河南、陕西等多地均公布了群众举报黑恶势力犯罪奖励办法；广东等地开发了扫黑除恶举报平台，群众通过手机扫二维码即可随时随地举报，并查询线索处理进度；有的地方和部门在社区、集市开展扫黑除恶主题宣传活动，现场接受群众咨询、受理举报。这些举措对于发动群众同黑恶势力作斗争起到了积极推动作用，获得群众广泛好评。

把扫黑除恶专项斗争步步引向深入，必须牢牢坚持人民主体地位、紧紧依靠群众。黑恶势力突出的地方，往往是群众安全感最弱、最不满意的地方。群众既是黑恶势力的受害者，也是知情者，掌握着涉黑涉恶

的"活情况"。一个地方有没有黑恶势力，人民群众最清楚；扫黑除恶的成效如何，人民群众感受最深刻。只有让群众更加自觉地主动地参与到专项斗争中来，更好发挥群众的作用，打一场扫黑除恶的人民战争，才能真正形成扫黑除恶的合力，推动专项斗争向纵深发展。

进一步发动群众参与、支持扫黑除恶，需要更多实招。比如利用新媒体主动设置扫黑除恶专项斗争议题，提高群众知晓率、参与率；及时通报有关案情，公开曝光更多典型案例，让群众了解掌握涉黑涉恶案件查办结果，广大群众知情才能更好地监督执纪执法是否公正严明，并能为有关方面提供新的线索，进一步扩大战果；严格落实保护举报人、证人的各项措施，让敢于揭发检举、勇于指认作证的群众没有后顾之忧……总而言之，只有站在群众的立场谋划破解之道，通过一项项想在前面、做到实处的举措，打消群众这样那样的顾虑，才能让那些善于"潜伏"、精于"变色"的涉黑涉恶势力及其"保护伞"在群众"十目所视""十手所指"中无处遁形。

（2018 年 8 月 20 日）

"人情"岂能坏了规矩

◎段相宇

"赵主任,你搞危房改造没?""没有搞,我又不懂这个。""你要是想搞,我可以想办法。"近日,中央纪委国家监委网站报道了一则由"偶遇"引发的套取危房改造资金案。案例中的两名当事人本就相熟,偶然碰面后的几句寒暄,便将危房改造指标私相授受。值得注意的是,两人之间其实并不存在行贿受贿、利益输送等行为,驱动他们的不是经济利益,而是作为老朋友的那份"人情"。

中国是个人情社会,作为社会的一员,每个人都难免会遇到人情往来。无论逢年过节、婚丧嫁娶,还是小孩升学、老人做寿,人们都会互相走动、表达问候,甚至会"随个礼""出个份子"来"表示一下"。这不仅是基本的社交礼仪,也是传统熟人社会互助互利、维系情感的内在要求。正常人情往来无可厚非,但并不意味着人情往来可以不受任何约束。不能公权私用、假公济私,就是一条重要的底线。

上述案例中,危房改造指标被当成一件"礼物"送了出去,一切都发生得那么"自然而然",仿佛是一桩波澜不惊的"小事"。然而,农村危房改造资金是用来给住房最危险、经济最贫困的农户们解决基本住房安全问题的,往大了说就是他们的"救命钱"。这笔资金重若千钧,怎能当成自己的私人物品而任意赠送,慷国家之慨搞"借花献佛"那一套?

当前，脱贫攻坚战鼓频催，正需要广大党员干部尤其是扶贫一线干部恪尽职守、秉公办事，努力把每一笔扶贫款项都花在刀刃上，让贫困群众真正受益，岂容"钻空子""薅羊毛"，搞弄虚作假、优亲厚友的把戏？

诚然，受传统文化的影响，不少乡村仍是典型的"熟人社会"，基层干部常常面临着各种难过的"人情关"。其中一些人正是平时不注意、不避嫌、不克制，从一些看似不打紧的"人情小事"开始，一步步突破底线、坏了规矩，最终滑向腐化堕落的深渊。"人情是把锯，你来我也去。"面对人情考验，如果不懂得规避和拒绝，便会在你来我往的纠葛中越缠越紧、无法脱身，到头来害人害己。

作为党员干部，只要出于公心、胸怀敞亮，就没什么抹不开的面子。恪守原则、正道直行，最终定能经受住时间的检验、得到群众的认可和拥护。须知，附着于权力之上的"人情"越少，无数"永远跟党走"的信心就会越坚定。

（2018 年 8 月 22 日）

主动说清问题，回到正确轨道

◎郝思斯

　　日前，四川省晒出的惠民惠农财政补贴资金"一卡通"专项治理成绩单，引起舆论广泛关注。据报道，在四川省纪委监委6月20日发出敦促凡在惠民惠农领域，尤其是扶贫领域有违纪违法行为的党员干部及其他人员，在8月15日前向当地纪检监察机关主动说清问题的《关于限期主动说清问题的通告》后，24971人在限期内主动向当地纪检监察机关说清问题，上交违纪资金7363万余元。

　　主动向组织说清问题、用实际行动悔改，是"问题干部"的自我救赎，也是朝正确轨道迈出的关键一步。

　　惠民惠农财政补贴资金"一卡通"，指的是将扶贫资金以银行卡或存折形式发放，由本人持卡取用。它虽然小，却是老百姓的"钱袋子"，必须做到"人不漏户、户不漏人、项无差错"，让惠民惠农补贴落到实处。然而，通过近年来查处的扶贫领域违纪违法案例可知，在"一卡通"管理使用过程中，诸如底数不清、管理混乱、侵占挪用、吃拿卡要等问题时有发生，严重侵害群众利益，啃食群众获得感。针对这些问题，今年6月至9月，四川省纪委监委决定在全省范围集中整治"一卡通"管理问题。督促有违纪违法行为的党员干部主动说清问题，正是集中整治的关键环节。

自 6 月 20 日发布《关于限期主动说清问题的通告》后，许多党员干部从开始的犹疑、彷徨，到最后主动到所在乡镇、部门说明问题，在内心深处经历了一番天人交战。"我是来向组织自首的，这段时间我每天晚上都睡不着""每天听到'村村通'广播通告，我坐立难安""后果迟早要面对，不如主动坦白"……对于在"一卡通"上存在问题的党员干部来说，寥寥数百字的《通告》，既是充满火药味的"最后通牒"，也是主动说清问题、争取从宽处理的"救赎窗口"。

惩前毖后、治病救人，惩是为了治。犯了错误的党员干部，只要不讳疾忌医、固执错误，以致达到不可挽救的地步，组织都会帮助其"治病"。

对主动交代问题的干部，各级纪检监察机关应当准确把握运用监督执纪"四种形态"，分类甄别处置，依纪依法从宽处理；而对那些拒不交代问题，对组织不忠诚、不老实的，一经查实，依纪依法从严处理。

"过而不能知，是不智也；知而不能改，是不勇也。"有违纪违法行为的党员干部，要珍惜组织给予的主动说清问题的机会，也必须信任组织。有多大的事，都要向组织说清楚，这不仅是唯一正确的选择，也是代价最小的选择。面对组织，是改过自新还是我行我素，是迷途知返还是一意孤行，得好好掂量掂量。

（2018 年 8 月 23 日）

堵住漏洞防"蛀虫"

◎陈　军

　　"直接用橡皮擦、涂改液等把自己侵吞金额上的百位以上的数字擦掉,只保留百位数字,然后将修改后的清单提交给镇财政分局入账……"近日,《中国纪检监察报》报道了广东省中山市港口镇社会事务局民政事务股原股长、港口镇敬老院原院长陈志祥侵吞扶贫资金案,这是他作案时的一个小细节。

　　11年,橡皮擦"擦走"3587万"活命钱"。稍作留意便可以看出的是,陈志祥侵吞扶贫资金的伎俩并不高明,无外乎"三板斧":一是虚构人员的姓名和金额,对应的收款账户均为其本人;二是用橡皮擦、涂改液篡改数据,掩饰作案行为;三是"2017年11月市委第一巡察组进驻港口镇后,陈志祥仍不收敛、不收手,继续侵吞扶贫专项资金11笔共计18.7万元"。

　　手法简单,手段卑劣,数额巨大,他的"三板斧"为何能得逞11年?除了欲壑难填,很大程度上在于监管存在漏洞。

　　云南省大理白族自治州鹤庆县社保局原出纳段丽坤,4个月的时间先后分56次挪用社保资金2000多万元;黑龙江省哈尔滨市南岗区红旗满族乡曙光村原党总支书记兼村委会主任于福祥,大肆贪占公款,涉案金额达2亿元……从近年来各地纪检监察机关查处的一些典型案例来看，有些"巨贪"官并不大，级别并不高，但有一个共同点就是手中握有看似微小而又缺乏有力监管的权力。监管一旦有了漏洞，就会滋生"蛀虫"。并且，监管漏洞的大小与贪腐金额的多少有着直接的关系，往往漏洞越大，"蛀虫"就越大。

有缝就钻，有洞就穿。当前，一些"蝇贪""蚁贪"猖獗，钻的就是监管上存在的漏洞。"大风吹不过牛尾巴"，一些基层干部处在最末梢、最不起眼的位置，往往成了监管的盲区。以扶贫资金的监管为例，有的职能部门存在"重下拨、轻监管"现象，资金一拨了之，对去向不管不问；有的扶贫干部既做"运动员"又做"裁判员"，一个人负责涉农补助的申报、核查、经手发放等全过程，这就留下了"手可伸"的漏洞、隐患。

漏洞和蛀虫是相生的，堵住了漏洞，蛀虫就失去了生存空间。堵住漏洞，除了将全面从严治党的责任和压力延伸至基层、扎紧制度笼子之外，当务之急还是织密监督网。比如，完善网络、电话、信函、接访等信访举报平台，拓宽群众举报渠道；运用大数据等新技术手段监管扶贫款、惠民资金的发放；在日常监督中形成"网上"和"网下"互补、"人防"和"技防"联动的模式，等等。监督越严密，漏洞就越少，"蛀虫"的生存空间就越小。

（2018 年 9 月 26 日）

听得进、容得下，更要改得了

◎蔡相龙

10月8日，陕西省西安市电视问政"物价"，问题直击痛点，群众提问尖锐，专家点评犀利，问题主要集中在价签"捉迷藏"、不明码标价、商品虚假折扣、工作人员作风散漫等方面。通过现场打分，西安市物价局满意率仅为25.88%，该局局长当场表示："将知耻而后勇，整改工作作风。"

电视问政运用电视媒体架起了党委、政府及其职能部门与社会公众之间的沟通桥梁，其最大的意义是以问题为导向，高效地发现问题、反映问题，进而解决问题。在问政现场，群众是"考官"，领导是"考生"，领导必须直面群众的各种质疑，而这些质疑往往关乎社会各界的切身利益。面对面问答、现场打分，某种意义上正是对"时代是出卷人，我们是答卷人，人民是阅卷人"的生动诠释。

面对群众的呼声，领导干部"听得进"是前提条件。无论是与群众坐在一条板凳上走访调研，还是在镜头下与群众面对面对话，其目的都在于密切联系群众、倾听群众呼声。领导干部需要用一颗诚心去仔细听、认真记，切不可一边频频点头、一边风从耳过。真正把群众的呼声记在心上、抓在手里，今日的质疑才有可能变成明日的赞许。

面对群众的质疑，领导干部"容得下"是基本要求。古人有"闻过则喜"之说，对于群众所提的意见，领导干部不要怕辣，辣味越重越"出汗治病"，也不要怕有些质疑是"以讹传讹"或"一叶障目"。领导干部要做的，就是"海纳百川""兼听则明"，过后再对存疑之处进行细致梳理与科学研究。

面对群众的诉求，领导干部"改得了"是试金石。电视问政只是开端，解决问题才是目的，千万别让民之所呼"泥牛入海"、不了了之，最终成了令群众寒心的形式主义、官僚主义。要想真正提高群众的满意度，就要关注群众所盼望的，消除群众所质疑的，解决群众所担忧的，把实事办好，把好事办实。只有用实打实的行动和成效来回应群众诉求，才能赢回在电视问政中一时"低落"的民心，才不辜负群众的信任与期待。

（2018 年 10 月 10 日）

把"痕迹"刻印在实际工作中

◎完颜平

近日，有媒体报道，某上级单位要求给村贫困户制作档案，一个贫困户一份档案24页，一式4份共96页，还要有照片，所有档案全部要用塑料外皮包装。全村158户，总共用了1.5万张A4纸、硒鼓用了13个。而在另一个村子，搞一次"卫生清扫"则需要建9份档案……这类在实际工作中"做表面文章、过度留痕"的问题，在基层并非个案，让基层干部常常叫苦不迭。

近年来，一些地区和部门要求在工作中留痕，通过记录、保存工作开展中的文字、图片等，推动工作"一步一个脚印"。其初衷是好的，然而，有的地方却滥用"留痕"手段，甚至兴起留痕攀比风，将"过度留痕"风气传导到其他行业、领域。有的以上级机关名义发文，将留痕上升到"制度"层面，将留痕设置成为"必选项"；有的要求从领导机关做起、从领导干部做起，让一把手来抓"留痕"；等等。这样的风气在一些地方和部门愈演愈烈，甚至发展为"无痕不工作，工作必留痕；有痕受表扬，无痕被批评"的病态。

现实中，"过度留痕"并非孤立存在，而是常常和其他形式主义、官僚主义问题一同出现。有的检查验收工作不去一线调查了解、听群众反映，而是关起门查阅"留没留痕"；有的单位迎接检查，忙着弄材料整表格，人手不够就从基层抽调，加班加点、夜以继日；有的报给检查组的材料堆成小山，甚至出现"一人捧不动，要用车子送"等怪象；有的领导干部凡开会调研必留影像资料，进村入镇第一件事就是与人合影，"主动拍"或"被摆拍"；等等。与此同时，留痕的方式也从记录、表格，到文件、会议，再到录音、摄像等，向着全方位"留痕"发展。

如此"留痕"，让基层单位及其工作人员深受其害。有的基层干部倒苦水："现在各项检查都要听汇报、看材料、查台账，但很多时间被用来做留痕登记，做得不好，不但过不了关，还要挨批评、做检讨。"有的同志不客气地说，"过度留痕"分散了基层干部的时间和精力，如果把登记的时间都挤出来，其实可以办成更多的事情。尤为严重的是，"过度留痕"使得一些单位在留痕过程中"不得不造假"，以应对上级检查，甚至催生出一些"歪招"，助长了形式主义、官僚主义。

不论什么事情，如果做过了头，好事也会变成坏事。因此，必须坚持实事求是的原则，科学留痕、合理留痕，把"痕迹"刻印在实际工作中。对上级机关而言，要完善考核评价体系，加强常态化了解，多帮助基层解决工作中的实际问题和困难，不能"唯痕"是举、动辄要求"白纸黑字"，甚至把材料做得精不精、美不美作为对工作是否重视、是否落实的标准。对基层而言，必要的记录、台账要"有痕"，不能因噎废食，但切忌为"留痕"而为，而要把痕迹留在工作实绩中、留在广大群众的口碑中。

（2018 年 10 月 11 日）

让基层干部从频繁"迎检"中脱身

◎张　琰

　　"我那有个小小的民办校，各种重复表格没完没了。搞个专人都应付不过来。只要中国大地上有个火灾我们就得报消防检查，有个食堂吃坏肚子我们就得报食品安全，有个校外凶案我们就得报安保，月月年年。其实我们一个培训机构没有食堂，在楼里办学，消防设施是大楼统一检验的，就是折腾。"

　　中共中央办公厅印发了《关于统筹规范督查检查考核工作的通知》之后，"侠客岛"微信公众号以"中央这份最新文件，戳中了多少基层干部痛处？"为题对文件作了解读，许多在基层工作的读者留言，以亲身经历反映面对名目繁多、频率过高、多头重复的督查、检查、考核，应接不暇、不堪重负。

　　此前就有媒体报道，一些"窗口校""示范校"每月接待好几拨检查，校长成了"迎检专业户"；老师加班准备迎检材料，教学成了副业，好多任务还可以通过学生布置到家庭，让家长们一同"受刑"。还有地方专门设立"迎检办公室"，您听说过吗？某市有一个专门用来迎接领导考察或检查的"明星社区"，社区一间20多平方米的办公室，在4年内竟被3家不同的部门前后装修3次，每次花费十几万元。但装修好、挂了牌子后，却基本闲置，变成迎接考察或检查的道具。过去说形式主义"害死人",现在还得加一个——"累死人"。

"十一"长假过后,一些名胜古迹身上又多了许多"某某到此一游",引起舆论一片讨伐之声。为什么有人这么喜欢写"到此一游"?这大概算是旅游中的一种形式主义——没有耐心和静气品味山河之美,在"地标"以刻下自己大名的方式"打个卡"就算不虚此行。一些督察检查组,又何尝不是"到此一游"的"旅行团"?耳不闻群众之声、眼不见实际问题,只求留下一串车辙足迹,证明"你的世界本领导曾来过",也顺便享受一下作为上级部门的"权力快感"。游客走后,给珍贵文物留下累累伤痕;一拨拨检查团走后,给当地留下的,则是人力物力财力的巨大损耗。据报道,内蒙古某地脱贫攻坚工作半年内经历了2次"大检"和3次"小检",其中有一次"迎检"花掉20万元,有干部说这么多钱至少够给20个贫困户每家买头牛了。

督查检查是上级督促下级改进工作的重要手段,初衷是防差堵漏、激发干劲,也能够防止基层工作浮于表面、流于形式,促进中央决策部署得到贯彻落实。但如果督查检查也感染上了形式主义官僚主义呢?——名目繁多、重复扎堆、层层加码,兴师动众,动辄对着县乡村和厂矿企业学校,影响地方和基层的正常工作,或者部门督查检查考核打着中央的旗号,日常调研指导工作随意冠以督查、检查、巡查、督察、督导等名义,结果就是搞得基层每天紧张兮兮、不堪重负、头大如斗,甚而渐渐习惯于以迎检代替工作、把应付当做能耐。局内人为了各种花哨形式忙得不亦乐乎,在局外的老百姓看来,无非是一场场劳民伤财的闹剧——你说你每天都很忙,忙着填表、评比、拉横幅,可左看右看上看下看也没看出来你忙的"含金量"啊!

针对如上问题,治理药方开出来了。《关于统筹规范督查检查考核工作的通知》,剑指督查检查考核中的形式主义、官僚主义。"严格控制督查检查考核总量和频次,防止重复扎堆""不能工作刚安排就督查检查、刚部署就进行考核""对县乡村和厂矿企业学校的督查检查考核事项要减少50%以上"……戳中的正是当前基层工作的痛点，让众多被迎检工作反复折磨的基层干部连声叫好。

基层到处是"新景"，但仅仅满足于"到此一游"的"半日团"恐怕是领会不到的。欲探"幽"揽"胜"，就得多到现场看，多见具体事，多听群众说。说到底，所有的督查检查考核都只是推动工作的手段，可千万别让手段成了目的，干出"买椟还珠"的傻事。

（2018 年 10 月 12 日）

以更多"拔伞"战果回应期待

◎魏　寅

　　日前，全国扫黑除恶专项斗争推进会在湖北武汉召开，对深入推进专项斗争进行全面部署。会议指出，"扫黑除恶专项斗争要把深挖彻查黑恶势力背后的'保护伞'作为主攻方向""以深挖彻查'保护伞'为关键点""确保扫黑与打击'保护伞'同步，做到除恶务尽"，释放出扫黑除恶与"拔伞"持续发力、越来越严的鲜明信号。

　　在有些地方，黑恶势力之所以坐大成势、肆意妄为，一个重要原因就是有人在背后充当其"保护伞"。有少数党员干部和公职人员，面对黑恶势力横行乡里、欺行霸市的种种恶行，不仅不予以打击，反而为其"撑腰""铲事"，本应是黑白两立、正邪两分的关系，却成了狼狈为奸、蛇鼠一窝的同伙。这种现象，玷污的是党和政府形象，破坏的是社会安全稳定，影响的是人民群众的获得感、幸福感、安全感，危害不可谓不大。

　　对于打击黑恶势力及其"保护伞"的问题，党中央始终高度重视，并作出重要部署。习近平总书记在十九届中央纪委二次全会上强调，要把扫黑除恶同反腐败结合起来，既抓涉黑组织，也抓后面的"保护伞"。中共中央政治局常委、中央纪委书记赵乐际在云南省调研时强调，坚决查处黑恶势力背后的腐败问题，严肃惩治充当"保护伞"的党员干部和公职人员。2018年1月中共中央、国务院发出的《关于开展扫黑除恶专项斗争的通知》专门指出，把扫黑除恶与反腐败斗争和基层"拍蝇"结合起来，深挖黑恶势力"保护伞"。

扫黑除恶专项斗争开展以来，各地连续挥出重拳，"拔伞"工作稳步推进，成效显著。据近期公布的数据显示，湖北省查处涉黑涉恶腐败和"保护伞"问题270个，立案365人，处理相关人员207人；河南省178名涉及"保护伞"问题的公职人员被查处，其中党政干部109人；广东省立案查处2起厅级干部、36起处级干部"保护伞"案件。从7月份开始，中央扫黑除恶专项斗争第一轮督导工作全面启动，中央各督导组在动员会上再次提出，坚持扫黑除恶与打"伞"反腐两手抓、两手硬，两结合、两促进，对黑恶势力的"关系网""保护伞"要一查到底、绝不姑息。

然而，即便是在扫黑除恶专项斗争"从全面推开向纵深推进"的大环境下，仍有少数人心存侥幸，以为"专项斗争"不是"长期斗争""永久斗争"，总有结束的一天。在他们看来，现在风头紧，那就暂且把"伞"收起；等到将来管得松了，可以再把"伞"张开。抱着这种幻想的人，恐怕是误判了形势。《关于开展扫黑除恶专项斗争的通知》指出：对黑社会性质组织犯罪组织者、领导者、骨干成员及其"保护伞"，"要依法从严惩处"。新修订的《中国共产党纪律处分条例》也提及：纵容涉黑涉恶活动、为黑恶势力充当"保护伞"的，给予撤销党内职务或者留党察看处分；情节严重的，给予开除党籍处分。可见，黑恶势力"保护伞"为党纪国法所不容，"拔伞"绝不会是一阵风。如果有谁继续为人"撑伞"，迟早会替人"顶雷"。

黑恶势力是经济社会健康发展的毒瘤，是人民群众深恶痛绝的顽疾，社会各界对拔掉黑恶势力"保护伞"呼声强烈。因此，各级纪检监察机关应在扫黑除恶专项斗争中立足职责定位，坚决把中央决策部署落细落实。要把党员干部涉黑涉恶问题、充当"保护伞"问题纳入巡视巡察工作内容，完善涉及"保护伞"的问题线索核查机制和问题线索快速移送反馈机制，优先受理、处置有关涉黑涉恶腐败和"保护伞"问题的举报反映。只要保持高压态势，依法严惩、除恶务尽，就一定能以更多的"拔伞"战果回应期待，还群众以和谐安宁，还社会以朗朗乾坤。

（2018 年 10 月 21 日）

挺起管党治党的担当脊梁

◎李达仁

　　贵州通报 4 起落实主体责任不力被问责典型问题，成都通报 5 起落实"两个责任"不力被问责典型案例……《中国共产党问责条例》颁布实施两周年之际，各地公开曝光一批典型案例，剑指管党治党责任虚化、表态多落实差、压力传导不到位等问题，有权必有责、有责要担当、失责必追究的信号更加强烈。

　　盘点两年来全面从严治党的卓著成效，层层落实管党治党政治责任，坚决改变管党治党宽松软状况，无疑是其中最为鲜明的一个。以习近平同志为核心的党中央，紧紧扭住落实管党治党政治责任这个"牛鼻子"，把强化问责作为全面从严治党的利器，把强化党内监督作为党的建设重要基础性工程，推动管党治党责任全面覆盖、层层落实，压实了全面从严治党的政治根基。两年时间，"失责必问、问责必严"成为管党治党的常态；"权力就是责任，行使权力和担当责任相统一"，这样的观念深入人心；"不管党治党就是严重失职、管党治党不力就是渎职"，这样的意识成为广大党员干部的自觉。

　　"看似寻常最奇崛，成如容易却艰辛。"曾几何时，一些党组织存在党的领导弱化、党的建设缺失、全面从严治党不力，党的观念淡漠、组织涣散、纪律松弛、不担当不负责等突出问题在党内广泛存在。究其根源，就在于全面从严治党主体责任监督责任落实不到位，导致管党治党失之于宽松软。更重要的是，责任之弦一旦松弛，再好的制度也会成为纸老虎，再有力的治党举措也会成为稻草人。随着问责条例、党内监督条例等一系列党内制度的出台，"动员千遍，不如问责一次"的威力逐渐释放出来，压力得到级级传导，责任得到层层压实，提高了政治免疫力，拧紧了管党治党的责任螺丝。

扭住落实管党治党政治责任这个"牛鼻子"，就扭住了管党治党标本兼治的抓手。习近平总书记强调，不明确责任，不落实责任，不追究责任，从严治党是做不到的。问责条例的出台，开启了有效制约和监督权力、管好管住领导干部这个"关键少数"的新路径，开创了党在长期执政条件下实现自我监督、自我净化的新举措，为把全面从严治党引向深入提供了重要制度遵循。环视世界，从没有哪个政党像中国共产党这样，以踏石留印、抓铁有痕的决心和勇气进行自我革命。问责条例是中国共产党党内制度建设的一座里程碑，以此为标志，全面从严治党的制度笼子更富威力。

扭住落实管党治党政治责任这个"牛鼻子"，就扭住了强党兴党久久为功的根本。揆诸历史不难发现，责任总是得到高度强调，但也总是容易被抛之脑后。审视现实更可以了解，打铁必须自身硬的政治承诺赖责任以成，党的领导的政治优势赖责任以兴。问责条例是全面从严治党的重要制度笼子，其意义不仅在于让谁来问责、对谁问责、什么情形要问责、如何问责等具体问题"有章可循"，更在于让党的观念、对党负责的意识进驻共产党人心间，全党上下人人有责、人人尽责的生动局面正在形成，强党兴党的政治合力正在汇聚。各级党组织和党的领导干部只有切实把责任扛起来，才能挺起管党治党的担当脊梁。

有多大担当才能干多大事业，尽多大责任才会有多大成就。全面从严治党未有穷期，夯实管党治党政治责任同样未有穷期。保持失责必问的制度刚性，唤醒全党同志的责任意识，我们一定能不负初心、不辱使命，通过全面从严治党为决胜全面建成小康社会、全面建设社会主义现代化国家提供坚强保证。

（2018 年 7 月 8 日）

对损害生态环境者真追责敢追责严追责

◎兰琳宗

　　湖南省畜牧水产局等 25 个单位的 62 名国家公职人员被问责，包括益阳市委副秘书长在内 11 人被立案审查和监察调查！日前，因洞庭湖区下塞湖非法矮围问题，湖南省委对有关责任人员作出严肃处理，以雷霆之势，掀起一场问责处分"风暴"，再次释放了动真格、肃风纪，加强生态文明建设，护卫绿水青山的强烈信号。

　　生态文明建设关系人民福祉，关乎民族未来。生态兴则文明兴，生态衰则文明衰。要实现中华民族伟大复兴的中国梦，就必须建设生态文明、建设美丽中国。党的十九大报告指出，要"像对待生命一样对待生态环境""实行最严格的生态环境保护制度"。习近平总书记在今年 5 月召开的全国生态环境保护大会上强调："对那些损害生态环境的领导干部，要真追责、敢追责、严追责，做到终身追责。"字字铿锵有力，句句掷地有声。在事关中华民族永续发展的根本大计面前，在生态文明建设处于压力叠加、负重前行的关键期，推动生态文明建设迈上新台阶，是各地区各部门和领导干部不可犹豫、不能退缩、义不容辞的责任和使命。

　　在生态环境保护中履职不到位、责任不落实，就要被问责、被处分！此次湖南省委对下塞湖非法矮围问题有关责任人员作出严肃处理，就是一个鲜明例证。下塞湖非法矮围问题是一起严重破坏生态环境和国家公职人员严重失职渎职、违纪违法的典型案件。通报显示，这里面既有部分省直部门和地市县党委和政府及有关部门态度不坚决、行动不积极、履职不到位的问题，"没有认识到这是党中央的重大决策部署，没有履行生态环境保护第一责任人的责任"；也有少数领导干部严重违纪违法、失职渎职，甚至为私营企业主违法行为提供帮助、充当"保护伞"的问题，"有的甚至收受红包礼金、贿赂，滥用职权，违规签订长期承包合同、出具虚假函件和证明"；还有表态多、行动少、落实差的形式主义、官僚主义问题，"说一套做一套，擅自降低拆除标准，在督查督办中不深入、不较真、不碰硬，在检查验收中搞变通、打折扣，甚至弄虚作假"。问题触目惊心，必须严肃查处问责；教训极为深刻，必须深入总结、举一反三。

深入推进生态文明建设、解决生态环境问题，关键在领导干部。各级党组织和领导干部必须坚持以习近平生态文明思想为引领，坚定不移贯彻新发展理念，牢固树立正确的发展观和政绩观，坚决摒弃以牺牲生态环境换取一时一地经济增长的做法。要严格落实领导干部任期生态文明建设责任制，强化各级领导干部在生态文明决策、执行、监管中的责任。地方各级党委和政府主要领导是本行政区域生态环境保护第一责任人，对本行政区域的生态环境质量负总责，要做到重要工作亲自部署、重大问题亲自过问、重要环节亲自协调、重要案件亲自督办，压实各级责任，层层抓落实。各相关部门要履行生态环境保护职责，守土有责、守土尽责，分工协作、共同发力，汇聚起生态文明建设的强大合力。

纪检监察机关要在为生态文明建设提供坚强纪律保障上主动作为。要把监督挺在前面，早发现、早治理，督促有关地方和部门深入排查违规违法开山、围湖、土地变性、建房等现象，把问题解决在萌芽状态，不能任其坐大成势。要用好问责"利器"，对造成生态环境损害负有责任的领导干部，不论是否调离、提拔或者退休，都必须严肃查处问责。对生态环境保护领域违纪违法、不担当不作为、形式主义、官僚主义顽症和突出问题等，阻力再大也要坚决果断处置，尤其要打破关系网和利益藩篱，打击背后的黑恶势力和"保护伞"，持续用力、久久为功，不达目的决不收兵，以铁的纪律守护绿水青山。

（2018 年 9 月 13 日）

"庸懒散"者，快告别"昨日之我"

◎段相宇

　　"未及时制止、上报辖区内的违法搭建行为""未在防汛隐患排查工作中发现闸门锈蚀穿孔等安全隐患问题"……国庆节后的首个工作日，中央纪委国家监委网站发布了成都市纪委监委通报的 10 起不作为及"懒散拖"问题典型案例，同时披露了云南省纪委监委"庸懒散浮拖"问题专项整治成绩单——今年 1 月至 8 月共问责不作为乱作为问题 1869 个，问责 132 个单位 2869 人。对于少数习惯于"庸懒散"，甚至想借"假期综合征"再"舒服"一阵子的党员干部，这无疑是"警示牌"。

　　从"门难进，脸难看，事难办"的挖苦，到"平平安安占位子、舒舒服服领票子、庸庸碌碌混日子"的讽刺，流传已久的民间顺口溜中，折射了老百姓对惯踢皮球、善打太极、为官避事、尸位素餐等"庸懒散"问题的深恶痛绝。在近年来全面从严治党的强力推动下，大多数党员干部绷紧了纪律之弦、校正了作风之舵，展现出应有的担当和形象。但是，仍有一些党员干部浑浑噩噩，存在不作为、慢作为等问题。如，有的满足于当"太平官"，能力平庸却不思进取，整日安于现状、得过且过；有的信奉躲、推、拖"三字经"，在其位不谋其政，在其职不尽其责，懒散拖沓、碌碌无为；有的自恃端着"铁饭碗"，作风漂浮、自由散漫，乃至有令不行、有禁不止……"庸懒散"的作风问题，人民群众反映强烈，危害不可小觑。

党员干部"庸懒散"，归根结底，是理想信念出了问题。"总开关"松动了，宗旨和责任意识淡漠、精神萎靡、斗志弱化等接踵而至，导致对个人的荣辱得失"看得重"，对群众的安危冷暖"看得轻"，对事业的兴衰成败"看得淡"。没有了"全心全意为人民服务"的心，哪还会有"俯首甘为孺子牛"的行？

以解决党员干部不想为、不能为、不敢为等问题为导向，让"庸懒散"者无立足之地，势大力沉的行动渐次展开。中共中央办公厅印发《关于进一步激励广大干部新时代新担当新作为的意见》，强调"坚持优者上、庸者下、劣者汰""对不担当、不作为的干部，该免职的免职、该调整的调整、该降职的降职"；已经正式施行的新版《中国共产党纪律处分条例》中，进一步完善了对不作为、乱作为等破坏党群、干群关系行为的处分规定；中央纪委办公厅印发《关于贯彻落实习近平总书记重要指示精神集中整治形式主义、官僚主义的工作意见》，全面启动集中整治形式主义、官僚主义工作……"火控雷达"已经瞄准为官不为现象、"庸懒散"作风。对某些党员干部来说，再不警醒起来、告别"昨日之我"，可就要付出相应代价了。

（2018 年 10 月 9 日）

监督给力方能扼住贪婪之手

◎孟庆毅

"利用管理会计账目、代发工资等职务便利，通过虚增本人工资、重复报账、虚构工程项目款支出等方式，把尾号为144的财政所基本账户和021、027两个财政专户当做自己的提款机，侵吞公款7745万元。"10月12日，《中国纪检监察报》报道了广东省广州市花都区梯面镇财政所会计蓝炽强7年间侵吞巨额公款用于赌博、购买车辆等个人挥霍的违法犯罪事实。一个乡镇财政所会计职务虽不高，却能在几年间，把巨额公款"收"入囊中，给国家造成巨额经济损失，真是触目惊心。

类似案件不止一例。江苏省高邮市农委原会计柏玲从2013年8月至2015年12月间，累计侵吞公款1052万元，全部用于个人挥霍；浙江省杭州市西湖区某建设类国有企业下属分公司财务负责人陈曦曦，在2016、2017短短两年之内挪用公款2683万元进行赌博；云南省鹤庆县社保局出纳段丽坤于2015年1月至5月挪用2368.31万元社保资金用于网络赌博。

分析这几起"小官巨贪"案例即能发现，其共同点是，犯罪主体都是财会人员、涉案金额都数额巨大、侵吞款项都用于个人挥霍。从他们的犯罪手法上看，并不高明，相反，大都非常单一、拙劣。他们之所以能够轻而易举地"得手"，很大程度上在于相关规章制度形同虚设和监督责任"空转"。

例如，蓝炽强案中，原本该由镇财政所负责人保管的财政所法人章却交由蓝炽强这个会计保管，财务专用章和出纳章提前加盖在空白支票上，对账制度执行不严格；柏玲案中，本应分别由两人以上保管的财务专用章、法定代表人个人印章、财务负责人个人印章却"放"在柏玲一人手中，入账的银行对账单应该有银行公章才有效，但柏玲伪造修改后打印的银行对账单也能"过关"……

"天下之事，不难于立法，而难于法之必行。"规章制度不是万能的，但有规章不执行、有制度不落实是万万不能的。只有严格执行规章制度，确保制度笼子结实紧密，才能把一些公职人员的私欲之心遏于萌芽，将其贪婪之手挡在门外。若是把规章制度仅仅写在纸上当空文、挂在墙上当摆设、喊在嘴上当口号，岂能发挥规章制度管长远、管根本的作用？

前车之覆，后车之鉴。无论是蓝炽强一案中，"15 名党员干部因履行'两个责任'不力、不履行或不正确履行职责被严肃问责"；还是段丽坤一案中，"因落实主体责任不力，涉及的 6 个单位 25 名责任人分别受到问责处理，3 人被移送司法机关处理"，这些都发出警示，监督责任不落实，责任面前当"甩手掌柜"，就一定会被追责，在这点上，没得说。

（2018 年 10 月 16 日）

始终牢记权力姓"公"不姓"私"

◎聂新鑫

　　针对网传"女教师因罚站学生被带入派出所数小时"一事，湖南株洲县有关部门 10 月 19 日通报了调查和处理结果：涉事的渌口派出所副所长赵明众系违规使用公权力，决定给予记大过处分、免去副所长职务，并调离公安系统；同时，对县公安局、渌口派出所等相关人员给予问责处理。该县纪委监委调查认为，赵明众作为共产党员、公安干警，在处理师生关系、家校关系的过程中，违规使用公权力。违反公安机关办案回避规定，违规派警处理涉及本人家庭成员与他人的纠纷，且处置不当。

　　学生迟到，老师怎样处理，如果不涉及违反国家法律法规和违背社会公德，都属于教育方式方法的范畴。家长对此有异议，可以通过与学校、老师沟通的方式来解决。如果老师违规或者存在师德师风等问题，还可以向教育主管部门反映或者投诉举报，涉及违法犯罪的也有相应的法律解决渠道。"女教师因罚站学生被带入派出所数小时"一事，之所以引发社会关注，许多人表示愤怒、不满，原因就在于在这一事件中，涉事民警因为一己之私，就随意动用手中的公权力，以讯问调查为名，限制公民人身自由。这样的做法，就是违规使用公权力泄私愤。

　　权为民所赋，就应为人民群众服务，而不是行使者的个人私权，不能谋取个人利益，更不能成为挟私报复的工具。要知道，公权力一旦被滥用，不但损害群众利益，也会破坏干部队伍形象，甚至个别人犯错误可能要让更大一个工作群体来"背锅"，还可能会导致党和政府的公信力受到影响。对此，必须高度重视，坚决予以纠正。

党的十八大以来，习近平总书记多次强调党员领导干部要严以用权，深刻指出"要坚持用权为民，按规则、按制度行使权力，把权力关进制度的笼子里，任何时候都不搞特权、不以权谋私"。一方面，党员干部要树立正确的权力观，始终牢记手中的权力姓"公"而不姓"私"，始终不忘共产党人的初心与使命，把全心全意为人民服务的宗旨铭刻在心，落实在行动上。另一方面，必须严格规范和约束公权力的行使，用党规党纪和法律法规为权力划出边界、定下规矩。《中国共产党纪律处分条例》和《中华人民共和国监察法》对于惩处滥用职权的行为有着明确的规定，其他相关法律法规、规章制度也对公职人员正确行使权力作了详细规范。

有权不可任性，用权必受监督，滥权必被追究。当前，纪检监察体制改革正向纵深推进，党章党规和宪法法律赋予了纪检监察机关党的纪律检查和国家监察两项职责。强化对广大党员干部和所有行使公权力公职人员的监督，正是改革的一个重要目的。无论是领导干部、公办单位的管理人员，还是基层群众性自治组织中依法履行公职的人员，等等，只要行使的是公权力，都是监督监察的对象。广大党员干部以及公职人员要自觉在党纪国法等的约束下行使权力，自觉接受监督，养成在监督下履行职责的习惯，始终保持清醒的头脑，经常对照检查，防微杜渐，慎重用权，严格自律。

各级纪检监察机关要加大执纪监督、执法监察的力度，对违法违规行使职权的行为严肃处理，发现一起，惩处一起，严格追究责任。要积极通过网络、媒体了解群众关注的热点，研究分析舆情背后的现实问题，更有针对性地对重点领域、重点环节加强日常监督。还要借助科技手段创新监督方式，提高监督实效，让监督之眼无处不在，覆盖公权力运行的全方位、全流程。以科学有效的监督，确保公权力的正确行使，推动所有党员干部、公职人员做守规守纪守法的模范，做知法、守法、崇尚纪律法律的标杆，带动全社会形成遵纪守法的良好风气。

（2018 年 10 月 20 日）

监督，不该是"短板"而应是"长项"

◎习　骅

谈到纪检监察机关履职问题，有领导同志尖锐指出：监督是短板！

按照管理学中的木桶理论，储水量的多少取决于最短的那块木板。纪检监察机关履行职责，哪块板都不能短，监督尤其如此。

监督是履职"木桶"具有特殊重要性的"第一块木板"，中央纪委主要领导称之为"首要职责"。党章赋予纪委监督执纪问责职责，宪法和监察法赋予监委监督调查处置权力，可见监督是纪委和监委共同的基础性工作，就像箍桶要从第一块板开始，其他板子顺着它排列下去，最终才有一只桶。监督意味着发现问题，发现不了问题就谈不上解决问题，其他职责就是无源之水，难以为继。

监督凸显国家治理的一般规律，即全面监督、精准执纪执法。纪律检查和国家监察是党和国家监督制度和监督体系的重要组成部分，其关键词是"检查"和"监察"，都有检视和督促的意思，即通过"望闻问切"维护法纪。对纪检监察机关来说，监督不但不能变"短板"，相反应该是"长项"，是看家本领。要用监督全覆盖和由监督发端的治理，推动制度优势不断转化为治理效能，进而营造良好的政治氛围和风清气正的政治生态，通过不懈努力换来海晏河清、朗朗乾坤。从这个角度看，监督在理论和实践上又发挥"桶底"的作用，没有桶底就不是一只桶，桶底不密实就不是好桶。

监督职责如此重要和特殊，但相形之下，在一些地方和单位，监督恰恰又是"短板"，一些同志不敢、不想、不善监督，提升空间很大。这既有历史原因，也有现实原因；既有客观原因，更有主观原因。在过去相当长一段时间内，纪检监察机关必须集中兵力打"歼灭战"，清仓历史上积攒的大量问题。不少人由此以为纪委就是党内"公检法"，习惯以"老虎"大小、案值多少论英雄，政绩观走偏。而且，监督是个技术活、细活，似乎投入多、产出少；监督又是得罪人的活，感觉不如打"老虎"那样痛快；等等。这些原因，都导致了在一些地方和单位监督的滞后和乏力。

当前，反腐败斗争压倒性态势已经形成并巩固发展，一方面需要继续保持惩治腐败高压态势，更有效地遏制增量、更有力地削减存量，持续强化不敢、知止的氛围；另一方面也需要扎牢制度笼子、加强教育管理，一体推进不敢腐、不能腐、不想腐，以深耕细作实现标本兼治。这必然要求把监督挺在前面，抓早抓小"治未病"，运用好"四种形态"利器，通过维护一棵棵"树木"的健康，保证整片"森林"郁郁葱葱。这是纪检监察事业的光荣和使命所在，此中大有可为。

要在新时代建立新功业，纪检监察干部必须用心体会历史的节奏感，在思想上政治上行动上同党中央保持高度一致。要丢掉"小九九"，熟悉新阵地，以监督为圆心，扎扎实实补"短板"，确保"好同志"越来越多、"阶下囚"越来越少，使我们的队伍越来越强大。

（2018 年 7 月 20 日）

实事求是依规依纪精准问责

◎郝思斯

　　随着《中国共产党问责条例》等党内法规制度深入贯彻执行，失责必问成为各级党组织和广大党员干部的共识，成为管党治党的常态。进一步发挥好问责这个全面从严治党利器的作用，要求我们必须强化精准思维，切实做到实事求是、依规依纪，以精准问责推动责任落实。

　　问责不能泛化、滥用。问责是各级党组织的职责所在，一事当前，该不该问责、谁该被问责、怎样问责、问责到何种程度，关乎问责的作用和实际效果，关乎党组织的公信力。当前，个别地方、部门存在着执纪问责简单化现象，"一有错就问责，一问责就动纪"。如果问责简单粗暴，欠缺精准，甚至乱问责、错问责、问错责，就会削弱问责的严肃性和权威性，打击干部担当干事的积极性。问责是个精细活，"精准"是关键。能不能精准发现问题、精准识别问题、精准作出处置，关键在于各级党组织真正担负起主体责任，找准责任主体、把准问责重点，这样才能让党员干部知道自己身上的担子有多重，知道如何更好地约束管理自己，从而取得良好的政治效果、纪法效果、社会效果。

　　问责有着严格的规定和程序，决不能以言代"法"。问责要做到"精准"，就不能"离谱"。须臾不能偏离的"谱"，就是党章、问责条例、党内监督条例、党纪处分条例等党内法规。这就决定了，问责必须从实际出发，严格依规依纪，切忌不论具体是非，一不高兴、一拍脑袋就问责，甚至违反民主集中制，仅凭领导个人要求就官僚主义草率问责。问责的震慑力来自公信力，而公信力建立在事实、依据、程序等都经得起推敲的基础之上。要严格依照问责条例和其他有关党内法规的要求，深入调查了解、仔细核实，把事情的来龙去脉、当事人的特殊情况等细节问题都搞得一清二楚，正确区分问题性质，严格决策和审批程序，既不放过失职失责者，也不能感情用事、不分青红皂白就问责，这样才能提高问责的公信力和精准度。

坚持严管和厚爱结合、激励和约束并重，引导干部担当作为、干事创业。不是问责越多越重就越好，也不能过度依赖问责来推进工作，动不动就把问责挂在嘴上。问责只是手段，目的是要通过这一方式，让大多数党员干部受到触动和警示，切实增强担当精神，更好履职尽责。要坚持全面辩证历史地看待干部，公平公正对待干部，妥善把握事业为上、实事求是、依规依纪、容纠并举等原则，结合动机态度、客观条件、性质程度、后果影响等情况，把工作上的失误和违纪违法行为、一般性的过失与严重的失职失责区分开来，精准把握政策、做到宽严相济，从而引导干部发扬成绩、改进不足，做到知责、负责、尽责，真正把党的路线方针政策贯彻下去。

问责是纪委的一项基本职责，能否做到精准问责，考验的是纪检监察机关的政治站位、工作作风和执纪能力。各级纪委在问责时一定要慎之又慎，做到调查取证细之又细、自我约束严之又严。上级纪委要加强对下级纪委的督促检查和工作指导，发现问责过多过滥、畸轻畸重、悖情悖理等问题，要及时指出、积极纠正，确保问责的质效。

（2018 年 11 月 21 日）

责任编辑：刘敬文

封面设计：王欢欢

责任校对：吕　飞

图书在版编目（CIP）数据

党的十九大以来全面从严治党新观察／中国纪检监察报社评论部　编．— 北京：

人民出版社，2019.2

ISBN 978 - 7 - 01 - 020413 - 0

I. ①党…　II. ①中…　III. ①中国共产党－党的建设－文集　IV. ① D26-53

中国版本图书馆 CIP 数据核字（2019）第 029600 号

党的十九大以来全面从严治党新观察

DANG DE SHIJIUDA YILAI QUANMIAN CONGYAN ZHIDANG XINGUANCHA

中国纪检监察报社评论部　编

人民出版社 出版发行

（100706　北京市东城区隆福寺街 99 号）

北京盛通印刷股份有限公司印刷　新华书店经销

2019 年 2 月第 1 版　2019 年 2 月北京第 1 次印刷

开本：710 毫米 ×1000 毫米 1/16　印张：21

字数：294 千字

ISBN 978 - 7 - 01 - 020413 - 0　定价：55.00 元

邮购地址 100706　北京市东城区隆福寺街 99 号

人民东方图书销售中心　电话（010）65250042　65289539

版权所有·侵权必究

凡购买本社图书，如有印制质量问题，我社负责调换。

服务电话：（010）65250042